Philo

LA VÉRITÉ

ouvrage dirigé par Roland Quilliot

Christian Berner
Université de Dijon
Renée Bouveresse-Quilliot
Université de Dijon
Pascal David
Université de Brest
Jean Frère
Université Strasbourg II
Miguel Espinoza
Université Strasbourg II
Pierre Guenancia
Professeur de Première supérieure au lycée Carnot de Dijon
François Guéry
Université Lyon-III

Gilles-Gaston Granger
Collège de France
Roger Pouivet
Université Rennes I
Roland Quilliot
Université de Dijon
Colette Soler
Agrégée de philosophie et psychanalyste, membre de l'Ecole Freudienne de Paris
Denise Souche-Dagues
Université de Montpellier
Joseph Vidal-Rosset
Université de Dijon

ISBN 978-2-7298-67829

© ellipses / édition marketing S.A., 1997
 32 rue Bargue, Paris (15e).

La loi du 11 mars 1957 n'autorisant aux termes des alinéas 2 et 3 de l'Article 41, d'une part, que les « copies ou reproductions strictement réservées à l'usage privé du copiste et non destinées à une utilisation collective », et d'autre part, que les analyses et les courtes citations dans un but d'exemple et d'illustration, « toute représentation ou reproduction intégrale, ou partielle, faite sans le consentement de l'auteur ou de ses ayants droit ou ayants cause, est illicite ». (Alinéa 1er de l'Article 40).
Cette représentation ou reproduction, par quelque procédé que ce soit, sans autorisation de l'éditeur ou du Centre français d'Exploitation du Droit de Copie (3, rue Hautefeuille, 75006 Paris), constituerait donc une contrefaçon sanctionnée par les Articles 425 et suivants du Code pénal.

Table des matières

Roland Quilliot	Introduction : modernité et vérité	5
Jean Frère	Vérité et jugement vrai dans la pensée ancienne	30
Pierre Guenancia	La question de la vérité dans la philosophie de Descartes	45
Denise Souche-Dagues	Vérité et absolu : la vérité selon Hegel	65
François Guéry	L'objectivité de la connaissance en procès	74
Christian Berner	L'herméneutique et le problème de la vérité	84
Pascal David	Heidegger : la vérité en question	96
Colette Soler	La vérité en psychanalyse	109
Renée Bouveresse-Quilliot	Wittgenstein et la vérité des interprétations freudiennes	121
Roland Quilliot	Rationalisme critique et vérité	129
Gilles-Gaston Granger	Vérités mathématiques, vérités empiriques	144
Miguel Espinoza	La théorie physique est-elle vraie ?	150
Roger Pouivet	La question de la vérité est-elle (encore) une question philosophique ?	166
Joseph Vidal-Rosset	« Cohérence et correspondance, deux théories de la vérité »	179
Les auteurs		190

Introduction : modernité et vérité
Roland Quilliot

Destiné en principe au départ aux agrégatifs de philosophie, cet ouvrage collectif vise aussi à toucher un public plus vaste : il est constitué d'une série de textes qui cherchent à présenter non certes l'intégralité des problématiques philosophiques de la vérité, mais les principales d'entre elles, et notamment celles qui sont aujourd'hui encore vivantes. Ces problématiques sont à vrai dire assez hétérogènes. Pour éviter que l'ensemble donne une impression de dispersion, peut-être n'est-il pas inutile, en introduction, d'esquisser quelques remarques très générales sur la notion à laquelle il est consacré.

L'expérience de la vérité

Est-il besoin de le souligner ? Le mot de « vérité » possède un énorme pouvoir de suggestion symbolique — surtout si on lui met une majuscule. Il évoque à la fois ce que l'être humain a seul le privilège de pouvoir espérer atteindre, parce qu'il n'est pas fait seulement pour l'action mais pour la connaissance ; et en même temps ce qui s'impose à lui sans qu'il en soit l'auteur, ce devant quoi il lui faut s'incliner, qu'il en soit ou non satisfait, sans pouvoir espérer le modifier. En se dévoilant à l'homme, la vérité témoigne de la puissance de son esprit mais aussi de sa finitude, et elle limite donc d'une certaine manière sa liberté (on ne décide pas de la vérité d'un théorème ou de la réalité d'un fait) : sauf si l'on choisit de considérer que c'est précisément dans sa compréhension et dans son acceptation que réside la liberté authentique. On voit tout de suite que la question de la vérité (qui d'un certain point de vue englobe la métaphysique et l'éthique) ne peut se réduire, comme on tend souvent à le croire, à la question de la possibilité et des limites de la connaissance, voire du fonctionnement de ce qu'on appelle aujourd'hui la science. En fait même, il faut souligner tout de suite que c'est dans le domaine de la philosophie de la connaissance que le concept de vérité est le plus problématique, et que nombreux sont les épistémologues qui cherchent à décrire la démarche des sciences en en faisant l'économie. En revanche, il est indéniable qu'il existe bien une « expérience humaine de la vérité », qu'il nous arrive tous de faire dans notre vie quotidienne, et qu'une phénoménologie sommaire peut tenter de décrire.

Elle se présente sous au moins deux aspects : la vérité nous apparaît d'abord comme une valeur, qui se définit par opposition à d'autres valeurs avec lesquelles elle entre dans des relations tantôt de solidarité et tantôt de concurrence : entre le vital, l'utile, le bien moral, le beau d'un côté, le vrai de l'autre existe souvent — mais pas toujours — une forte tension virtuelle, qui se traduit par des questions comme : vaut-il la peine de consacrer beaucoup d'efforts au développement de la connaissance pure ? Faut-il toujours dire la vérité quand on la connait, quelles qu'en soient les conséquences, doit-on exiger des autres et de soi qu'ils vivent dans la transparence et l'authenticité plutôt que dans les mensonges protecteurs[1] ? Faut-il garantir, aux individus comme aux Etats, un certain droit au secret, ou au contraire affirmer la primauté du droit à l'information ? Faut-il condamner l'art parce qu'il est fuite devant la vie réelle, ou l'exalter parce qu'il en dissimule la laideur derrière les glorieuses apparences qu'il crée, ou encore le considérer comme un moyen de dévoiler la réalité la plus profonde (conformément à la tradition qui fait de la beauté « la splendeur du vrai ») ? On remarquera à ce propos qu'il y a manifestement des métiers, des œuvres, des destins individuels qui reposent sur le primat qu'elles accordent à la valeur de vérité, tandis que d'autres la considèrent au contraire comme secondaire, voire comme illusoire[2]. Il semble peu contestable en tout cas que la plupart des civilisations traditionnelles ont souvent eu tendance à sacrifier la connaissance objective à d'autres besoins qui leur paraissaient plus fondamentaux, tandis que la nôtre semble parfois tentée à l'inverse, suivant ainsi les exhortations de Monod, d'en faire une valeur prioritaire.

Par ailleurs il nous arrive aussi souvent de faire, parfois de façon soudaine et presque passive, parfois au terme d'un effort de conquête long et opiniâtre, des expériences fortes de découverte positive du vrai. Il peut s'agir bien sûr de la résolution d'un problème mathématique, de l'explication d'un phénomène naturel resté jusque-là énigmatique, mais tout aussi bien de la mise à jour d'un mensonge ou d'une imposture, de la découverte d'aspects de nous-mêmes auxquels nous étions restés aveugles, de la révélation philosophique de dimensions de l'existence humaine que nous avions méconnues ou d'aspects de notre vocation éthique que nous n'avions pas su reconnaître : même s'il s'agit incontestablement dans tous les cas d'une expérience intellectuelle, sa profondeur n'est pas nécessairement en rapport avec la force objective des « preuves » qui la supportent et encore moins avec la « scientificité » de la démarche dont elle est le résultat. Une réflexion philosophique, un roman (lorsque il nous donne l'impression de saisir avec justesse une réalité psychologique ou sociale dont nous avons

---

1. Parmi les réalités à propos desquelles s'est posée avec intensité la question de savoir s'il fallait dire le vrai à leur sujet figurent bien sûr à notre époque la sexualité et la mort. On sait qu'en réaction contre la censure imposée par le XIXe siècle bourgeois, le XXe a tenu à jeter toute la lumière sur la première. On a pu croire un moment que son attitude serait toute différente à l'égard de la seconde : la bonne mort souhaitée par beaucoup de nos contemporains n'est-elle pas la mort dans l'inconscience, à l'opposé de la mort publique et attendue d'antan ? Cette tendance semble cependant s'infléchir : le droit du malade à connaître son état et à mourir lucidement est de plus en plus reconnu — même si beaucoup de précautions doivent être prises.
2. Une bonne question est ici de se demander de quel côté il faut situer la philosophie : du côté de la science ou de l'art ?

l'expérience, ou même de dévoiler une certaine vérité de l'existence[1]), une œuvre d'art, une psychanalyse, ou même simplement un événement nous confrontant à des situations inhabituelles et nous forçant à remettre en question nos préjugés peuvent ainsi être à l'origine de ces moments où nous avons l'impression que les voiles se déchirent, et que nous regardons enfin en face une réalité qui ne nous plaît peut-être pas forcément — « la force d'un esprit, dit Nietzsche, se mesure à la dose de vérité qu'il est capable de supporter » —, mais par la conscience de laquelle nous avons malgré tout le sentiment d'être en quelque sorte grandis.

Sur cette expérience de la découverte du vrai[2], on se contentera ici de trois remarques rapides. Il est certain d'abord qu'elle suscite dans la conscience humaine des émotions ambivalentes, dans lesquelles la peur se mêle au désir. Comment comprendre autrement la multiplicité convergente dans toutes les cultures traditionnelles de mythes prenant pour thème la transgression d'un tabou portant sur le savoir — « tu as le droit de tout connaître ou de tout regarder sauf… » —, et ses conséquences, à court terme catastrophiques, parfois aussi à plus long terme fécondes ? Les légendes grecques d'Orphée, de Psyché, de Pandore, d'Œdipe, et nombre de contes populaires de l'Europe classique font ici écho au texte de la Genèse. L'existence de ces interdits — à l'effet ambigu, puisqu'ils créent le désir de ce qu'ils paraissent vouloir empêcher — s'explique sans doute par la fusion de plusieurs sentiments : celui d'abord bien sûr que la possession de la vérité ultime rendrait l'homme égal à Dieu, que passée une certaine limite le désir de connaître témoigne d'un orgueil sacrilège ; celui aussi que la vérité est trop dure, trop cruelle, trop tragique (ou trop obscène), que sa vue ne peut être supportée, qu'il faut lui préférer l'illusion ou au moins la pénombre d'un demi-savoir ; celui également qu'il y a une incompatibilité entre le savoir et la moralité — le premier est au mieux neutre moralement et peut-être en fait dangereux ; et de toute façon une description strictement objective du monde en fait disparaître toute dimension éthique —, ou entre la vie et la conscience, qui dessèche et paralyse — « la connaissance est amère, disait Byron, l'arbre du savoir n'est pas l'arbre de vie » ; celui sans

---

1. Nombre d'écrivains ne cachent pas leur volonté de se servir de la littérature pour mettre en évidence une vérité philosophique cachée. Par exemple Proust dont on peut citer deux déclarations significatives : « je ne peux pas relater quand j'écris quelque chose qui ne m'a pas produit une impression d'intense poésie, ou dans lequel je n'ai cru saisir une vérité générale » ; et : « la vérité ne commencera qu'au moment où l'écrivain prendra des objets différents, posera leurs rapports, analogues dans le monde de l'art à ce qu'est la loi causale dans le monde de la science, et les enfermera dans les anneaux nécessaires d'un beau style ». Par exemple aussi Sartre, qui se veut à la fois philosophe et romancier, et dont Simone de Beauvoir décrit ainsi les ambitions quand elle raconte dans les *Mémoires d'une jeune fille rangée* le moment de sa jeunesse où elle le rencontre : « il estimait que d'importantes vérités — peut-être allait-il jusqu'à penser : la Vérité — s'étaient révélées à lui, et qu'il avait pour mission de les imposer au monde ».
2. Il faut remarquer ici que cette expérience du voile qui se déchire, qui est sans doute la forme première de l'expérience du vrai, n'est pas la seule, et qu'elle en suppose une autre qui lui est complémentaire : la vérité n'est pas seulement ce qu'on tente de voir, mais ce qu'on essaie de parvenir à dire : en trouvant les moyens d'expression qui permettent de rendre intelligible ce qu'on a vécu ou compris, et de le communiquer. On sait quel besoin fort pousse souvent ceux qui ont été les témoins de faits mal connus ou qui ont vécu une expérience traumatisante insoupçonnée des autres, à la raconter le plus fidèlement possible en cherchant les mots justes, de façon à briser les murs du mensonge, de l'ignorance ou de l'oubli.

doute encore que la connaissance prosaïse et désenchante le monde, réduit le supérieur à l'inférieur, déforme ce qu'elle prétend éclairer — « l'âme se tait quand l'esprit la regarde » soutenait Claudel[1] — ; celui enfin peut-être que la vérité ne tient sa valeur que du fait qu'elle reste mystérieuse et entourée de secret, et qu'une fois dévoilée elle risque apparaître banale et insignifiante. En même temps, la conclusion qui se dégage de ces mythes semble être que le destin de l'être humain, faustien par nature, est bien de ne pouvoir s'empêcher de chercher à savoir, même s'il doit en payer les conséquences au prix fort et vivre éternellement dans l'inquiétude. Peut-être même cette « faute » — que tout a été fait pour provoquer — est-elle au fond une « felix culpa », qui lui permet de réaliser sa vocation profonde, de s'engager dans une aventure historique douloureuse mais féconde, et qui appelle même à long terme (comme chez Goethe) une rédemption.

Seconde remarque : sous ses formes les plus fortes, l'expérience de la vérité est sans doute originairement une expérience intersubjective, qui met en scène un partenaire humain, réel ou virtuel. Pour lui donner son sens plein, il faut que je m'imagine confronté non pas à une nature non humaine, inerte et silencieuse, mais à un interlocuteur, qui sait ce que je ne sais pas, et qui peut choisir soit de me tromper, soit de me parler avec véracité : le premier contraire de la vérité, ce n'est pas l'erreur ou l'illusion, c'est le mensonge. Certes ce dernier n'est à la réflexion pas si aisé à définir, puisqu'on peut toujours soutenir que nous ne cessons à tout moment de mentir — de styliser, de sélectionner, d'embellir les événements que nous racontons —, que la vie sociale elle-même nous l'impose, et qu'à la limite le langage lui-même déforme dès le départ la réalité. Cela ne signifie pas pour autant qu'il n'existe pas : mais seulement qu'on ne peut le caractériser précisément sans tenir compte de l'ensemble de la situation, de l'intention du menteur, de l'importance pour celui auquel on ment de l'information qu'on lui cache. Ce qui veut dire bien sûr aussi symétriquement qu'on ne peut évaluer la vérité positive d'une parole sur la base de son seul contenu, et sans prendre en compte sa dimension psychologique et pragmatique : on peut mentir en ne disant presque que des choses exactes, et en sens inverse se comporter avec authenticité sans rien dire, et faire sentir la vérité sans l'expliciter, en illustrant ainsi le mot du Créon d'Anouilh « rien n'est vrai que ce qu'on ne dit pas ». Il est clair en tout cas que c'est par rapport à la possibilité que « l'autre » — celui auquel me confronte ma recherche — me trompe que se définit au départ la recherche du vrai : loin d'être inessentielle, la question de savoir si les « dieux » sont véraces, que se posaient les peuples anciens lorsqu'ils s'interrogeaient sur la confiance qu'ils devaient accorder aux devins ou aux poètes, et que l'on retrouve bien sûr chez Descartes, qui fonde la science sur la réponse positive qu'il lui donne, est donc fondamentale. Et c'est à juste titre que Leszek Kolakowski soutient aujourd'hui que si l'on ne rapporte pas le point de vue de l'homme au point de vue de Dieu — c'est-à-dire si l'on veut se passer de l'hypothèse d'un « sujet absolu », qui perçoit le monde tel qu'il est en soi —, nous ne pouvons non seulement être sûrs de la valeur absolue de notre savoir, mais

---

1. *Parabole d'Animus et d'Anima : pour faire comprendre certaines poésies de Rimbaud*, Gallimard, Pléiade, pp. 27-28.

« légitimer l'usage du prédicat vrai[1] » : la vérité perd son sens fort (intemporel, indépendant de l'être humain), pour se réduire à ce que les hommes aujourd'hui tiennent pour vrai, voire à ce qu'il est utile de penser. Dieu peut d'ailleurs ici, comme souvent, être en partie remplacé par « la nature » : et l'on observera précisément que même le scientifique incroyant tend souvent spontanément, quand il cherche la solution d'un problème, à humaniser celle-ci, à voir en elle un adversaire, non pas trompeur certes, mais rétif, qu'il faut apprendre à « faire parler » et auquel il faut arracher ses secrets. Qu'on pense par exemple à la façon dont le chimiste Primo Levi décrit son métier — comme un combat patient contre la matière hostile, « contre une armée ennemie lourde et lente, mais redoutable par le nombre et la masse », qui parfois laisse malgré tout entrevoir à celui qui le mène, après de longs tâtonnements, « une maille qui se défait dans le dispositif de l'ennemi : on se rue alors sur lui et on frappe un coup, bref et unique[2] ».

Troisième remarque enfin : il est de l'essence même des vérités qui nous ont un moment éblouis de perdre au bout d'un certain temps leur éclat et de se relativiser : ce que j'ai cru comprendre si fortement du monde ou de moi-même devient peu à peu un point de vue parmi d'autres, une idée semblable à tant d'autres idées. Les grandes révélations intellectuelles qui jalonnent l'histoire d'une vie — ou celle de l'humanité — sont condamnées avec les années à apparaître soit banales, soit problématiques, quand le soupçon ne nait pas même qu'elles étaient peut-être aussi illusoires que les erreurs qu'elles visaient à remplacer. Cette oscillation entre conviction dogmatique et désenchantement sceptique renvoie elle-même à la dualité des points de vue sous lesquels nous pouvons tour à tour considérer une idée : tantôt comme une représentation transparente, visant à dévoiler sans le déformer l'objet qu'elle représente (si elle y parvient elle est vraie, si elle échoue elle est fausse) ; tantôt au contraire comme un objet du monde parmi les autres objets, une réalité psycho-culturelle, une création de l'esprit, ou mieux, de l'imagination, (et dans ce cas il est évident que toutes les idées sont intéressantes, mais qu'aucune n'est un dévoilement de la réalité en soi, qui d'ailleurs n'existe pas). Peut-être le débat entre absolutistes et relativistes perdrait-il une partie de son intensité si l'on prenait conscience du caractère également nécessaire de ces deux perspectives complémentaires, entre lesquelles nous ne cessons d'osciller.

La crise moderne de la vérité

Il faut maintenant en venir à poser explicitement les questions fondamentales, dont la première est sans doute : pouvons-nous encore croire aujourd'hui à la possibilité d'atteindre la vérité ? A cette question, il est assez probable que la majorité de nos contemporains donneraient une réponse prudente du type : « il est certes possible de dire sur le monde beaucoup de "choses vraies", mais non d'en dévoiler, si l'expression a un sens, la vérité globale et ultime ». Plus radicale, une minorité ajouterait que

---

1. Kolakowski : « Comment une vérité sans Dieu est-elle possible ? Réponse : en aucune manière ». Numéro de la revue *Le Genre humain* sur *La Vérité*, Ed. complexe, 1983.
2. Levi, *Le Système périodique*, p. 240.

même si la réalité de notre savoir est indéniable, il n'est pas sûr que les notions de vrai et de faux soient encore les plus adéquates pour le caractériser. De telles réponses suggèrent tout de suite un constat : une culture qui comme la culture contemporaine est riche d'un savoir qu'elle fait progresser à une vitesse accélérée est aussi une culture plus méfiante à l'égard de l'idée de vérité, dans la plupart de ses acceptions, que celles qui l'ont précédée. Elle a plus qu'elles conscience du caractère fragmentaire et révisable de toutes les connaissances, de la part de construction qui est en elles, de l'impossibilité de tirer de leur surabondance une vision synthétique unifiée, du caractère en droit inachevable de leur croissance. Tout se passe comme si la « vérité », qui, au début de l'aventure du savoir, semblait n'attendre que notre bon vouloir pour se dévoiler, était devenue problématique au fur et à mesure que l'ignorance reculait. Est-il besoin de souligner que dans ce résultat qui n'est qu'en apparence paradoxal, il ne faut pas voir une source de déception mais une découverte positive : celle de la complexité du réel, du caractère illimité de l'intelligibilité qu'on peut trouver en lui, de la multiplicité des perspectives en fonction desquelles on peut l'aborder, de l'impossibilité d'en éclairer une facette sans en occulter en même temps d'autres.

Qu'il y ait chez certains contemporains une franche défiance à l'égard de l'idée de vérité, c'est ce qu'attestent les déclarations radicales de plusieurs penseurs actuels (souvent qualifiés de « post-modernes ») : par exemple celle d'un Lyotard affirmant que « le désir du vrai alimente chez tous le terrorisme », et qu'il est d'une « vulgarité irrémédiable[1] », ou celle d'un Paul Veyne proclamant : « l'idée qu'on ne saurait se réclamer du vrai permet de distinguer la philosophie moderne de ses contrefaçons[2] ». Avant de savoir dans quelle mesure elle est justifiée, on peut essayer de comprendre les raisons qui la motivent. La première tient évidemment à la suspicion qui pèse aujourd'hui sur la « Vérité », au sens le plus global et le plus absolu du terme : celui d'un discours totalisant visant à nous délivrer de nos doutes en dévoilant le sens de notre existence et la nature de nos devoirs sur terre, et prétendant s'imposer — ou éventuellement être imposé autoritairement — à tous les hommes. Les grandes religions ont longtemps affiché leur volonté de formuler un tel discours, et tout particulièrement les religions mono-théistes du Livre, qui l'ont fondée sur l'intuition d'un Dieu unique et transcendant — le « vrai Dieu », par opposition aux innombrables idoles qui égarent les humains —, se révélant aux hommes à travers la parole qu'il leur adresse. Ce sentiment qu'il n'est de vérité qu'en Dieu[3] — à la fois parce qu'il est l'unique bien et l'unique source de sens, et parce que sa parole a une valeur absolue — imprègne notamment tout le Christianisme classique, et encore une large partie de l'Islam actuel. Il faut bien reconnaître qu'il tend à reculer de plus en plus dans les sociétés contemporaines, qui sont sensibles aux menaces d'intolérance et de fanatisme dont il est porteur comme à la

---

1. Lyotard, *Rudiments païens*, 10/18, p. 9.
2. Paul Veyne, *Les Grecs ont-ils cru à leurs mythes*, Seuil, p. 135.
3. Par exemple : « il y a deux doctrines, mais il n'y a qu'une vérité. Il y a deux doctrines, celle de l'homme, changeante comme lui, celle de Dieu immuable comme lui. O Jésus daignez mettre en moi votre vérité sainte et qu'elle me préserve à jamais des égarements de mon propre esprit », Lamennais : commentaire de *L'Imitation de Jésus-Christ*, p. 26.

possible mystification sur laquelle il repose (la parole de Dieu n'étant jamais qu'une expression de la conscience humaine) : soucieuses de ne jamais sacrifier l'esprit critique et le pluralisme philosophique à un quelconque besoin de certitude, elles se montrent tout particulièrement réfractaires au principe même d'une vérité révélée et assénée autoritairement. Le temps semble bien loin où l'apologétique chrétienne par exemple croyait pouvoir confronter les différentes religions et philosophies pour conclure, comme le faisait Pascal, qu'une seule était « vraie » — et qu'il fallait partir à travers le monde pour l'enseigner aux malheureuses peuplades qui l'ignoraient. Même si Jean-Paul II intitule encore une de ses encycliques, dirigée contre les « excès » de l'esprit de liberté et les dangers du relativisme moral et du scepticisme religieux, « *Splendor veritatis* », et qu'il persiste à y affirmer que la vérité « est établie par la loi divine, norme universelle et objective de la moralité », il semble sur ce point aller à contre-courant des sensibilités actuelles. La foi garde certes aujourd'hui dans le contexte contemporain toute sa richesse, mais elle apparait comme un choix existentiel et éthique personnel, non comme une forme de connaissance ayant vocation à l'universalité. En pratique cela veut dire évidemment que le discours religieux a cessé de structurer nos sociétés, de fournir à leurs membres des certitudes simples et partagées : il leur faut accepter du coup de payer leur sens accru de la complexité des choses d'une certaine insécurité psychologique et d'un certain sentiment de solitude.

Parallèlement à la définition religieuse qui en faisait le fruit d'une révélation, la « Vérité » était aussi, depuis les Grecs, ce que la philosophie visait à dévoiler, en arrachant les voiles trompeurs qui la masquaient, dans le but de nous permettre de nous libérer. Ce projet de dépasser les apparences qui nous abusent pour atteindre la réalité profonde qui se cache derrière elles a pendant des siècles été animé d'une inspiration idéaliste qui le rendait solidaire de la religion : la raison, prouvant l'immatérialité de l'esprit et la nécessité d'une cause divine au monde, complétait et appuyait la foi. Depuis le XVIIIe siècle, en revanche, la philosophie moderne a eu de plus en plus souvent tendance à faire profession d'athéisme, sur un mode parfois « existentialiste », et encore plus souvent matérialiste, conformément aux enseignements de sciences (de la nature ou de l'homme) fréquemment tentées de revendiquer le rôle d'autorités intellectuelles suprêmes. Chimistes, biologistes, sociologues, psychanalystes, anthropologues ont ainsi fréquemment prétendu nous révéler la « vérité » des comportements de l'être humain (comme s'il n'y en avait qu'une), et arracher ainsi celui-ci aux illusions narcissiques dans lesquelles il était supposé se complaire. On sait qu'on a même vu en ce siècle une philosophie se réclamant précisément de la science (le matérialisme dialectique) prendre dans des sociétés qui s'affirmaient humanistes le statut de vérité officielle, et fournir les bases d'un nouveau catéchisme. Il est à peine besoin de souligner qu'il s'agit là d'une époque révolue. L'heure est aujourd'hui à la défiance non seulement à l'égard des idéologies globalisantes, suspectes d'être dogmatiquement réductrices et parfois même potentiellement meurtrières[1], mais aussi de

---

1. François Jacob exprime bien l'une des raisons majeures qui motivent le refus moderne d'une certaine prétention à la vérité lorsqu'il écrit : « rien n'est aussi dangereux que la certitude

toute tentative pour couvrir une vision du monde quelconque de l'autorité du discours scientifique, en oubliant que celui-ci tire en fait sa légitimité des limites mêmes qu'il s'assigne : s'il y a incontestablement des approches scientifiques du comportement humain, aucune ne prétend plus en révéler la vérité globale. D'une façon générale, même si l'éclat qui a été le leur peut parfois susciter la nostalgie, l'époque des grandes révélations philosophiques (Hegel, Schopenhauer, Nietzsche, Marx, Freud, Heidegger), semble être bien passée. Cela moins d'ailleurs parce que de telles révélations seraient dépourvues de la moindre valeur (inévitable à certains égards, le scepticisme à l'égard de la « métaphysique », qu'il soit de type positiviste ou criticiste, a tout de même quelque chose de superficiel), que parce qu'au contraire il y a trop de discours intéressants et concurrents que l'on peut proposer pour éclairer notre condition pour qu'aucun soit considéré comme plus fondamental que les autres : le monde et l'existence humaine peuvent et doivent être l'objet d'une pluralité d'interprétations rivales, la philosophie doit rester une recherche ouverte qui ne se conclut jamais. Là encore, il faut admettre que ce pluralisme philosophique, qui à tant d'égards nous enrichit, a peut-être aussi des conséquences déstabilisantes. Il faut cependant remarquer que la « crise des valeurs » est loin d'être aussi grave que certains le prétendent : un consensus relatif a malgré tout pu s'établir sur un certain nombre de principes éthiques et politiques, et c'est lui qui constitue la base sur laquelle repose désormais notre civilisation.

Le déclin de la Vérité semble laisser la place libre au « vrai », qui ne satisfait sans doute ni notre besoin de rationalité globale ni notre besoin de sens, mais qui a en revanche le mérite d'être objectif et de s'imposer à tous : la volonté de ne pas tricher avec les faits parait dominer la société contemporaine, qui ne se cache pas de préférer les sciences à la métaphysique, et qui consomme de façon de plus en plus boulimique de l'information. A l'examen pourtant, même ce vrai perd sa simplicité et son caractère absolu ; et certains penseurs radicaux vont même jusqu'à contester son existence. Il faut maintenant rappeler pourquoi.

1/ Une première raison tient au fait que même si la conception absolutiste de la vérité, selon laquelle tout énoncé est vrai ou faux, quels que soient le moment où il est énoncé et les moyens que nous avons de le savoir (ce qui postule l'existence d'une sorte de « point de vue de Dieu » sur le monde) nous semble à certains moments posséder une sorte d'évidence, nous ne nous y tenons en fait jamais. En pratique nous avons le plus souvent tendance à considérer que ne peuvent être dits vrais que les énoncés dont on peut montrer par de bonnes raisons (logiques et/ou empiriques) qu'ils le sont, et à postuler que les réponses aux problèmes que nous n'avons aucun moyen de résoudre sont indéterminées : c'est-à-dire en clair à réduire le vrai au vérifié, selon une dynamique que la culture moderne, imprégnée de positivisme, accentue sans cesse. Il s'agit là d'une première relativisation — puisque la vérité est du coup rendue dépendante de l'état du savoir humain —, qui en entraine bientôt une seconde. Car le vérifié, on le sait, ne

---

d'avoir raison. Rien ne cause autant de destruction que l'obsession d'une vérité considérée comme absolue [...]. Tous les massacres ont été accomplis par vertu... au nom du combat contre la vérité de l'autre », *Le Jeu des possibles*, Fayard, p. 12.

l'est jamais complètement : si l'on met de côté ce qui peut être l'objet d'une démonstration formelle — en tenant compte d'ailleurs des limites démontrées de toute démonstration —, toute vérification empirique est partielle, provisoire, susceptible d'être un jour remise en cause : notre savoir reste toujours conjectural.

2/ Nous sommes également volontiers portés aujourd'hui à identifier le « vérifié » à ce qui est accepté scientifiquement, et à considérer que la science se définit précisément comme l'activité qui vise à produire, selon une démarche rigoureusement contrôlée, une description vraie du monde. C'est cependant là une assimilation problématique, pour de multiples raisons. D'abord parce qu'il n'est pas sûr que les scientifiques, qui se veulent avant tout des chercheurs, revendiquent vraiment la possession de la vérité : « Contrairement à ce qu'on croit souvent, écrit de façon significative l'un d'eux, le biologiste François Jacob, l'important dans la science c'est autant l'esprit que le produit. C'est autant l'ouverture, la primauté de la critique, la soumission à l'imprévu, si contrariant soit-il, que le résultat, si nouveau soit-il. Il y a belle lurette que les scientifiques ont renoncé à l'idée d'une vérité ultime et intangible, image exacte d'une réalité qui attendrait au coin de la rue d'être dévoilée. Ils savent maintenant devoir se contenter du partiel et du provisoire[1] ». Ensuite parce qu'à l'évidence il n'existe pas « une » science mais « des » sciences, hétérogènes par leurs concepts et leurs méthodes de validation : peut-on vraiment du coup affirmer par exemple que la vérité est de même nature en mathématiques (la discipline la plus rigoureuse, dont certains allèguent pourtant qu'elles ne parlent de rien, mais qu'elles constituent simplement un « dictionnaire parfait »), dans les sciences de la nature, où les raisons empiriques sont déterminantes sans détenir un monopole absolu, ou dans les « sciences humaines », qui sont en partie des sciences de « compréhension », dans lesquelles la place de l'interprétation subjective devient relativement importante. On a d'ailleurs plus de mal qu'il n'y paraît à déterminer ce que ces « disciplines » ont en commun, et ce qui justifie la confiance qu'on doit leur accorder. Il ne fait pas de doute que pour le grand public la valeur de la science tient d'abord aux prédictions empiriques exactes qu'elle fournit : dès qu'il faut aller plus loin, et préciser dans quelle mesure les théories scientifiques décrivent vraiment la réalité extérieure, la question devient vite d'une extrême complexité. L'existence au sein de chaque discipline d'énoncés tenus pour vrais n'est malgré tout évidemment pas contestable : mais il faut bien souligner que cette vérité est en fait relative à l'ensemble de postulats et de concepts longuement élaborés qui définissent « l'objet » sur lesquels porte la discipline en question : elle n'est pas séparable de l'approche théorique qui lui permet d'être établie. La même réalité peut donc être l'objet de discours multiples — le même événement humain par exemple peut être expliqué en termes physiques, biologiques, psychologiques, sociologiques, etc. : et chacun de ces discours peut être « vrai » à son niveau.

L'essentiel est pourtant sans doute de souligner que si la production d'une description exacte du monde est bien l'un des objectifs de la science, ce n'est assurément pas le seul. Elle a aussi d'autres fins, au moins aussi

---

1. Jacob, *op. cit.*, p. 11.

importantes — par exemple : expliquer, rendre intelligible, modéliser, formaliser, systématiser, etc. En d'autres termes, elle ne vise pas seulement la vérité. Et pas non plus, il faut l'ajouter, toute la vérité, puisque il y a manifestement du vrai non scientifique. On peut même se demander si l'image qu'elle nous propose du monde, largement solidaire de normes d'intelligibilité privilégiées *a priori* (notamment déterministes et mécanistes), n'est pas foncièrement entachée, comme le suggèrent notamment ses détracteurs, d'une certaine partialité philosophique. En ce sens, même s'il est incontestable qu'elle permet la constitution d'un savoir suscitant le consensus de tous ceux qui s'y consacrent (et donc vrai dans ce sens minimal), la question reste ouverte de savoir si elle a vocation à décrire le monde dans la totalité de ses aspects, ou seulement à en extraire ce qui en lui est quantifiable et objectivable —la dimension du « matériel » —, en laissant de côté par principe ce qui est du domaine du qualitatif et du « spirituel ».

3/ Les remarques précédentes aboutissent seulement à relativiser la notion de vérité. Mais on peut aller plus loin et se demander si celle-ci doit vraiment être conservée. Ceux qui en doutent soulignent que la définition que nous tendons spontanément à en donner (en en faisant une correspondance de la pensée ou du discours à la réalité) est obscure et à la limite inacceptable, pour au moins deux raisons. D'abord parce que nous ne pouvons jamais avoir affaire à une réalité nue à laquelle nous pourrions confronter ce que nous pensons d'elle. Et ensuite parce qu'au moins une partie de la structure que nous croyons découvrir en elle est manifestement l'œuvre de notre esprit, qui consacre beaucoup d'efforts à forger des instruments intellectuels qui en permettent la description. Même les faits, disait Brunschvicg, « sont faits ». Mais dans ce cas, ne vaut-il pas mieux renoncer complètement à l'image de la pensée dévoilant ou copiant à l'identique une réalité indépendante de l'homme ? N'est-il pas plus prudent de définir le vrai de façon immanente à la pensée : par exemple par la non-contradiction de nos jugements, ou par les effets pratiques visibles de nos croyances ? Est-il même utile de chercher à le définir ? Ne s'agit-il pas d'une notion inutile, redoublant vainement l'acquiescement que nous donnons aux idées qui nous paraissent rationnellement acceptables (en fonction de normes de rationalité qui ont peut-être toujours quelque chose de contingent) ? Ne faut-il pas surtout choisir franchement d'humaniser le savoir, de le considérer moins comme le dévoilement d'une réalité non humaine, que comme l'une des formes de l'activité intellectuelle de l'homme, comparable au fond aux autres formes de production ou de création dont il est capable (comme celles de l'industriel ou de l'artiste), ou encore comme l'une des manifestations de la culture que notre espèce a la particularité de pouvoir créer.

4/ Le dernier reproche qu'on peut adresser aux valeurs de vérité et de fausseté, c'est de couper en deux le domaine du pensable de façon abusivement schématique et manichéenne. Peut-on vraiment croire que la culture humaine est divisée en deux moitiés dont l'une brille de la splendeur du vrai tandis que l'autre est entièrement disqualifiée par son appartenance à « l'erreur » ? Y a-t-il un sens à disqualifier comme faux par exemple, comme a été tenté de le faire un certain scientisme, les théories de la nature de l'antiquité, les mythes des sociétés traditionnelles, ou la « métaphysique », sous prétexte qu'ils ne disent pas la même chose que la physique moderne, et ne reçoivent pas la même confirmation expérimentale que ses théories ? On peut certes choisir, pour éviter un terrorisme aussi réducteur, de distinguer des domaines qui seraient justiciables du vrai et du faux et des domaines qui ne le seraient pas. Mais dans ce cas on se crée de nouvelles difficultés : où faire passer la limite entre énoncés « cognitifs » et énoncés non cognitifs, et comment penser le type de validité qui caractérise les seconds ? N'est-il pas au total préférable de poser qu'à l'exception de quelques contextes particuliers, où l'on ne peut pour des raisons pratiques en faire l'économie (par exemple les contextes d'enseignement), l'opposition du vrai et du faux est superflue ; et qu'il est plus intéressant d'adopter une approche pluraliste de la culture, en considérant qu'elle est constituée de différentes activités, dont chacun a ses règles propres, et dont aucune ne peut être dite vraiment illégitime ?

La tentation est donc forte pour la pensée contemporaine, on le sent, de prôner l'abandon complet de la catégorie de vérité, supposée tyrannique et réductrice : et de s'inspirer soit des démystifications nietzschéennes (comme l'a fait un Foucault), soit de l'exemple célèbre de Wittgenstein, passé d'une conception positiviste du langage comme « image » du monde à une conception pragmatiste reposant sur l'idée qu'une pratique intellectuelle est un « jeu de langage », obéissant à des règles et des critères qui lui sont propres, ou mieux une « forme de vie ». On peut douter cependant qu'on puisse vraiment se situer complètement « par-delà le vrai et le faux ». Il ne faut pas très longtemps en pratique pour s'apercevoir que certaines formes d'hypercriticisme qui tentent parfois la modernité (et qui sont souvent en fait l'expression d'un dogmatisme déçu) sont intenables. Il suffit par exemple d'être à nouveau confronté au mensonge, à la désinformation, à l'affabulation, ou même simplement à l'une de ces erreurs de raisonnement qui faussent notre perception du réel, pour que l'utilité au moins occasionnelle du concept de vérité reprenne son sens. Que recommencent à proliférer des discours comme ceux des « révisionnistes » qui nient la réalité des massacres perpétrés par les nazis, et les limites, intellectuelles et éthiques, d'affirmations comme « il n'y a pas de faits, mais seulement des interprétations », ou comme « l'histoire n'est jamais qu'une forme de fiction », redeviennent évidentes[1] : le monde ne peut être privé d'un

---

1. A propos de ce type de désinformation, il est intéressant de noter que la stratégie de leurs auteurs consiste à mimer avec une apparente efficacité la démarche de l'histoire scientifique, et à multiplier les démonstrations érudites, de façon à noyer sous une masse de détails exacts l'invraisemblance des thèses soutenues. Une des formes d'erreur les plus intéressantes (ou de mensonge : mais le plus souvent le mystificateur s'abuse aussi lui-même) est ainsi celle que dissimule ou parfois provoque un savoir plein de technicité mais fonctionnant à vide, ou une intelligence subtile mais ayant perdu le sens du réel. Voir, pour comprendre les mécanismes intellectuels du révisionnisme : *Les Assassins de la mémoire*, de Pierre Vidal-Naquet — un historien dont la démarche, remarquons-le au passage est intéressante par rapport à notre thème : dans son domaine de spécialisation, l'histoire grecque, c'est un historien des « représentations », fondamentalement antipositiviste : mais lorsqu'il s'agit d'histoire politique contemporaine, il consacre en revanche tous ses efforts à rétablir minutieusement la vérité des faits.

minimum de substance factuelle descriptible par le langage. La plupart des arguments proposés contre l'idée de vérité s'avèrent d'ailleurs réversibles : le fait par exemple que toute pensée repose sur une conceptualisation, une sélection et une organisation des données qu'elle traite ne prouve pas l'inaccessibilité de la réalité, mais rend possible au contraire sa symbolisation — c'est précisément parce qu'il est stylisé et idéalisé que le réel peut être l'objet d'une représentation vraie. Enfin il faut prendre conscience du fait que la critique de la vérité est elle-même le résultat d'un effort pour objectiver la connaissance humaine, qui a pour effet inévitable de la relativiser, mais qui se donne en fait lui-même pour vrai — les historiens, sociologues, épistémologues qui cherchent à comprendre comment est produit le savoir humanisent nécessairement tous les discours, sauf le leur. Nous touchons là à l'un des paradoxes les plus essentiels de toute la philosophie, qui rend *a priori* insoluble la question des rapports de l'être et de la pensée : toute prise en compte du rôle de l'esprit connaissant dans la connaissance aboutit nécessairement à créer une distance entre celle-ci et son objet — mais le dévoilement de cette distance se donne lui-même comme un dévoilement sans distance. Faut-il vraiment s'étonner de retrouver ici le paradoxe du menteur, dont l'ombre pèse depuis les origines sur l'idée de vérité ?

En profondeur, il est douteux qu'il soit vraiment possible de renoncer totalement à l'image prétendument naïve de la pensée comme représentation. La véritable acquis de la conscience contemporaine ne consiste sans doute pas à la dépasser, mais plutôt à mettre en évidence qu'il n'est pas de représentation sans irreprésentable, et qu'aucun dévoilement ne peut donc être total. Les sciences exactes donnent ici l'exemple, qui comptent parmi leurs résultats contemporains les plus célèbres — même si leur vulgarisation se paie d'une inévitable déformation — plusieurs démonstrations rigoureuses de l'impossibilité de l'omniscience, dans lesquelles il ne faut pas voir des constats d'échec mais des enrichissements positifs de notre savoir. On pense bien sûr aux relations d'indétermination en physique et plus encore au fameux théorème de Gödel mettant en évidence l'existence nécessaire dans toute axiomatique d'énoncés indécidables, qu'on peut arbitrairement accepter comme justes ou faux sans entrer en contradiction avec les axiomes de départ, et qu'on ne peut démontrer qu'en choisissant d'ajouter à ceux-ci des axiomes supplémentaires : cette incompatibilité entre cohérence et complétude (qui fait qu'un système d'axiomes ne peut être consistant que s'il ne permet pas de démontrer toutes les propositions vraies), d'abord perçue comme le signe d'une impuissance des mathématiques, paraît aujourd'hui surtout témoigner de leur richesse — du fait qu'elles « ne se réduisent pas à un langage formel » —, et renvoyer à la nécessité pour le mathématicien de faire des choix à l'infini, et de voir son « horizon de compréhension[1] » s'éloigner au fur et à mesure que sa compréhension s'accroît. Sa découverte s'accorde ainsi avec l'esprit d'une

---

1. Selon Alain Connes dans Connes et Changeux, *Matière à pensée*, Ed. Odile Jacob, p. 211. Cet ouvrage est intéressant à bien des égards, et surtout parce qu'il montre que loin d'être homogène, la pratique scientifique génère des philosophies totalement opposées : l'ontologie du biologiste n'a pas grand chose à voir avec celle du mathématicien.

époque qui a pris joyeusement acte de l'impossibilité de clore le savoir, et qui fait progresser la recherche à une vitesse accélérée, certaine que l'intelligibilité que l'on peut tirer réel est virtuellement infinie, et que la connaissance se crée de nouveaux objets par son propre mouvement — rappelons-nous par contraste qu'au début de ce siècle encore de nombreux scientifiques croyaient que la physique était pratiquement achevée, au point qu'un Hilbert considérait qu'il était temps de songer du coup à l'axiomatiser ! Cette explosion de la recherche s'est en même temps accompagnée d'un morcellement et d'une démultiplication des perspectives : il y a toujours plus d'approches théoriques et de niveaux d'analyse différents, qui semblent parfois s'exclure l'un l'autre, et qu'il est en tout cas impossible d'intégrer dans une représentation unitaire : le réel ne cesse de se feuilleter, et la formule d'Adorno selon laquelle « le tout c'est le non-vrai » semble dans la culture contemporaine chaque jour plus évidente.

La modernité se caractérise aussi par ailleurs par une conscience plus aiguë des limites propres à toute représentation : elle sait non seulement qu'on ne peut éclairer un aspect du réel sans en occulter d'autres, mais que toute représentation suppose un irreprésentable qui est comme son envers. Tout discours notamment (la pragmatique l'a mis abondamment en évidence) montre par son énonciation plus qu'il ne dit explicitement — et ce qu'il montre, comme disait le *Tractatus*, « il ne peut lui-même le dire » : ce décalage entre son contenu et ce que peut signifier son énonciation fait du coup toujours peser sur lui la menace d'une contradiction performative. Il n'est guère de discours, on le sait, dans lesquel le regard malicieux d'un humoriste ne puisse trouver l'esquisse d'une tension destructrice entre ce qui est dit et le fait qu'il le soit : ce qui signifie qu'il y a toujours un point de vue qui fait apparaître l'être le plus intelligent comme naïf et aveugle. Il n'y a donc pas de conscience complète de soi. Autant dire, on le sent, qu'il faut renoncer à l'image classique d'une lumière qui par sa progression ferait reculer et disparaître complètement l'obscurité — alors qu'on ne peut rien éclairer sans créer une ombre corrélative. L'un des résultats majeurs de la grande entreprise d'exploration du monde à laquelle s'est attelée l'humanité est en définitive de lui faire constater l'inanité du rêve de dévoilement intégral qui est pourtant sans doute à son origine.

De la connaissance comme contemplation à la connaissance comme construction

De l'idée d'une méfiance historique croissante à l'égard de la possibilité d'un dévoilement sans distance de la réalité, un survol ultra-rapide de l'évolution de la notion de vérité donnerait aisément la preuve. Faut-il rappeler de fait que pour une large partie de la philosophie grecque, le but de la pensée est de parvenir à la contemplation de la réalité authentique (la vérité ayant ici un sens ontologique presque plus que cognitif), de façon à rendre l'homme, selon les mots de Platon, « semblable à ce qu'il imite, et donc lui-même divin, dans la mesure où la condition humaine le permet » ? Certes, ce courant idéaliste n'est pas le seul dans la culture hellénique, et il faut reconnaître l'existence d'autres traditions, liées à des pratiques discursives différentes. La plus ancienne, bien décrite par Marcel Détienne dans son livre sur Les Maîtres de vérité, spécule sur les forces surnaturelles qui tantôt confèrent à certaines paroles — celle du poète, du devin, du roi de justice — une autorité et un pouvoir de dévoilement privilégiés, et tantôt les en privent. Plus tardive, et liée à la pratique du débat politique et juridique, celle des sophistes laïcise au contraire le discours et tend même à la réduire à un simple instrument de persuasion, sans rapport avec l'être : elle aboutit à une contestation de la possibilité de la vérité, dont le caractère hyperbolique se retrouvera chez les mégariques et les pyrrhoniens. De façon plus constructive, les mathématiciens grecs inventent de leur côté l'idée d'une vérité démontrée rigoureusement à partir d'axiomes reconnus de soi comme évidents. Mais la conception qui va le plus marquer la philosophie est évidemment celle des sectes présocratiques qui enseignent, elles, que le sage peut accéder à la révélation de la vérité, au terme d'une ascèse qui lui permet de se libérer de « l'opinion » et de s'arracher aux apparences trompeuses dont l'esprit est spontanément prisonnier. C'est en tout cas de cette idée, superbement illustrée par le début du Poème de Parménide, que le platonisme garde l'héritage en proposant le mythe d'une ascension dialectique de l'âme, se dégageant du monde instable des sensations vers la contemplation de la réalité des formes. La conception qu'il nous propose de la vie parfaite est bien illustrée par le texte célèbre du Phèdre qui évoque l'activité des dieux : « la pensée de Dieu étant nourrie par l'intelligence et la science absolue, se réjouit de revoir enfin l'être en soi et se nourrit avec délices de la contemplation de la vérité... Pendant cette révolution, elle contemple la justice en soi, la sagesse en soi, elle contemple la science qui a pour objet l'être absolu ». Dans le même temps les autres âmes essaient aussi de découvrir la « plaine de la vérité », en sachant que « toute âme qui a pu suivre l'âme divine et contempler les vérités absolues est à l'abri du mal jusqu'à la révolution suivante[1] ». Rares sont cependant, on le sait, celles qui y parviennent et qui évitent de chuter sur terre, déséquilibrées par leur attelage. Même ainsi lestées d'un corps, il leur reste cependant possible, on le sait, de conduire leur vie en gardant les yeux fixés sur les archétypes éternels, de pratiquer donc la « bonne imitation », qui s'oppose bien sûr à la mauvaise : celle qui fait proliférer simulacres et faux-semblants, celle que pratiquent les Sophistes, ces sceptiques et ces nihilistes qui ne s'inquiètent pas « de dire la vérité mais de persuader » en s'attachant au seul « vraisemblable ».

Ce désir de connaissance contemplative se retrouve sous une forme moins mystique dans l'aristotélisme : le besoin de savoir et de voir est posé comme originaire dès les premières lignes de la Métaphysique, et la forme de vie « la plus divine » que puisse atteindre un homme est du coup encore une fois la vie méditative — l'activité de Dieu lui-même n'est-elle pas d'ailleurs la « noésis noéséos » ? Quant à la possibilité et au caractère absolu de de cette connaissance, Aristote n'a aucun doute à leur sujet : il distingue certes des degrés dans le savoir, l'art se distinguant de l'expérience par son caractère conceptuel, et la science se distinguant à son tour de l'art à la fois par sa certitude et par la nature de ses objets, intemporels et généraux (« ce qui est objet de science est nécessairement »). Mais il est clair que pour lui la

---

1. Phèdre, 247, GF, p. 127, trad. Chambry.

nature est intrinsèquement intelligible, et que cette intelligibilité passe telle quelle dans l'esprit qui l'abstrait de la réalité individuelle concrète, sans que ce dernier ait un rôle actif à jouer : ne va-t-il pas jusqu'à déclarer que dans l'intellection l'intellect « devient chacun des intelligibles » qu'il saisit[1] ? Il est à peine nécessaire en tout cas de souligner à quel point cette conception grecque du savoir-contemplation, liée à une quête de sagesse, diffère des conceptions modernes de la science, qui la définissent par son souci de manipulation opératoire, et la considèrent de ce fait comme un prolongement de l'action, visant comme celle-ci avant tout la puissance : « La science, écrit précisément Ladrière, a conquis son originalité en se détachant de façon réfléchie des modes purement spéculatifs ou interprétatifs de connaissance et en élaborant des procédures propres d'acquisition de la connaissance », au centre desquelles se trouve justement « l'idée d'opération[2] ».

Dans l'Antiquité cependant, c'est plutôt à une autre conception de la « Vérité » métaphysique que la conception grecque va s'affronter. A l'idée d'une gnose permettant à l'homme de remonter du sensible vers le divin, s'oppose en effet profondément l'idée judéo-chrétienne de la Révélation : celle d'un Dieu transcendant et incompréhensible, créateur de l'univers auquel il édicte ses lois, qui n'est accessible à l'homme que dans la mesure où il se manifeste à lui (par sa parole d'abord, par la médiation du Christ ensuite). Si l'être humain sait entendre cette parole qui lui fait connaître la nature de son mal, s'il sait s'ouvrir à elle dans la foi et l'humilité, sa vie peut être totalement transfigurée. Après Chestov, Jean Brun a fortement souligné le contraste entre Athènes et Jérusalem, et l'originalité de la « Vérité » chrétienne, source non de savoir positif mais de vie : « la Vérité qu'apporte le Christianisme n'est pas dévoilée comme chez les Grecs, elle n'est pas instaurée comme chez Descartes, elle n'est pas dynamisée comme chez Hegel ; la Vérité est révélée, elle n'est ni au dessus de nous comme un mystère inaccessible, ni en nous-mêmes : c'est nous qui sommes en elle. Nous ne sommes ni les dépossédés ni les possesseurs de la Vérité, de nous à elle il y a à la fois distance et présence, et c'est en quoi notre existence est déchirée[3] ».

A l'intellectualisme des Grecs, s'oppose donc une tradition judéo-chrétienne plutôt méfiante à l'égard du désir de connaître le monde extérieur (« ne te tourne pas vers l'extérieur, rentre en toi-même, la vérité habite à l'intérieur de l'homme » dit Saint Augustin) et pour qui l'expérience de vérité la plus fondamentale est celle de l'illumination par la foi. Les deux courants peuvent cependant parfois se réconcilier, et l'on assiste alors au développement d'un rationalisme chrétien, remontant sans discontinuité de la connaissance du monde ou des vérités éternelles à la connaissance métaphysique du Dieu infini qui leur donne l'être. L'un des moments historiques où cette réconciliation a le plus d'éclat est évidemment, après le moment thomiste, celui du grand rationalisme des cartésiens du XVIIe siècle : et il est inutile de souligner combien l'expérience que font de la vérité

---

1. Aristote, *De l'âme*, III, 4.
2. Ladrière, *Le Défi de la science et de la technologie aux cultures*, Aubier, p. 34.
3. J. Brun, *L'Europe philosophe*, Stock, p. 80.

ces derniers, encore émerveillés par la découverte de la puissance du mode de pensée mathématique qu'il rêvent de généraliser, mais soucieux en même temps de fonder la valeur de la pensée rationnelle sur une base métaphysique, est une expérience pleine et forte. Cette confiance dans la capacité de l'esprit à atteindre une vérité dont il sent pourtant qu'il n'est pas l'auteur imprègne notamment les œuvres de Descartes ou de Malebranche. En sortant un peu de l'univers chrétien on peut en trouver aussi un exemple particulièrement significatif dans le *Traité de la Réforme de l'entendement*. Toute une série de thèses caractéristiques d'un intellectualisme triomphant y sont affirmées, notamment : — que la pensée vraie est une réalité première et immédiate (« nous avons une idée vraie ») et que le scepticisme est insincère ou contradictoire ; — que la vérité n'est que le caractère d'une idée adéquate (elle est donc première en droit), et que l'idée fausse est simplement une idée incomplète (« une idée fausse ou fictive n'ont rien de positif par quoi elles seraient fausses ou fictives ») ; — que la vérité ne peut jamais être simplement la constatation empirique d'un fait, mais qu'elle implique toujours la compréhension d'un rapport nécessaire (l'exemple type de l'idée vraie c'est celui de l'engendrement d'une sphère par la rotation d'un demi-cercle autour d'un diamètre) ; — que nous n'avons pas besoin de confronter l'idée à une réalité extérieure pour savoir qu'elle est vraie, mais que c'est sa propre adéquation interne qui nous le révèle (on ne peut posséder une idée vraie sans savoir qu'elle l'est) ; — que penser par idées adéquates, c'est dépasser le point de vue subjectif et limité que nous prenons spontanément sur les choses et nous décentrer pour les percevoir telles qu'elles sont en soi, du point de vue de Dieu (« notre âme, dira *L'Ethique*, étant une partie de l'entendement de Dieu, il est nécessaire que les idées claires et distinctes de notre âme soient vraies comme celles de Dieu ») ; — que la compréhension rationnelle de la vérité est du coup la première condition de notre libération par rapport à l'aliénation passionnelle, à la fois parce qu'elle est en elle-même une expression de la puissance de notre esprit et une source de joie, et parce que c'est dans l'intelligence de la nécessité que réside la liberté ; — et enfin que la possession d'une idée vraie nous permet de remonter, de façon à la fois démonstrative et intuitive, à Dieu, l'Etre vrai, la substance infiniment infinie, qui en est la source et le principe (« Dieu, ou ce qui revient au même la vérité » affirmait déjà le *Court Traité*).

Cette exaltation triomphante des pouvoirs de l'esprit est remise en question dès le XVIIIe siècle — au moment même où dans le sillage de la synthèse newtonienne, les sciences de la nature commencent à arriver à maturité. La première grande rupture avec le modèle rationaliste est due bien sûr aux philosophes empiristes : il suffit d'ouvrir Hume par exemple pour se rendre compte de l'ampleur de la mutation qui s'est opérée en quelques décennies dans la définition de la connaissance rationnelle : le domaine du démontrable s'est d'abord singulièrement réduit (les mathématiques ne nous font pas connaître le monde extérieur mais seulement les « relations d'idées ») ; tandis que les vérités de fait, sur lesquelles repose la science de la nature, ne peuvent plus se tirer que de l'expérience seule. Les jugements de valeur, soigneusement distingués des jugements de fait, ne sont plus susceptibles d'être dits vrais ou faux (« la morale est sentie plus que jugée »). Quant à la possibilité d'une connaissance métaphysique qui s'ajouterait à la connaissance formelle et à la connaissance empirique, elle disparaît bien sûr complètement. Par ailleurs le fait que Hume fasse reposer le savoir sur l'impression sensible, et affirme la nature subjective de celle-ci, aboutit à laisser sans réponse possible la question de savoir à quoi ressemble ce qui est derrière elle et la produit. Le scepticisme renait donc, sous l'égide explicite de la nouvelle académie, portant non certes sur la validité de la connaissance des phénomènes, mais sur ses fondements : c'est-à-dire d'une part sur sa rationalité (puisque rien ne peut justifier les généralisations à partir de l'expérience), de l'autre sur la nature réelle du monde extérieur, au-delà des perceptions par lesquelles nous entrons en rapport avec lui.

L'empirisme humien va être approfondi au XIXe siècle par les différents penseurs se réclamant du positivisme, qui définissent la science comme une description économique et commode des données empiriques, récusent toute possibilité de connaissance synthétique *a priori*, et réduisent les mathématiques à un savoir purement analytique, à la limite tautologique et vide de contenu, dont la fonction est celle d'un langage. Face à ce courant, (et même explicitement en réaction) une autre conception de la connaissance émerge dès la fin du XVIIIe siècle, qui propose de la considérer, non comme un enregistrement passif de données sensibles mais comme une construction, dans laquelle l'esprit humain joue un rôle actif. On peut en trouver une première version esquissée dans la phrase célèbre de Vico selon laquelle « comme la vérité de Dieu est ce que Dieu connait en le créant et en l'assemblant, la vérité humaine est ce que l'homme connait en le construisant, en le formant par ses actions » : « *verum ipsum factum* » — on ne connait donc complètement que ce qu'on a fait. Mais c'est bien entendu chez Kant, et dans une optique assez différente, que va être développée le plus systématiquement l'idée selon laquelle l'esprit humain, loin de chercher à saisir la nature telle qu'elle est, impose ses catégories et ses principes au donné sensible. Au lieu que la « connaissance ait à se régler sur les objets, ce sont les objets qui se règlent sur la connaissance » : ce qui implique à la fois que la réalité en soi est dès lors posée comme inconnaissable, et que c'est précisément parce que l'esprit structure lui-même l'expérience, qu'il peut produire une connaissance susceptible d'objectivité — c'est-à-dire simplement apte à susciter un consensus universel. Encore Kant limite-t-il en pratique, en dépit de son idéalisme, la liberté de l'esprit humain, puisque il continue à penser qu'il ne peut exister qu'une seule vérité scientifique, indépendamment de tout référentiel — une seule géométrie qui est nécessairement euclidienne, une seule mécanique, qui est newtonienne. Parmi les découvertes scientifiques du XIXe siècle qui vont avoir le plus d'impact culturel figurent celles qui montrent précisément qu'une telle conception de la connaissance est trop rigide : l'élaboration de géométries non euclidiennes va imposer l'idée que les vérités mathématiques sont relatives à des axiomes posés conventionnellement, qu'une même théorie est susceptible d'être axiomatisée de plusieurs façons différentes (ce qui veut dire que le mathématicien possède une part de liberté, qu'il fixe lui-même en partie les règles du jeu qu'il joue), et qu'enfin, il faut soigneusement distinguer, lorsqu'on parle d'une science hybride comme la géométrie, sa vérité logique et sa vérité « physique ». Dans le même temps, on découvre aussi en physique que des modèles différents peuvent être construits à partir des mêmes phénomènes : la lumière est susceptible d'être décrite de façon relativement adéquate en termes corpusculaires ou en termes ondulatoires, la gravitation en termes de forces ou en termes géométriques. La nécessité de distinguer la réalité des images que nous construisons pour nous la représenter devient du coup évidente. Typique de la sensibilité de la fin du XIXe siècle est le mouvement conventionnaliste, qui soutient en gros que le choix entre les différents modèles théoriques qui peuvent être construits pour rendre compte des phénomènes se fait largement pour des raisons de commodité sans qu'il soit nécessaire de leur donner de valeur ontologique : « les constructions scientifiques, écrit Edouard Le Roy, le plus radical de ses représentants ne sont pas des reproductions fidèles du réel, mais des créations libres », et pour une large part « contingentes ». Cette liberté, Poincaré, plus prudent, tient de son côté à la limiter, pour éviter une dérive nominaliste trop radicale, en affirmant : « la liberté n'est pas l'arbitraire ; l'expérience nous laisse notre libre choix ; mais elle le guide en nous aidant à discerner le chemin le plus commode[1] ». Il n'en reste pas moins que pour l'auteur de *La science et l'hypothèse*, qui mène une profonde réflexion sur le rôle de la convention en physique, les concepts humains sont « des images que nous substituons aux objets réels que la nature nous cachera éternellement. Les rapports véritables entre ces objets réels sont la seule réalité que nous puissions atteindre[2] » — l'accessibilité de ces rapports permettant déjà cependant de donner à la science une valeur représentative, et de faire comprendre qu'elle puisse progresser, alors même que ses théories semblent sans cesse changer.

La tentation pragmatiste

Tout naturellement, la réflexion philosophique sur la vérité évolue au XIXe siècle en direction du pragmatisme : c'est-à-dire de l'affirmation que la vérité d'une idée ne consiste pas dans sa relation avec une réalité extérieure par essence insaisissable, mais qu'elle se détermine au vu des ses conséquences pratiques. Est vraie l'idée qui nous permet de mieux prédire les événements qui vont se produire, de mieux dominer notre environnement, qui est pour nous plus utile par ses résultats. Cette thématique pragmatiste se retrouve à la fin du siècle chez de nombreux auteurs, avec des significations variables. Sa formulation la plus célèbre et la plus discutée se trouve (en rapport avec une métaphysique qui fait de l'univers un devenir imprévisible, dans lequel rien n'est décidé et clos), chez W. James qui l'exprime en plusieurs thèses frappantes : « le vrai est ce qui est avantageux pour notre pensée comme le juste est ce qui est avantageux pour notre conduite » ; « les idées deviennent justes dans la mesure où elles nous aident à entrer dans des relations satisfaisantes avec d'autres parties de notre expérience » ; et encore : « la vérité est une espèce de bien, et non comme on le suppose habituellement, une catégorie différente du bien. La

---

1. *La Science et l'hypothèse*, introduction, p. 3.
2. *Ibid.*, chap. 10.

vérité est le nom de tout ce qui se révèle être le bien dans le domaine de la croyance[1] ». Les conséquences les plus audacieuses de cette conception se situent dans le domaine religieux, puisque James va, on le sait, jusqu'à affirmer : « Dieu est une idée dont on se sert ». Mais des idées voisines se retrouvent chez d'autres auteurs : chez Bergson bien sûr, qui soutient que l'intelligence analytique, faite pour comprendre de façon déterministe la matière, n'a de valeur que dans la mesure où elle nous permet de mieux nous adapter à notre environnement ; chez les marxistes (l'affirmation de la seconde thèse sur Feuerbach selon laquelle « c'est dans la pratique quez l'homme doit démontrer la vérité, c'est-à-dire la réalité et la puissance, l'enracinement dans l'ici-bas de sa pensée », est explicitée par Engels sous la forme : la preuve de la vérité de la science, ce sont les machines) ; et bien sûr aussi chez Nietzsche.

Ce dernier, le plus radical de tous, va jusqu'à soutenir que notre connaissance repose problablement toute entière sur des erreurs vitalement nécessaires (« pour subsister la vie a besoin d'erreurs foncières[2] ») : les grandes catégories au moyen desquelles nous pensons le monde (la substance, la causalité, etc.) sont sans doute fictives, mais nous ne pouvons subsister sans elles, elles contribuent à accroître notre sentiment de puissance (de fait « le critère de la vérité consiste dans l'intensification du sentiment de puissance[3] »). Ou plus exactement elles le devraient : car toute la question est précisément de savoir, devant les fictions que nous ne cessons d'élaborer pour imposer notre loi d'être vivant au monde extérieur, quelles sont celles qui vont dans le sens de la vie, qui témoignent de notre potentiel affirmatif et quelles sont celles qui témoignent au contraire d'une vitalité affaiblie et sont infectées par l'esprit de négation. Dans l'idée commune d'une vérité indépendante de nous, qu'il faudrait atteindre en mettant entre parenthèses nos intérêts, Nietzsche voit précisément l'expression d'une démission du vouloir, d'un affaissement de la vie : et cela aussi bien dans le cas de la conception métaphysique d'un « monde vrai » et immuable, fiction inventée par les faibles pour fuir une réalité trop dure, que dans celui du culte moderne de l'objectivité scientifique, qui est la forme ultime de « l'idéal ascétique » — et révèle combien, alors que nous nous croyons délivrés de la religion « nous sommes encore pieux ». Le vrai courage, la vraie lucidité (car Nietzsche se réclame bien en fait, non sans paradoxe, d'une certaine « véracité », qui selon lui exige au plus haut point force et courage) devraient par contraste d'abord consister à assumer clairement le fait que toute connaissance est toujours une interprétation que nous imposons au monde au moyen de formes que nous créons ; ils impliqueraient aussi de renoncer à la fois au mythe du savoir désintéressé (derrière le désir de connaissance se cache toujours un jeu d'instincts), et à celui de la vérité unique qui appellerait par tous une même contemplation (« toute signification est une signification relative, une perspective[4] »). En d'autres termes, il s'agit de revendiquer le monde et la vérité comme la

---

1. Voir les chapitres « Théorie pragmatiste de la vérité » et « La notion pragmatiste de la vérité défendue contre ceux qui ne la comprennent pas », dans *Le Pragmatisme*, Flammarion.
2. Nietzsche, *La Volonté de puissance*, t. 2, livre 3, parag. 588.
3. *Ibid.*, t. 2, livre 3, par. 629.
4. *Ibid.*, t. 1, livre 2, par. 134.

création de l'homme, de remplacer l'image du savant objectif ou *a fortiori* du métaphysicien par celle de l'artiste qui façonne la réalité : « notre droit souverain d'artistes pourrait exulter à l'idée d'avoir créé ce monde[1] ».

Parallèlement au pragmatisme, et dans un esprit qui n'est pas complètement différent, un autre grand courant philosophique essaie à partir du XIXe siècle de remettre en question le modèle statique de la vérité-copie de son objet : il s'agit évidemment du courant dialectique, qui tente de penser la vérité comme mouvement et non plus comme résultat figé. Il part d'intuitions communes et fort anciennes : la pensée (surtout philosophique) ne peut se réduire à des affirmations dogmatiques et définitives, elle a besoin du dialogue, de la confrontation de points de vue qui ont chacun leur légitimité, et qui doivent être tour à tour adoptés, puis dépassés dans une vision plus large et plus synthétique. Et il se systématise philosophiquement avec Hegel, dans des thèses dont on peut emprunter le résumé schématique à E. Morin (qui condense ainsi dans un livre de souvenirs ce que jeune philosophe communiste, il avait retenu de l'auteur de la *Phénoménologie de l'esprit*) : « est fausse toute idée close, figée, abstraite, séparée de la totalité dont elle fait partie, mais toute idée fausse est vraie dans la mesure où elle exprime une parcelle de la totalité. La vérité est la totalité, mais comme la totalité est toujours en mouvement, toujours inachevée, la vérité est en cheminement interrompu, se faisant et se défaisant. La dialectique est l'effort pour adhérer à ce mouvement propre à la totalité, en affrontant et en assumant les idées contraires, en les interfécondant pour que jaillisse une synthèse qui les dépasse tout en les intégrant[2] ».

Il faut ajouter encore que que nombre de penseurs de l'époque réfléchissent sur la vérité artistique — déformation stylisée qui dévoile plus profondément la réalité qu'une reproduction fidèle mais morte[3] —, et sur la distance qui la sépare d'une simple exactitude inerte ; et que d'autres de leur côté méditent sur la distinction entre les vérités purement objectives et par là mêmes insignifiantes, et les vérités vitales — celles qui donnent sens à mon existence subjective, conformément à l'affirmation de Saint-Exupéry : « la vérité n'est pas ce qui se démontre, c'est pour l'homme ce qui fait de lui un homme[4] ». Au total on comprend que le thème de la « vérité de la fiction » soit devenu central dans la culture du début du XXe siècle : nombre d'écrivains du milieu du siècle, en réaction contre la psychologie naturaliste (Pirandello bien sûr mais aussi Giraudoux, Cocteau, et bientôt dans une

---

1. Nietzsche, *op. cit.*, t. 2, livre 3, par. 621.
2. *Mes Démons*, Stock, p. 47.
3. Il existe on le sait toute une tradition de penseurs romantiques (de Schopenhauer à Heidegger) qui retourne le préjugé commun selon lequel l'art ne viserait qu'à créer de belles apparences, et soutient qu'il a en fait plus que la science vocation à dévoiler la réalité profonde. On lui préférera ici l'idée plus modérée que la vérité peut faire partie (au côté d'autres objectifs plus évidents : plaire, émouvoir, faire rêver, provoquer un sentiment de beauté, etc.) des buts que s'assignent certaines formes d'art — au premier rang desquels cet art du langage qu'est la littérature : pour certains artistes ce but est primordial (beaucoup de ceux qui écrivent le font pour saisir par les mots une certaine vérité de la vie), pour d'autres il est au contraire secondaire.
4. *Terre des hommes*, Pléiade, p. 245.

certaine mesure, Sartre[1]) multiplient les variations virtuoses pour montrer par exemple que nous ne pouvons vivre sans stabiliser un devenir toujours fluide par des formes qui, fictives au départ, deviennent peu à peu notre réalité profonde, sans nous identifier en d'autres termes aux personnages que nous jouons, sans nous raccrocher, pour supporter la vie, à des mythes protecteurs et à des identités illusoires, sans lesquels nous n'aurions plus qu'à mourir — nous sommes tous en un sens des imposteurs, mais l'imposture étant une nécessité vitale, nous sommes authentiques dans nos mensonges mêmes. Ils soulignent aussi qu'il n'y a sur la réalité humaine que des points de vue, des interprétations, multiples et inachevables, et pas de vérité unique cachée derrière : le thème du *Chacun sa vérité* de Pirandello (nous n'avons pas d'être indépendamment des relations que nous entretenons avec les autres, ce qui implique qu'il n'y a pas sur nous de point de vue faux concevable) sera repris et systématisé par Watzlawick et les constructivistes de Palo-Alto dans les années 70[2]. Chez beaucoup de ces écrivains dont l'antiréalisme se réclame d'une certaine volonté de modernisme, on sent également un goût prononcé pour l'illusion, une préférence marquée pour le faux contre le vrai, liés à la conviction que le propre de l'homme, être de conscience et de langage, est de vivre dans l'irréel, le possible, la fiction, et qu'en conséquence tout effort pour séparer complètement le réel et l'imaginaire, et pour ramener l'homme « aux choses mêmes », est voué à l'échec : la réalité est toujours construite, et la frontière entre la vie et la littérature impossible à tracer (qu'on pense aux *Fictions* de Borges).

Tel est le discours auquel semble donc souvent se complaire la « modernité », qui tend à vouloir se définir par son refus de la naïveté, par sa conscience aiguë du fait que tout est langage, qu'il n'y a que des interprétations mais pas de sens vrai du monde. Il a ses dangers cependant qu'on ne va pas tarder à redécouvrir : dans les années 30 les régimes totalitaires prennent leur essor, mettant au point des méthodes de manipulation de l'information et de conditionnement de la population d'une efficacité jusque là inconnue : on redécouvre (après avoir commencé par en être victime) ce que sont le mensonge et la désinformation, et de quel pouvoir prodigieux d'affabulation et de mystification les hommes sont capables. Et on prend conscience de ce qu'il peut y avoir du coup d'imprudent à vouloir dépasser la conception classique de la vérité objective. Nombre de militants communistes découvriront trop tardivement les dangers de la dialectique, formidable machine non seulement à justifier le négatif par ses effets positifs présumés, mais à déformer la réalité, en l'interprétant du point de vue de la « totalité » — c'est-à-dire par le sens qu'elle prend pour celui qui s'est engagé dans le combat politique révolutionnaire : les opposants au pouvoir soviétique gênent le développement du « socialisme », donc ils sont des traîtres coupables objectivement de sabotages (c'est la logique des procès staliniens et de Gletkin dans *Le zéro et l'infini* de Koestler), les camps de concentration sont

---

1. Voir par exemple *Vêtir ceux qui sont nus* de Pirandello, *Thomas l'imposteur* de Cocteau, *Siegfried* de Giraudoux, *Les Séquestrés d'Altona* de Sartre.
2. Voir par exemple *La Réalité de la réalité* de Watzlawick.

un mal inévitable engendré par une révolution humaniste, donc il faut faire comme s'ils n'existaient pas. Des reproches analogues peuvent évidemment être adressés aux thèses pragmatistes (souvent invoquées d'ailleurs elles aussi par les militants révolutionnaires de droite ou de gauche), dont le moins qu'on puisse dire est qu'elles n'offrent un rempart très solide ni contre les mensonges des diverses propagandes, ni contre la tendance des hommes à prendre leurs désirs pour des réalités. Définir la vérité comme ce qu'il est avantageux pour l'esprit de croire, ou comme ce qui favorise notre action, n'est-ce pas oublier un peu vite que pour regarder la vérité en face il faut bien souvent mettre entre parenthèses ses espoirs et ses intérêts — la vérité n'est pas toujours « triste », pour parler comme Renan, mais il est de son essence de pouvoir l'être[1] ?

Ceux qui croient pouvoir dépasser comme superficielle la conception classique de la vérité vont donc se voir tout naturellement retourner l'accusation de naïveté, et se faire reprocher de céder à un de ces mirages sophistiqués qui périodiquement abusent les intellectuels. Parmi les nombreux esprits indépendants (écrivains, historiens, journalistes) qui ont consacré vers le milieu du siècle leurs efforts à lutter contre la désinformation, certains sentent bien que c'est l'idée même de correspondance à la réalité qu'il s'agit de réhabiliter contre les arguments des nouveaux sophistes. Ils le font parfois en adoptant un moyen d'expression littéraire. Exemplaire est à cet égard une œuvre de combat comme celle d'Orwell, toute entière dominée par l'obsession de l'imposture, particulièrement évidente dans ses deux livres les plus célèbres : *La ferme des animaux* d'une part, dans laquelle un cochon qui ressemble beaucoup à un Goebbels stalinien (« Brille-Babil ») fait la démonstration de la puissance du verbe, pour légitimer la transformation progressive d'une révolution égalitaire en un despotisme hypocrite et écrasant ; et bien sûr *1984*, vision hallucinée de ce que peut être une cité reposant sur la terreur et la désinformation (le ministère de la propagande, où l'on réécrit chaque jour l'histoire passée en fonction des impératifs de la politique présente s'appelle précisément « ministère de la vérité »). Il est clair qu'aux yeux d'Orwell, qui plaide simultanément pour la valeur de liberté et pour celle de vérité, et affirme leur profonde solidarité (« la liberté, écrit W. Smith dans son journal, c'est le droit d'affirmer que 2+2 font quatre »), les tendances pragmatistes et relativistes de la pensée moderne risquent de rendre possible l'asservissement de l'homme qu'elles paraissent vouloir exalter : d'abord parce que s'il n'y a pas de vérité indépendante et objective, qui s'impose à nous, et que notre tâche est de reconnaître, si la vérité en d'autres termes se ramène à ce que le groupe décide qu'elle est, la revendication d'une pensée

---

1. La vieille question de savoir pourquoi les hommes sont parfois si étrangement aveugles à des vérités évidentes a gardé bien entendu toute son actualité à notre époque : pourquoi des réalités comme celles des crimes staliniens, attestées par tant de témoignages, ont-elles été si longtemps niées par la grande majorité des intellectuels de gauche, convaincus qu'il ne s'agissait que de calomnies réactionnaires ? Pourquoi aussi, à un niveau moins factuel, des idéologies schématiques improbables parviennent-elles à séduire tant d'esprits brillants ? Les sociologues des idéologies et les psychologues cognitivistes ont aujourd'hui beaucoup à nous dire sur les causes de l'erreur et de l'illusion. Voir notamment sur ce sujet Boudon, *L'art de se persuader des idées douteuse, fragiles ou fausses*, qui insiste notamment sur le rôle des *a priori* implicites.

personnelle et libre perd une large partie de son fondement. Mais plus fondamentalement encore, parce que le totalitarisme moderne s'enracine précisément dans le désir d'affirmer que l'homme est la seule réalité, voire dans le rêve de le rendre tout puissant, et de le considérer comme le créateur, non seulement du bien et du mal, mais du monde même, et qu'un tel rêve est manifestement mégalomaniaque et destructeur. O'Brien, le doctrinaire de l'Oceania, n'affirme-t-il pas : « Nous commandons à la matière puisque nous commandons à l'esprit [...] Nous faisons les lois de la nature [...] Rien n'existe que par la conscience humaine [...] Hors de l'homme il n'y a rien. Notre philosophie est un solipsisme collectif[1] ». Il est significatif de voir Orwell l'athée dénoncer avec la même vigueur qu'un chrétien toute tentative d'autodivinisation de l'homme, et soutenir que c'est seulement dans la reconnaissance d'une altérité qu'il ne peut réduire — celle du vrai, celle du juste — que celui-ci peut trouver son humanité.

Dans le domaine philosophique on peut rattacher à une inspiration analogue le combat de ces deux héritiers des lumières que sont Russell et Popper, qui visent l'un et l'autre à défendre l'idée de correspondance à la réalité contre ceux qui veulent la dépasser : le premier ferraillant à la fois contre les néo-hégéliens de sa jeunesse (et contestant vigoureusement « l'axiome des relations internes », qui fonde le postulat si tentant selon lequel « seul le tout serait vrai », pour défendre par contraste une conception atomiste du discours : il n'est de vrai que partiel) et contre les pragmatistes[2]. Le second dénonçant le relativisme (cognitif et moral) comme la « principale maladie intellectuelle de notre temps » — et tentant de saper les postulats à son sens erronés qui sont à son origine — dont le « mythe du cadre de référence ». Tous les deux restant fidèles au principe selon lequel le projet de regarder la réalité telle qu'elle est, indépendamment de toute considération utilitaire, possède sa spécificité et sa légitimité propre.

Il n'est pas certain cependant que leur combat ait été culturellement victorieux. Avec la perte d'intensité de la guerre froide, la décolonisation, et le développement des luttes des minorités jusque-là dominées, c'est une grande vague relativiste qui déferle effectivement sur les sciences humaines et la philosophie dans les années 70. A sa base bien sûr, des thèses en fait anciennes : on ne peut penser qu'à l'intérieur d'un cadre intellectuel, constitué d'un ensemble de postulats implicites définissant une « vision du monde », toujours en un sens arbitraire ; aucune conception du monde ne peut être dite supérieure à une autre, puisque il n'y a pas de critères d'évaluation indépendants qui permettrait de juger l'une ou l'autre de l'extérieur ; le pluralisme est donc indépassable en droit comme en fait, il y a des systèmes de valeurs morales, politiques, esthétiques, et peut-être même des systèmes de connaissance concurrents, entre lesquels aucun choix rationnel ne peut être fait ; et lorsque un consensus universel semble se réaliser, il cache toujours en fait un rapport de domination. Dans une telle perspective, s'il n'est pas niable que la science occidentale permet une plus grande efficacité technique que les savoirs traditionnels, elle ne leur est pas

---

1. *1984*, Folio, p. 372-375.
2. Voir particulièrement de Russell : *Essais philosophiques, Histoire de mes idées philosophiques, Signification et Vérité*.

dans l'absolu supérieure : elle n'est pas plus vraie que la science des yogis ou des chamanes mais reflète simplement le choix d'une vision du monde privilégiant le matériel et le quantitatif. De telles idées, formulées déjà par Spengler au début du siècle, sont reprises plus ou moins explicitement par Feyerabend ou certains disciples de Foucault. Citons un ami de ce dernier, Paul Veyne qui affirme à la fois que « chaque époque pense et agit à l'intérieur de cadres arbitraires et inertes », et que chacune possède un « programme de vérité différent », assimilable à un « style de l'imaginaire » : « ce ne sont pas seulement les vérités qui ont une histoire, mais le critère même du vrai et du faux. Ainsi chez les Grecs il fut un temps où pour connaître le passé il suffisait de l'inventer ; on n'était pas pour autant un faussaire ; plus tard la vérité consista à recopier ce qui se savait... ». En fait il faut remplacer l'idée d'un progrès linéaire de l'esprit vers la vérité par le constat d'une irréductible diversité des manières de penser et de définir le vrai. « Il y a toujours du neuf, et ce neuf n'est ni vrai ni faux. Sinon, cinq millénaires de culture universelle seraient faux et nous seuls en la présente année, aurions le privilège d'être dans le vrai. Mais l'an prochain ? » Pour l'exprimer autrement, et sous forme d'un dilemme : « entre la vérité et la culture, il faut choisir[1] ».

Dans les mêmes années (70-80) certains sociologues définissent aussi de leur côté le « programme fort en sociologie des sciences » (David Bloor[2]), qui ne prétend à rien moins qu'à expliquer par des causes socio-culturelles non seulement l'erreur mais la vérité scientifique... Bien entendu, ce type de revendication provocatrice appelle rapidement une nouvelle contre-attaque rationaliste : on n'a pas de mal à montrer qu'un tel sociologisme traduit surtout le dogmatisme de sciences humaines convaincues en fait de détenir la vérité sur les autres sciences — et sur l'être humain —, et que si on l'applique à lui-même il s'autodétruit. Il y a bien entendu une dimension sociale (ou psychologique, ou biologique) de la connaissance, que personne ne peut méconnaître, mais les idées scientifiques — et sans doute même l'ensemble des idées humaines — ont aussi la spécificité d'être justifiables par des raisons objectives et de pouvoir ainsi accéder à une plus ou moins grande validité. D'autres arguments convaincants peuvent être avancés contre le relativisme : qu'il est en pratique intenable, qu'il sous-estime la possibilité d'une compréhension transculturelle, dont notre époque de « mondialisation » donne pourtant tant d'exemples, qu'il méconnaît les différences mêmes qu'il prétend vouloir respecter (un mythe religieux peut avoir évidemment autant de valeur qu'un énoncé scientifique, et même plus, mais ils ne visent en fait pas les mêmes objectifs), qu'il ignore enfin le fait qu'une culture pluraliste ne peut s'édifier en renonçant à toute normativité, mais suppose au contraire la définition et l'acceptation d'un certain nombre de règles. Reste que si contestable qu'il soit dans l'absolu, le relativisme garde certains atouts qui le rendent attirant : non seulement il est la philosophie qui s'associe naturellement à la pratique de certaines disciplines (l'histoire et la sociologie des systèmes de pensée), non

---

1. Paul Veyne, *Les Grecs ont-ils cru à leurs mythes*, Seuil, 1983, dernier chapitre et texte de présentation.
2. Bloor, *Sociologie de la logique*, Pandore, 1982.

seulement il nourrit un programme de recherche positif, mais surtout il est en phase avec une culture qui ne se contente pas de vouloir préserver sans ostracisme les œuvres et les idées de toutes celles qui l'ont précédée, mais qui encourage au présent la production sans cesse renouvelée d'un très grand nombre de discours différents, dont la multiplicité et la diversité lui paraît une richesse : même la science on l'a dit, est constituée de discours en fait très hétérogènes, dont le trait commun est peut-être seulement d'être soumis au jugement d'une micro-communauté de « spécialistes » en fonction de normes d'évaluation spécifiques, et d'être considérés comme aptes à contribuer au progrès cumulatif d'une recherche collective.

C'est peut-être bien en définitive vers ce type de considérations qu'il faut se tourner pour comprendre vraiment les raisons de la crise actuelle de la valeur de vérité. Celle-ci semble associée spontanément à des images statiques, stabilisatrices, intégratrices : le vrai est immuable, définitif, complet, on peut le posséder et l'enseigner. La question qui se pose est celle de savoir si de telles qualités, jugées autrefois si fondamentales, gardent encore un grand pouvoir d'attraction dans la civilisation actuelle. Le trait culturel le plus original de celle-ci n'est-il pas de fait de prôner le renouvellement incessant des idées, la poursuite à l'infini sous tous les angles possibles de l'effort d'extraction de l'intelligibilité immanente au réel, d'exiger de chaque « chercheur » qu'il propose sans cesse de nouveaux « programmes », qu'il soit « productif » et « inventif » (beaucoup plus assurément qu'« honnête » et « vérace »). Et ce choix de produire de façon illimitée du discours (un discours intelligent et bien informé, mais éphémère, et rendu en un sens insignifiant par sa propre prolifération) n'implique-t-il pas un renoncement implicite au rêve séculaire de Vérité ?

Vérité et jugement vrai dans la pensée ancienne

Jean Frère

Des conceptions extrêmement diverses de la vérité ont été tour à tour envisagées en Grèce et à Rome. L'importance de ces tentatives est grande pour l'histoire de la pensée. Il est significatif de constater que les grands penseurs des temps modernes (Hegel, Nietzsche, Marx, Heidegger, H. Arendt) ont jugé indispensable de relier leurs propres conceptions à telle ou telle de ces grandes théories des lointains (Héraclite, Parménide, Démocrite, Platon, Aristote).

Lorsque les représentations mythiques du cosmos n'ont plus satisfait la pensée rationaliste, les penseurs grecs ont commencé de réfléchir à ce que peut être la vérité (*Aletheia*). Une telle démarche de la raison impliquait un triple questionnement. De quoi y a-t-il vérité ? Quel critère permet-il d'affirmer la vérité ? Par quelles méthodes cheminer dans la quête de la vérité ? Chaque penseur grec s'accordait sur un point : la vérité, c'est l'Etre en tant que conçu, c'est le réellement Réel en tant que parvenu à l'intelligibilité. Mais par là il existait autant de théories différentes de la vérité qu'il y avait de philosophes. Ne s'arrêter qu'à quelques grands types de conceptions du vrai permettra néanmoins d'appréhender les moments cruciaux de cette quête de la vérité chez les Anciens.

Outre la vérité en tant que fondement, outre les jugements logiques vrais qui permettent d'y accéder, il conviendrait d'envisager ce qui constitue chez les Anciens le domaine de la vérité pratique — éthique et politique : est-ce une relation de coordination ou une relation de juxtaposition qui conduit de l'une à l'autre de ces deux formes de vérité ?

Poésie et vérité

Avant de devenir philosophique, dégager ce qu'est la vérité fut l'affaire des poètes. Il y eut d'abord les « maîtres de vérité », qu'on pourrait désigner aussi bien comme « chantres de vérité ».

L'*Aletheia* des poètes s'inscrit d'abord dans un contexte à la fois poétique et religieux dans lequel la parole chantée se trouve inséparable de la mémoire. Selon la tradition hésiodique, les Muses sont filles de Mnémosyné[1] ; chez Homère et Pindare, ce sont les Muses qui inspirent le souvenir du poète[2]. De façon plus précise, c'est dans la *Théogonie* d'Hésiode

---

1. Hésiode, *Théogonie*, v. 54 sqq.
2. Homère, *Iliade*, II, v. 492 ; Pindare, *Néméennes*, I, v. 12.

que se trouve attestée la plus ancienne conception d'une *Aletheia* à la fois poétique et religieuse. Les Muses revendiquent avec fierté le privilège de « dire la vérité ». Or l'*Aletheia* poétique trouve sa signification dans le lien qui unit la Muse et la mémoire. Les Muses « disent ce qui est, ce qui sera, ce qui fut[1] ». Il y a donc étroite solidarité entre *Aletheia* et mémoire. La parole du poète se consacre à la louange des exploits des dieux et des hommes ; elle porte avant tout sur le passé et sur le présent, même si elle sait de surcroît pressentir et prédire quelque avenir plus ou moins lointain.

Cette vérité que sait et que transmet le poète est vérité assertorique : « Nul ne la conteste, nul ne la démontre[2] ». La vérité ne s'oppose ni à l'erreur et au faux, ni au mensonge et à la tromperie. La seule opposition c'est celle d'*Aletheia* et de *Léthé*, de Vérité et d'Oubli. Le poète, énonçant la vérité, supprime l'oubli, aussi bien l'oubli des grands exploits des dieux que celui des exploits des hommes. Le poète est doué d'un don de voyance qui, plus qu'à l'avenir, se réfère au passé de l'humanité et des dieux.

C'est plus tard, avec Simonide, que le dessein du poète se transforme radicalement et que, de chantre de la vérité, le poète devient maître en tromperie (*apate*) et revendique de n'affirmer que le semblant et l'opinion (*dokein*[3]). Ce n'est plus l'*Aletheia* qui triomphe, c'est la *doxa*. Simonide rompt avec la tradition poétique, dont l'*Aletheia* était valeur essentielle, il sécularise la poésie, il substitue, à un mode de connaissance privilégié, un savoir politisé[4] aussi bien que laïcisé.

La vérité conçue en tant que Nature décryptée ou Etre dévoilé

Dans leur haute exigence de rationalité, tous les philosophes grecs ont assurément mis au centre de leurs enquêtes la recherche de la vérité. C'est d'abord la pensée dogmatique qui triompha, avec les penseurs de la Nature (*physis*), tout comme avec le penseur de l'Etre (*to on*). Or les conceptions de la vérité divergent considérablement selon que le réel décrypté se donne à voir de façon différente ou que les critères de vérité diffèrent.

Dans un fragment cité par Stobée, Héraclite énonce « les choses vraies » comme constituant l'objet capital de l'enquête du sage. « Bien penser, la qualité suprême ; et la sagesse : dire le vrai et agir suivant la nature, à l'écoute[5] ». Commentant ce passage, M. Conche en précise la portée : la sagesse héraclitéenne consiste à dire, « dans un discours vrai, les choses vraies ». Et M. Conche ajoute : « La vérité ne se dit pas au pluriel chez Parménide. Ici, au contraire, la vérité, dans l'unité de son discours, embrasse le divers. Ce qui est pensé, ce n'est pas autre chose que le monde — et il n'y a rien d'autre. C'est le monde en son intelligibilité, et la nature des choses qui sont au monde ». Tout ce qui est au monde est régi par le *theios nomos* (B 114), la loi de l'unité des contraires. Toutes les choses que l'on pourra dire

---

1. *Théogonie*, v. 28.
2. Marcel Détienne, *Les Maîtres de vérité dans la Grèce archaïque*, Paris, La découverte, 1990, p. 27.
3. Simonide, f. 55, Diehl.
4. *Ibid.*, f. 53 : « C'est la cité qui fait l'homme ».
5. Héraclite, D.K. B. f. 112.

vraies « ne le seront qu'autant que les contraires ne seront pas posés comme purement et simplement exclusifs l'un de l'autre[1] ».

Toutefois, énoncer des choses vraies sur le cosmos ne semble point être le dernier mot d'Héraclite quant à ce qu'est la vérité. Il est curieux de constater que, dans sa conférence sur Héraclite intitulée *Aletheia*, Heidegger n'a point mentionné ce fragment B 112[2]. Heidegger quant à lui part d'un fragment dans lequel c'est le thème de l'« oublié », du « demeurer caché » qui constitue l'horizon de « ce qui se donne à voir ». Heidegger ouvre sa méditation sur l'*Aletheia* héraclitéenne par une relecture du fragment D.K. B 16 : Comment devant ce qui ne sombre jamais, quelqu'un pourrait-il rester dans l'oubli (*lanthanein*) ? « Peut-être ce fragment devrait-il devenir, pour nous, le premier ». Ce qui ne sombre jamais, c'est l'émergence qui a toujours duré et dure, c'est la perpétuelle émergence de la Nature (*physis*) — de la Nature qui pourtant « aime à se cacher » (D.K. 123). Dans l'être de la *physis*, le se dévoiler aime le se cacher. Le thème du « caché » qui « se donne à voir » se retrouve quand, à l'harmonie « invisible » du fragment 54, Héraclite adjoint le qualificatif de « toujours vivant » caractérisant, au fragment 30, la lumière du Feu qui éclaire.

A partir de telles exégèses, la théorie héraclitéenne de la vérité se dégage. Pour Héraclite, la vérité c'est l'appréhension de la Nature, laquelle est à la fois la lumière d'un Feu toujours présent et l'harmonie des opposés en tant qu'ils viennent à se dévoiler. D'autre part, la vérité se donne à voir au seul sage, ceci indépendamment de tout accord avec les autres hommes. Enfin, elle se donne à voir à la raison et au regard intuitif du sage, qui parvient à l'exprimer à travers de multiples formules-esquisses[3].

Un autre type de conception dogmatique de la vérité se rencontre dans la philosophie de Parménide. Dans ce qui subsiste du poème de Parménide, le thème de la vérité se rencontre très fréquemment[4].

Qu'est *Aletheia* en perspective parménidienne ? C'est la manifestation, au niveau du penser, de tout ce qui est certain concernant, non plus l'origine, mais le fondement du cosmos. La vérité manifeste la présence de l'Etre. La vérité, c'est le miroir de l'Etre au niveau du connaître. L'Etre rayonne et illumine, et ce rayonnement, en tant que pensé et énoncé, constitue la vérité.

Parménide s'appuie, comme les penseurs de la *physis*, sur les implications linguistiques sinon étymologiques que comporte le mot *Aletheia*. L'*Aletheia* (*lanthanein* : oublier ; *lethe* : l'oubli), c'est à la fois l'oublié par les penseurs antérieurs et le caché en tant qu'il se donne néanmoins à voir. La vérité, c'est d'abord l'éclairant, qui fut occulté par l'imagerie mythique, comme par le dire d'inspiration trop souvent matérialiste des penseurs antérieurs. D'autre part, si, comme disait Héraclite, la Nature aime à se cacher, il en est de même de la vérité sur l'Etre. La vérité ontologique, c'est le difficile à saisir.

---

1. M. Conche, [62], B 112, *Héraclite, Fragments*, Paris, PUF, 1986, p. 235.
2. Heidegger, *Essais et Conférences*, trad. A. Préau, Paris, Gallimard, 1954. Dans l'Essai intitulé *Logos*, le fragment 112 n'est que mentionné, p. 267.
3. Qu'il s'agisse de la connaissance d'un principe un (Thalès, Anaximandre, Héraclite) ou de principes multiples (Pythagoriciens, Empédocle), la conception de la vérité chez les penseurs de la Nature est sur ce point comparable : être éclairé par le rayonnement de ce qu'est la Nature.
4. Sept emplois d'*Aletheia* et d'*alethes*. Aletheia : I, 29 ; II, 4 ; VIII, 51. Alethes : I, 30 ; VIII, 17, 28 et 39.

C'est le certain qui se trouve caché, mais qu'il est néanmoins possible de décrypter. C'est l'invisible devenu visible. C'est la certitude voilée, mais qu'il est possible de dévoiler.

La référence à l'*Aletheia* est capitale en trois lieux stratégiques du Poème : à la fin du fragment I, v. 29 ; à la fin du f. VIII, v. 51 ; dans le f. II. v. 4. Dans le f. I, la déesse initiatrice (*thea* : celle qui contemple) indique au disciple, non comment raisonner, mais comment cheminer. Ce n'est point méthode, c'est chemin, *hodos*, qui s'ouvrira sur un voir, sur un être éclairé par. Par quoi, sinon comme dévoilement de ce qui est ? « Il faut que tu sois instruit de tout, mais d'abord du cœur sans tremblement de la vérité ». Ce n'est pas un sort funeste qui a mis le disciple sur ce chemin consistant à être éclairé par l'Etre. Or ce qui est ainsi annoncé par la déesse va aussi bien constituer la clôture de ses propos concernant l'Etre. Au f. VIII, v. 50-51, on lit : « Je mets fin à mon discours digne de foi qui cerne la Vérité ». Texte intermédiaire, le F. II aux v. 2-4, s'exprime ainsi : « Je vais énoncer quelles sont les voies de recherche, les deux seules que l'on puisse concevoir. La première voie [énonçant] est et aussi ne pas être n'est pas un chemin de persuasion, car la persuasion accompagne la vérité[1] ».

La Vérité, c'est la connaissance de l'Etre qui se donne à voir à l'homme, avec ses caractères fondamentaux : inengendré, impérissable, unique, entier en sa membrure, sans frémissement, sans terme, de tous côtés achevé.

Quant à la seconde voie de recherche, c'est celle qui en reste à la connaissance du vraisemblable et non plus de la vérité (VIII, 52 sqq — XIX).

La vérité parménidienne, c'est donc une vérité ontologique, vérité portant, non sur l'origine, mais sur le fondement un du cosmos. Cette vérité se découvre d'abord comme pensée du seul sage, puis comme celle de ses rares disciples, ceci sans impliquer l'accord des autres esprits. Enfin, c'est à travers le voir fulgurant de la raison et au moyen d'un discours inspiré que la vérité s'appréhende.

En tant que connaissance lumineuse de ce qui est — Nature ou Etre —, la conception dogmatique de la vérité chez les premiers présocratiques exclut toute possibilité d'erreur ou de tromperie.

Mises en cause du dogmatisme : le pragmatisme de Protagoras et le relativisme critique de Démocrite

Plusieurs titres désignent sans doute un même ouvrage de Protagoras : *De l'Etre*, *Propos terrassants*, le *Grand Discours*, la *Vérité*. Sextus Empiricus, évoquant la conception protagoréenne du vrai, écrivait : « Certains ont rangé Protagoras d'Abdère dans le chœur des philosophes qui ont aboli le critère de la vérité, puisqu'il soutient que toutes les images et toutes les opinions sont vraies et que la vérité est relative, attendu que tout ce qui frappe l'imagination ou l'opinion existe aussitôt relativement à chaque sujet. Au début de ses *Discours Terrassants*, il a proclamé : « De toutes choses, l'homme est mesure, de l'existence des existants, et de la non existence des

---

1. Traduction J. Frère et D. O'Brien légèrement modifiée. *Etudes sur Parménide*, Paris, Vrin, 1987, t. I, p. 16.

non existants[1] ». Déjà Platon avait dit dans le *Théétète* : « En commençant sa *Vérité*, il a dit : ce qui semble à chacun, cela existe aussi[2] ».

Assurément, Platon a-t-il caricaturé la thèse de Protagoras contenue dans toute la première partie du *Théétète*, celle qui est consacrée à la subjectivité du jugement de perception. Mais il n'en est plus ainsi dans les deux apologies platoniciennes de Protagoras, *Protagoras* et *Théétète* 166a-168c. Dès lors, comment comprendre l'affirmation de Protagoras « l'homme est mesure de la vérité de toutes choses » ?

Deux traits essentiels sont à retenir. Si Protagoras s'est assurément complu à faire remarquer, ce qui est évident, que les sensations sont irréfutables en tant que telles, ce ne fut là qu'un cas particulier du relativisme subjectif qu'il avait élaboré. Mais l'important n'était point là. Protagoras admettait l'inégalité de compétences des individus et par suite la possibilité de les distinguer. Toute l'œuvre de Protagoras repose sur le fait qu'il y a des gens plus perspicaces que d'autres et qui sont mieux venus de communiquer aux autres le fruit de leur sagesse. La supériorité de leur savoir se constate en fonction de leurs effets. L'inspiration de la doctrine est expérimentale et utilitaire. C'est un pragmatisme. Il existe un critère pour hiérarchiser les connaissances : c'est le degré de leur valeur pratique.

Second trait de la conception protagoréenne de la vérité. A côté des connaissances que chaque individu acquiert isolément, il y a des connaissances que plusieurs possèdent en commun, il y a ce que la société énonce et admet. Telle est la mesure des choses que la cité reconnaît. La cité délibère sur les choses qui lui importent tout particulièrement. Le *Théétète* l'exprime nettement : « Ceux des orateurs qui sont sages et bons font qu'aux cités ce sont les choses bienfaisantes au lieu de pernicieuses qui semblent justes. Toutes choses qui, à chaque cité, semblent justes et belles, lui sont telles tant qu'elles le décrètent[3] ». C'est l'accord des bons esprits et des sages qui décide de l'opinion qui doit prévaloir, c'est-à-dire de la vérité — de la vérité morale (citoyens et sages) comme de la vérité des choses (les sages).

Protagoras était avant tout un éducateur. Ce que l'individu est seul à éprouver peut être un donné préalable. Mais la fonction de l'éducateur, c'est de proposer des connaissances que les membres d'une société sont disposés à accueillir[4].

Ainsi Protagoras a-t-il développé un pragmatisme répondant avant tout aux besoins de l'action par des conventions utiles. Mais il y a plus. C'est la référence au langage qui fonde ce conventionnalisme. « Professer que les mots ne sont point le décalque des choses est la contre-partie indispensable de la négation de l'Etre des choses[5] ». C'est l'accord qui se fait sur l'emploi des mots qui permet de sortir des impressions chaotiques des sensations individuelles. Le langage des valeurs « n'a nul besoin de décalquer on ne

---

1. *Contre les logiciens*, I, 60.
2. *Théétète*, 161c.
3. *Ibid.* 167c-d.
4. E. Dupréel, *Les Sophistes*, Griffon, Neuchâtel, 1948, p. 21-23. Cf. G. Romeyer Dherbey, *Les Sophistes*, Paris, PUF, 1985-1989, p. 30-32 et B. Cassin, *L'Effet sophistique*, Paris, Gallimard, 1995, p. 232.
5. J. Croissant, *Etudes de Philosophie ancienne*, Ousia, 1986, p. 361.

sait quel ordre ontologique[1] ». « Siégeant ici de compagnie il te faut sincèrement examiner ce que peut bien vouloir dire notre déclaration : que tout se meut et que ce qui semble à chacun est, comme tel, réel, à l'individu comme à la cité[2] ». Ainsi se trouve explicitée la formule antérieure plus ramassée : « J'affirme que la vérité est telle que je l'ai écrite : mesure est chacun de nous et de ce qui est et de ce qui n'est point[3] ».

La vérité selon Protagoras c'est l'accord des bons esprits et de leur langage sur ce qui est le plus utile socialement.

Autre contestation de la vérité à la façon dont la concevaient les dogmatiques : la célèbre formule de Démocrite qu'exprime le fragment 117 doit assurément être éclairée par d'autres fragments du penseur. « En réalité, nous ne savons rien, car la vérité est au fond du puits[4] ». On pourrait voir dans cette formule comme une exclamation de dépit face aux apories surgies chez les disciples de Parménide (Zénon d'Elée) ou face au relativisme de Protagoras. Il s'agirait d'un scepticisme radical qui irait jusqu'à nier toute possibilité de connaissance véritable. Pourtant lorsqu'un Grec parle de « puits » « il se représente métaphoriquement quelque chose dont il est difficile, mais nullement impossible, de se sortir ». La formule de Démocrite reviendrait à affirmer « qu'il est extrêmement difficile, pour chaque chose, de connaître ce qu'elle est en réalité[5] ». C'est ce qu'exprime le fragment 18 ; « En réalité, il est embarrassant de savoir ce qu'est réellement chaque chose ».

Il s'agit donc chez Démocrite d'un scepticisme relatif aux informations formulées par les sens. Deux fragments peuvent ici être retenus. Dans le fragment 9, parlant des sens, Démocrite dit : « En fait, nous ne saisissons rien de ferme et d'assuré, mais seulement ce qui nous affecte conformément à la disposition de notre corps et aux choses qui le frappent et lui offrent résistance[6] ». Quant au lien entre sensation et connaissance légitime, il se trouve exprimé au fragment 11 : « Il est deux formes de connaissance, l'une légitime, l'autre bâtarde. De la bâtarde relèvent tout ensemble la vue, l'ouïe, l'odorat, le goût, le toucher. En revanche, la légitime en est distincte... Il faut faire appel à une investigation plus subtile[7] ».

Les réalités qu'atteint l'investigation subtile et qui, connues, constituent la vérité selon Démocrite, sont le vide et les atomes. Mais comment atteindre cette vérité qu'est l'affirmation de l'existence des atomes et du vide ? Il y a, chez Démocrite, « une double approche du réel[8] » : le raisonnement logique et l'expérience. Par exemple s'agit-il de démontrer l'existence du vide ? Démocrite recourt à quatre arguments puisés dans les données de l'expérience : sans le vide, il n'y aurait point de mouvement ; sans lui, nulle possibilité de rendre compte des resserrements et des tassements ; pas de

---

1. J. Croissant, op. cit., p. 362.
2. Théétète, 168b.
3. Ibid., 166d.
4. Démocrite, D.K. 117 (Diogène, IX, 72).
5. J. Salem, Démocrite, Paris, Vrin, 1996, p. 161, note 4, citant Platon, Théétète, 165b.
6. Traduction J.P. Dumont, Les Présocratiques, Pléiade 1988, p. 846. Sextus Empiricus, Contre les mathématiciens, VII, 135-6.
7. Ibid., Sextus, VII, 138.
8. L. Couloubaritsis, Archiv für Geschichte der Philosophie, LXII, 1980, p. 132.

possibilité de rendre compte des absorptions ou augmentations (par exemple l'ingestion d'une nourriture) ; impossibilité de rendre compte des phénomènes d'infiltration ; ce sont là raisonnements empiriques. Mais la justification de la thèse en vertu de laquelle le nombre des formes d'atomes est nécessairement infini repose sur le raisonnement logique que rien n'est plus ceci que cela.

La vérité des choses est donc quelque chose d'incorruptible et d'invisible. Si, dans la dimension apparente des qualités sensibles le monde change toujours, dans sa réalité dernière, les atomes et le vide, il n'y a pas de changement substantiel mais seulement de nouveaux arrangements. Démocrite, dans sa quête de la vérité, distingue deux types de connaissance. Le premier, uniquement dirigé par les sens, est *skotios*, à la fois ténébreux et illégitime, incapable de distinguer le vrai du faux. Le second, dirigé par l'intellect et les sens, est indispensable dans le discernement de la vérité. La reconnaissance de deux types de connaissances n'implique donc pas une opposition radicale entre deux facultés. Ce qui est en question, c'est une différence d'attitude. La connaissance intellectuelle ne remplaçe pas la connaissance sensible, mais la purifie de sa confusion. Le rapport entre les deux types de connaissances est complémentaire.

Ainsi la position de Démocrite quant à la vérité peut-elle être partiellement rapprochée de ce que sera la conception platonicienne du vrai. Sextus le remarquait, qui disait : « Platon et Démocrite supposent que seules les choses saisissables par l'entendement sont vraies, mais, tandis que Démocrite soutenait cette opinion parce qu'à la base de la nature il n'y a rien de sensible, car les atomes qui forment toutes choses sont privés de toute qualité sensible, Platon l'adoptait pour la raison que les choses sensibles deviennent toujours mais ne sont pas[1] ». Pour comprendre la vérité des phénomènes, il faut recourir à ce qui n'est pas phénoménalité. Ainsi est-ce à tort qu'au livre G de la *Métaphysique*, évoquant Démocrite, Aristote a cru bon d'écrire : « Ou bien rien n'est vrai, ou la vérité nous reste cachée[2] ». Si, pour Démocrite, le phénomène n'est pas vrai, il y a une vérité cachée sous les phénomènes, c'est le jugement affirmant l'existence des constituants physiques du monde que sont les atomes et le vide.

Ainsi, selon Démocrite, la vérité porte-t-elle sur les constituants physiques réels du monde. Pour critères, l'homme de science qu'est le sage s'appuie sur la clarté du jugement et du raisonnement rationnellement menés ; quant à la méthode pour s'enquérir de la vérité, elle allie déductions logiques et lectures précises du sensible.

Nouvelles formes de dogmatisme de la vérité : Platon et Aristote

Avec Platon, la vérité ne se ramène plus à un ou quelques principes fondateurs lesquels se donnent à voir à l'esprit du sage. Pour Platon, la vérité en soi, en tant qu'horizon du savoir, se démultiplie en un très grand nombre d'étants en relation les uns avec les autres, lesquels sont aussi bien des Idées immuables et éternelles. D'autre part, du point de vue de l'homme

---

1. D.K. 68, A, 59.
2. Aristote, *Métaphysique*, G, 1009b 12.

pensant, la vérité se présente comme l'accord de la pensée avec ces relations intelligibles entre étants ; la vérité, c'est l'exactitude de la pensée dans la connaissance des étants réels et des relations réelles entre ces étants[1].

Le désir du philosophe, c'est d'abord d'atteindre en sa généralité la vérité. C'est de saisir les choses en soi en leur intelligiblité de choses en soi. « Il me sembla indispensable de me réfugier du côté des Idées notions (*logoi*) et de chercher à voir en elles la vérité des choses (*tôn ontôn aletheian*[2]) ». Or c'est le corps qui empêche l'âme d'atteindre « la vérité[3] ». Aussi longtemps que nous aurons notre corps « et que notre âme sera pétrie avec cette chose mauvaise, jamais nous ne possèderons en suffisance, l'objet de notre désir. Or cet objet c'est le Vrai (*to alethes*[4]) ».

Toutefois, la vérité se démultiplie. Choses vraies, relations vraies. Ces relations, ainsi que le *Sophiste* le fait voir, sont diverses et complexes : relations de communauté ou de non communauté entre genres ; relations de participation ou de non participation entre genres ; relations de mélange ou de non mélange entre genres. « Parmi les genres, il y en a qui acceptent de communiquer entre eux, d'autres non, ceux-ci d'une façon restreinte, ceux-là à l'égard d'un grand nombre[5] ». La Vérité en soi est Idées et relations d'Idées.

Mais cette Vérité en soi doit être reconnue comme telle. C'est ici que le travail de la « liaison » (*sumplokè*) se doit de correspondre avec cette vérité en soi. Vérité pour et par nous ; la liaison implique discours (*logos*, 259e) et jugement (*doxa*, 261c). Lorsqu'un discours unit correctement sujet agent et action, la vérité se fait en nous : « Le discours qui est vrai dit ce qui est comme il est[6] ».

Afin d'appréhender des liaisons correctes, des méthodes précises de recherche s'imposent. Tels sont les deux versants de la méthode dialectique, dialectique montante, dialectique descendante. Et c'est grâce à la rigueur de la méthode que peut se constituer l'accord entre tous les mortels en quête de vérité.

Ainsi la vérité pour Platon, c'est d'abord la multiplicité des étants caractérisés en tant qu'ils sont *idea*. C'est ensuite l'exactitude des jugements humains qui les appréhendent. C'est *homoiôsis*, conformité de nos pensées avec ces étants, c'est corrélativement l'exactitude de l'énonciation juste. Il convient de distinguer vérité en soi, vérité pour nous. Pour Platon, les choses vraies sont aussi bien les réels en soi ; ces choses vraies comportent entre elles des relations vraies de communauté ou de non communauté. Le critère de la vérité pour nous, ce sont les jugements exacts sur lesquels s'accorde la totalité des esprits. Pour nous permettre d'atteindre le vrai, conforme à la vérité, des méthodes rigoureuses s'imposent, celles de la dialectique.

---

1. Cf Heidegger, *Questions*, II, Paris, Gallimard, 1968, trad. Préau, p. 156, *La Doctrine de Platon sur la vérité*.
2. Platon, *Phédon*, 99e.
3. *Ibid.*, 66a.
4. *Ibid.*, 66b.
5. *Sophiste*, 254b.
6. *Ibid.*, 263b. Cf. J. Frère, *Temps, désir et vouloir en Grèce ancienne*, p. 199-226.

La vérité chez Aristote

Le thème d'aletheia est fréquent dans les textes de la *Métaphysique*[1]. C'est la vérité qui constitue l'horizon premier de toutes les enquêtes diverses d'un philosophe. Tous les philosophes antérieurs à Aristote s'y sont plus ou moins imparfaitement consacrés. « L'investigation de la vérité est, en un sens, difficile, et en un autre sens, facile. Nul ne peut l'atteindre adéquatement, ni la manquer tout-à-fait. Chaque philosophe trouve à dire quelque chose sur la Nature... Mais le fait que nous pouvons posséder une vérité dans son ensemble et ne pas atteindre la partie précise que nous visons, montre la difficulté de l'entreprise[2] ». Le livre A s'ouvre ainsi : « Rappelons les opinions de ceux qui avant nous se sont engagés dans l'étude des êtres et qui ont philosophé sur la vérité[3] ». Le livre A s'achève ainsi : « C'est brièvement que nous venons de passer en revue les philosophes qui ont disserté des principes et de la vérité[4]. »

Pour ce métaphysicien aux remarquables exigences logiques que fut Aristote, c'est par un arsenal considérable de démarches rationnelles mises au point par le travail du penseur qu'il est possible de discerner ce qui est vérité. Ainsi est-il indispensable d'utiliser les quatre types de causes et de ne point se contenter d'une seule d'entre elles : forme, matière, cause antécédente, cause finale. Il est non moins nécessaire pour appréhender la réalité de façon vraie d'utiliser telle ou telle des dix catégories (substance, quantité, qualité, relation etc.).

Quant à la méthode de la science, elle implique fondamentalement la nécessité de la définition et celle de la démonstration. La définition ne doit pas séparer la « matière » de la « forme ». Par matière, Aristote n'entend pas seulement la matière sensible d'une chose concrète ; il entend tout autant tout ce qui, dans un concept, représente l'élément indéterminé. Pour définir la maison par la matière unie à la forme, on dira qu'elle est un abri, constitué de tels et tels matériaux, et dont la fin est de nous protéger contre la froidure ou la chaleur excessives. Ainsi, sans négliger la matière, on met au premier plan la forme[5].

En posant la démonstration exacte comme un syllogisme scientifique, Aristote dit que l'objet de la démonstration est de prouver qu'un attribut appartient à un sujet. Cette relation gagne sans doute à être interprétée en « compréhension » (mortel appartient à homme). Mais cette relation se trouve être plus fondamentalement une « inclusion » du particulier dans le général, de l'espèce dans le genre dont elle représente une différence essentielle — ou même enfin de l'individu dans la classe dont il fait partie. Si, pour ce triangle-ci, la somme des angles vaut deux droits, c'est qu'il en est ainsi de tout triangle[6].

---

1. Dans les autres textes d'Aristote, on rencontre surtout l'adjectif *alethes*.
2. *Métaphysique*, a, 993a-b.
3. *Ibid.*, A, 3, 983b.
4. *Ibid.*, A, 7, 988a.
5. *Analytiques postérieurs*, II, 2, 90a, 14-23.
6. *Métaphysique*, M, X, 1086B 34 *sqq.* ; cf. O. Hamelin, *Aristote*, Paris, PUF, 1944, p. 49.

L'énoncé de la vérité, au demeurant, implique selon Aristote l'accord de tous les esprits. « La marque distinctive du savant, c'est la capacité d'enseigner[1] ».

Stoïcisme et Epicurisme

Avec le Stoïcisme et l'Epicurisme, on se trouve, en Grèce et à Rome, en présence de conceptions nouvelles tant concernant l'objet de la vérité que concernant les critères de la vérité. Ce qui caractérise l'objet de la vérité, ce sont maintenant des théories cosmologiques et matérialistes du monde : d'une part théorie du *pneuma* partout présent dans les multiples réalités individuelles du cosmos, d'autre part théorie selon laquelle l'univers est constitué d'atomes et de vide. Mais une autre grande originalité de ces conceptions consiste dans le rôle considérable que Stoïciens et Epicuriens font jouer, dans la recherche des critères de la vérité, à la sensation.

La logique stoïcienne est fondamentalement opposée en intention et en structure à celle des péripatéticiens. La « proposition » stoïcienne est fort différente de la « proposition » aristotélicienne. Selon Aristote, on attribue des prédicats à un sujet : « Le cheval est un animal ». Selon les Stoïciens, la proposition énonce des événements :« Il fait clair ». Le raisonnement aristotélicien porte sur des emboîtements de concepts : « Socrate est un homme, or tous les hommes sont mortels, donc Socrate est un homme ». Le raisonnement selon les Stoïciens porte sur des implications de relations temporelles : « S'il fait jour, il fait clair ». A une logique de l'inhérence, les Stoïciens ont substitué une logique de la conséquence. « Un rapport de succession constante ou de cœxistence est substitué à une existence substantielle, impliquant l'idée d'entités éternelles et immuables, admise par tous les Socratiques. L'idée de la loi remplace l'idée d'essence[2] ».

La théorie de la connaissance du vrai chez les Stoïciens commence par la liason existant entre la représentation (*phantasia*, latin : visum), la sensation (*aisthesis*, latin : sensus), l'assentiment (*sugkatathesis*, latin : assentio), la représentation compréhensive (*phantasia kataleptike*, latin : comprehensio). La représentation(*phantasia*) tient son nom du mot lumière (*phôs*) ; tout comme la lumière fait voir à la fois elle-même et ce qu'elle enveloppe, de même la représentation fait voir à la fois elle-même et ce qui la produit. Avant tout la représentation est une impression reproduisant ce dont elle provient. La représentation est une « empreinte » (*typôsis*) dans l'âme[3]. En ce qui concerne la vérité, elle se rencontre dans la représentation compréhensive. Parmi les représentations, les unes sont compréhensives, les autres non compréhensives. Les Stoïciens disent que celle qui est compréhensive est un critère des choses, c'est un signe, une marque, qui vient de ce qui existe et selon ce qui existe. La représentation non compréhensive ne naît pas d'une chose qui existe, ou si elle naît de quelque chose qui existe, elle ne

---

1. *Métaphysique*, I, 1, 981b 7-9.
2. V. Brochard, *Etudes de Philosophie ancienne et de Philosophie moderne*, Paris, 1926, p. 226.
3. Sextus Empiricus, *Adv. Math.*, VII, 228.

lui est pas conforme, elle n'est ni claire ni distincte. « Le critère de la vérité est la représentation compréhensive[1] ».

Quant à la science, c'est une compréhension ferme et assurée en raison ; toutefois, la science, si elle est une manière d'être assurée, c'est à partir des sensations qu'elle fournit une opinion ne s'attirant aucun reproche de la raison. Or la raison se trouve déjà présente dans les représentations. Les Stoïciens disent que la plus noble partie de l'âme, c'est la partie maîtresse (*hegemonikon*) qui guide les autres ; c'est elle qui fait les représentations, les consentements, les sentiments, les appétits, et c'est ce qu'on appelle le discours de la raison. La vue est l'esprit qui tend depuis la raison et la partie maîtresse jusqu'aux yeux, l'ouïe est l'esprit qui tend depuis l'entendement jusqu'aux oreilles[2]. La représentation compréhensive est toute pénétrée de raison.

Ainsi, de la sensation on passe à la dialectique. La dialectique est « la science des choses vraies[3] ». Elle porte sur la proposition (*axiôma*) et sur la démonstration reliant les propositions.

La proposition selon les Stoïciens ne porte pas sur des concepts mais sur des événements. La proposition énonce ce qui est vrai : « Il fait jour, Dion se promène ». Le terme de proposition vient de ce que celle-ci sert à montrer (*axiousthai*). Celui qui dit : « Il fait jour » pense qu'il est vrai de dire qu'il fait jour ».

La démonstration porte sur des enchaînements d'événements. Parmi les propositions non simples, il y a les propositions conditionnelles, consécutives, coordonnées, disjonctives, causales, comparatives. Ainsi la proposition conditionnelle est formée avec la conjonction conditionnelle « si » (*ei*). « S'il fait jour, il fait clair ». La proposition consécutive dépend de la conjonction « puisque » (*epei*). « Puisqu'il fait jour, il fait clair ». La proposition coordonnée est une proposition comportant une conjonction de coordination : « Il fait jour et il fait clair ».

Les Stoïciens gardent le syllogisme. Mais la raison de la conclusion n'est plus un rapport d'inclusion de concepts exprimé par un jugement catégorique, c'est un rapport entre des faits dont chacun est exprimé par une proposition simple. La majeure est, par exemple : « S'il fait jour, il fait clair » ; la mineure énonce la vérité du conséquent : « Il fait jour » ; la conclusion tire la vérité de l'antécédent : « donc il fait clair ».

Les Stoïciens distinguent la vérité(*aletheia*) et le vrai (*to alethes*) de trois façons. D'abord par l'essence ; le vrai est un incorporel, car c'est une proposition et donc un énoncé (*lekton*), alors que la vérité est un corps (*sôma*) : car c'est la science qui affirme toute vérité ; or la science vient du principe directeur lequel est un souffle corporel. Une seconde différence vient de leur constitution : le vrai est quelque chose de simple, alors que la vérité est composée de la connaissance de beaucoup de choses vraies. Une troisième différence vient de leur puissance, qui est autre : la vérité appartient à la science ; il n'en est nullement ainsi pour le vrai. La vérité se

---

1. Sextus, *Adv. Math.*, VII, 253.
2. Plutarque, *Des opinions des philosophes*, IV, 21.
3. Sextus, *Adv. Math.*, VI, 187.

trouve seulement chez le sage ; le vrai se trouve aussi chez l'insensé, car il est possible que l'insensé dise vrai.

Tels sont les critères logiques de vérité auxquels la logique stoïcienne est extrêmement attentive. La Vérité en tant qu'elle constitue l'objet de la connaissance vraie peut alors être décryptée : c'est l'affirmation que les corps sont les seules réalités, que toutes choses sont liées entre elles, que le monde est un vivant intelligent, animé, divin, que Zeus est le *logos* ordonnateur des choses de la Nature, que le Destin administre tout l'univers.

La théorie épicurienne de la vérité enseigne à l'homme à garder un contact permanent avec la réalité. La canonique d'Epicure n'est pas une théorie du concept, c'est un moyen d'approche de la réalité. Or il y a trois critères empiriques essentiels de la vérité : les sensations, les anticipations, la non affirmation.

Alors que dans le platonisme la sensation est subjective et relative, pour Epicure, ainsi que l'exprime Sextus Empiricus, il n'y a pas de différence dans la sensation entre dire que c'est vrai et dire que cette chose existe. « Vrai signifie ce qui est[1] ». La sensation est le premier critère du vrai ; or la sensation est irrationnelle, elle est antérieure au domaine de la raison ; mais rien ne peut réfuter la sensation[2]. L'évidence de la sensation donne le vrai.

Lucrèce est entièrement en accord avec le sensualisme d'Epicure. « Quel témoignage est plus digne de fois que celui des sens ? S'ils se trompent, est-ce la raison qui pourra déposer contre eux, elle qui tout entière en est issue ? Supposons-les trompeurs, la raison tout entière devient mensongère à son tour ». « Tu verras que la connaissance de la vérité nous vient primitivement des sens, que les sens ne peuvent être convaincus d'erreur... Où trouver un guide plus sûr que les sens[3] ? »

Un second critère empirique de la vérité selon Epicure vient de la « prénotion » (*prolepsis*, latin : *anticipatio* ou *prenotio*). C'est la connaissance des idées générales ou des idées portant sur des individus. Or cette connaissance est souvenir de ce qui s'est souvent présenté à nous du dehors. « Ceci est un homme : dès que le mot homme est prononcé, grâce à l'anticipation se forme une pensée grâce aux sensations antérieures » ; « on ne peut chercher ni réfléchir sans l'anticipation[4] ». Si l'anticipation est née de la sensation, elle doit aussi être confirmée par la sensation. « Platon s'approche de loin. Je suppose, à travers la distance, qu'il s'agit de Platon. Lorsque plus rien ne me sépare de lui, la confirmation se fait par l'évidence même[5] ».

Il y a encore la « non infirmation ». C'est le lien qui rattache à ce qui apparaît avec évidence une opinion sur une chose inapparente (*adelon*). Epicure dit que le vide, chose invisible, existe. Il le prouve par cette évidence sensible qu'est le mouvement : s'il n'y a pas de vide, comment admettre le mouvement ». C'est cette non infirmation des sens qui rend

---
1. Sextus, *Adv. Math.*, VIII, 9.
2. Diogène Laërce, X, 31-32.
3. Lucrèce, *De la nature*, IV, 482 *sqq.*, 462 *sqq.*
4. Sextus, *Adv. Math.*, I, 57.
5. *Ibid.*, VII, 203-216.

possible une autre intuition à côté de celles des sens : « l'appréhension représentative immédiate de la pensée » (*epibolè phantastikè tès dianoias*[1]).

Telle est, dans ses aspects essentiels, la méthode empirico-rationnelle des philosophes épicuriens. La sensation est critère du vrai. Quant au modèle atomistique de l'univers, il constitue la Vérité de façon absolue et immuable ; l'expérience ne saurait le mettre un jour en question.

Les Sceptiques : Pyrrhon, Enésidème

« Il y a des philosophes qui pensent que toute science est impossible et qui font profession de tout ignorer[2] ».

Pyrrhon fut une figure morale profondément respectée et admirée. Ceci n'exclut point que, selon son disciple Timon, la nature des choses empêche pour nous toute connaissance vraie. « Celui qui veut être heureux doit considérer d'abord ce que sont les choses ; en second lieu quelles dispositions nous devons avoir envers elles ; enfin ce qui résultera de cette disposition. Pyrrhon déclare que les choses sont égales et sans différence, instables et indiscernables, et que par conséquent nos sensations et nos opinions ne sont ni vraies ni fausses. Sur le second point, il dit qu'il ne faut avoir nulle croyance, mais rester sans opinion, sans inclination : nulle chose n'est plutôt qu'elle n'est pas. Sur le troisième point, Timon dit que de cette disposition résulteront le silence et l'ataraxie[3] ». La suspension du jugement (*epochè*) s'impose donc.

Plus radicalement et systématiquement, Enésidème entasse, contre toute connaissance sensible du vrai, de nombreux arguments. Ce sont les célèbres dix *tropes*. Parmi ceux-ci, le second trope conclut de la différence des hommes quant au corps et à l'âme à celles de leurs sensations. Les cinquième, sixième, septième, huitième, neuvième montrent comment un sensible nous apparaîtra différent selon sa position ou distance, selon sa quantité, selon sa relation à celui qui juge, selon sa rareté. Le dixième fait voir combien les lois et les coutumes produisent d'apparences différentes. Enésidème donne encore aux dogmatiques le choix entre deux possibilités : soit poser en commençant la recherche plusieurs affirmations — mais elles manquent de preuves — soit les déduire d'autres affirmations, mais on tombe alors dans la régression à l'infini.

Le Néo-platonisme : Plotin

La philosophie de Plotin constitue un retour original à un dogmatisme de type platonicien concernant la vérité.

L'arrachement à l'hypostase qu'est celle de l'âme rend possible de découvrir deux étapes de la remontée vers la Vérité.

Première étape dans la découverte de la vérité : l'intelligence et les intelligibles. « L'acte de contemplation doit être identique à l'objet

---

1. Epicure, *Lettre à Hérodote*, 38, 51 ; *Maximes Capitales*, XXIV ; Lucrèce traduit *epibolè* par *injectus animi*, II, 739.
2. Lucrèce, IV, 469 *sqq*.
3. Eusèbe, *Préparation evangélique*, XIV, 18, 2-3.

contemplé et l'intelligence à l'intelligible. Sinon, il n'y aurait pas de vérité (*aletheia*). Au lieu de posséder les êtres, on ne posséderait qu'une empreinte, qui est différente des êtres et qui n'est pas la Vérité. La Vérité ne doit pas être la connaissance différente d'elle-même ; ce qu'elle énonce, c'est ce qui doit être. Intelligence, intelligible et être ne font qu'un ; c'est là le premier être ; et c'est aussi la première intelligence qui possède les êtres ou plutôt qui est identique aux êtres[1] ».

Seconde étape dans la conquête de la vérité : la remontée jusqu'à l'Un. « Il faut admettre que la nature du Beau est sans forme ; […] Dès que l'âme s'enflamme d'amour pour lui, elle se dépouille de toutes ses formes ;… en cet état elle peut juger et connaître que c'est bien là ce qu'elle désirait…là-bas, pas d'erreur possible ; où trouver plus vrai que le Vrai[2] ? ».

Face à la Vérité qu'est la Procession des trois hypostases, la méthode vraie est celle de la conversion du regard. « Ce n'est pas par dégoût du corps qu'il faudra se détacher des choses sensibles. Celles-ci ne sont pas mauvaises en elles-mêmes. Mais le souci qu'elles nous causent nous empêche de faire attention à la vie spirituelle[3] ».

Vérité pratique et vérité théorique

Tous les philosophes grecs ont envisagé de donner les grandes lignes directrices menant à une existence de sagesse et de justice : justice individuelle, sinon toujours justice sociale. Mais le domaine de la vérité pratique s'articule-t-il pour eux sur leur conception de la vérité théorique, ou en reste-t-il plus ou moins indépendant ? Lorsqu'il s'agira de l'individu sage, le principe consiste avant tout dans l'idée qu'il faut dominer l'excès des passions : idée de mesure (*mesotes*), de domination de soi (*egkrateia*), d'absence de trouble (*ataraxia*), de bonheur (*eudaimônia*). C'est là condition indispensable de la contemplation. S'il s'agit de vérité dans le domaine du politique, la question ne fut envisagée que par quelques uns des grands philosophes ; ici le principe de la juste mesure s'allie avec celui de l'harmonie qu'il convient de faire régner entre tous les citoyens d'une cité. La vérité sur ce qui doit être ne se relie nettement à la vérité sur ce qui est que dans les philosophies où existent des modèles intelligibles de vérité, ou éternels (Platon, Aristote), ou forgés (Protagoras).

---

1. Plotin, *Ennéades*, V, 3, 5.
2. *Ibid.*, VI, 7, 34.
3. P. Hadot, *Plotin ou la simplicité du regard*, Etudes augustiniennes, Paris, 2e éd., 1993.

Bibliographie

Poésie et vérité

M. DÉTIENNE, *Les Maîtres de vérité dans la Grèce archaïque*, Paris, Ed. Maspero, 1967.

Premiers Présocratiques

M. HEIDEGGER, *Essais et Conférences*, Trad. A. Préau, Paris, Ed. Gallimard, 1958.

Les Sophistes

E. DUPRÉEL, *Les Sophistes*, Neuchâtel, Ed. Griffon, 1948.
G. ROMEYER DHERBEY, *Les Sophistes*, Paris, Ed. P.U.F., 3e éd., 1993.

Platon et Aristote

M. HEIDEGGER, *Questions*, II, Paris, Ed. Gallimard, 1968.
J.M. LE BLOND, *Logique et Méthode chez Aristote*, Paris, 1939.

Stoïciens et Epicuriens

V. BROCHARD, *Etudes de Philosophie ancienne et de Philosophie moderne*, Paris, 1926.
A. VIRIEUX REYMOND, *La Logique et l'épistémologie des Stoïciens*, Chambéry.
C. BAILEY, *The Greek Atomists and Epicurus*, Oxford, 1928.

Les Sceptiques

V. BROCHARD, *Les Sceptiques grecs*, Paris, Ed. Vrin, 3e éd. 1959.

Plotin

P. HADOT, *Plotin ou la simplicité du regard*, Paris, Ed. Etudes augustiniennes, 2e éd., 1973.

La question de la vérité dans la philosophie de Descartes[1]

Pierre Guenancia

Comme tout philosophe, Descartes a fait du problème de la vérité son problème le plus propre. La philosophie est recherche de la vérité, mais, précise aussitôt Descartes, par la connaissance des premières causes. Pourquoi ? parce que cette connaissance n'est pas dépassable, elle apporte la certitude sans laquelle la connaissance de la vérité ne nous servirait à rien, car nous la posséderions sans savoir que nous la possédons, ce qui revient à ne pas la posséder. La recherche de la vérité est donc inséparable de la recherche de la certitude. Davantage même : le vrai, c'est le certain, ce dont on ne peut pas douter. Descartes sépare très nettement le vrai du vraisemblable, du moins lorsqu'il est question de chercher une certitude d'ordre métaphysique. Le vraisemblable diffère du vrai presque autant que le faux. La différence peut même être plus importante car on ne prend pas le faux pour le vrai alors que le vraisemblable, comme l'indique son nom, ressemble au vrai, se présente comme tel et peut ainsi nous abuser. Le risque majeur pour Descartes est d'être trompé, d'être le jouet de l'illusion, de prendre une chose pour une autre et de les confondre. Contre ce risque, à titre prophylactique en quelque sorte, il faut instituer une méthode qui discipline et guide l'esprit dans la recherche du vrai. Car « *il vaut [...] bien mieux ne jamais songer à chercher la vérité sur quelque objet que ce soit, que le faire sans méthode*[2] ». La première raison de cette « maxime » maîtresse du cartésianisme c'est que l'esprit humain n'a pas la révélation de la vérité, sans effort, sans s'être d'abord doté d'un instrument. En répondant à une question d'un de ses correspondants sur la nature de la connaissance intuitive, Descartes trace de la façon la plus nette les limites de la connaissance humaine en tant qu'humaine qui n'a rien à voir avec la connaissance intuitive que l'esprit aurait de Dieu et qui est « *une illustration de l'esprit, par laquelle il voit en la lumière de Dieu les choses qu'il lui plaît lui découvrir par une impression directe de la clarté divine sur notre entendement*[3] ». La connaissance humaine au contraire est progressive, relative et coûte de la peine à l'esprit.

---

1. Les textes de Descartes sont cités d'abord dans l'édition F. Alquié, *Œuvres philosophiques de Descartes*, 3 tomes, Ed. Garnier, (désignée FA, tome, page), et dans l'édition d'Adam et Tannery, 11 vol., Ed. Vrin-CNRS (désignée AT, vol., page).
2. *Règles pour la direction de l'esprit*, trad. J. Brunschwig, règle IV, FA, I, p. 91 (AT, X, p. 371).
3. Lettre à Silhon, mars ou avril 1648, FA, III, p. 847 (AT, V, p. 136).

La deuxième raison est que la méthode rend plus facile la recherche : elle l'empêche d'être brouillonne et hasardeuse. Des *règles pour la direction de l'esprit* sont là pour rendre possible cette recherche et rendre facile l'acquisition des vérités dont l'esprit peut être capable.

Le préalable à la recherche de la vérité, c'est la connaissance des moyens dont l'esprit dispose pour se lancer dans cette recherche, avec un espoir raisonnable d'arriver quelque part. Il faut faire l'inventaire des actes de l'esprit grâce auxquels il peut savoir quelque chose et le tenir pour vrai. Car si la vérité ne s'impose pas d'elle-même, si elle ne se désigne pas d'elle-même (elle n'est pas pour Descartes *index sui et falsi*, comme le dira Spinoza), il faut, de la part de l'esprit, un acte spécial, en plus de celui de la connaissance, un acte d'assentiment : une chose n'est pas purement et simplement vraie, on la tient pour vraie. L'esprit adhère à une croyance. Je peux voir une chose sur la table et seulement penser que je la vois. Mais si je pense qu'elle est effectivement sur la table, j'affirme quelque chose, même si je ne le fais pas explicitement, en formulant une proposition ou même en la prononçant seulement mentalement. Si je ne fais que penser que je la vois, toute erreur est impossible. Cela nous apprend que la possibilité de l'erreur dépend de l'existence d'une dualité entre l'esprit et quelque chose de distinct de lui (mais pas nécessairement extérieur à lui). Puis-je donc dire vrai le fait de penser voir quelque chose, sans que s'y ajoute la croyance en l'existence de cette chose hors de moi ? Ne vaut-il pas mieux parler de fait que de vérité ? C'est un fait que je pense qu'il y a quelque chose sur cette table, de même que c'est un fait que je me sens ce matin triste ou joyeux. Cette pensée (formulée ou non) est presque trop immédiate pour qu'on puisse dire d'elle qu'elle est vraie. De plus, y a-t-il un sens à parler de vérité quand n'existe aucune possibilité d'erreur ? Quelque chose qui ne peut être que vrai n'est en tout cas pas du même ordre que quelque chose qui, ne serait-ce qu'à titre idéal, peut être faux. Quand il y a référence à un objet (en quelque sens qu'on l'entende : l'objet peut être réel ou idéal, comme une idéalité logique, mathématique, ou autre), le problème de la vérité ne se pose pas de la même façon que lorsque l'esprit n'a affaire qu'à ses propres représentations : pensées, idées, imaginations ou passions.

Revenons aux actes de l'esprit. Descartes en dénombre principalement deux, par lesquels l'esprit peut connaître avec certitude, l'intuition et la déduction qu'il définit ainsi : « Par *intuition* j'entends, non point le témoignage instable des sens, ni le jugement trompeur de l'imagination qui opère des compositions sans valeur, mais une représentation qui est le fait de l'intelligence pure et attentive, représentation si facile et si distincte qu'il ne subsiste aucun doute sur ce que l'on y comprend ». Descartes donne comme exemples le fait que chacun voit par intuition qu'il existe, qu'il pense, que le triangle est délimité par trois lignes, et autres « choses si faciles ».

Par déduction, il faut entendre « tout ce qui se conclut nécessairement de certaines choses connues avec certitude »

Descartes compare cet acte ou cette opération avec une longue chaîne dont le dernier anneau est rattaché au premier par toute une série d'intermédiaires que nous avons parcourus l'un après l'autre pour être bien sûrs que la chaîne tenait bon[1]. Dans les définitions de ces deux actes complémentaires de l'esprit, Descartes insiste surtout sur le fait qu'ils sont plus certains que tous les autres et qu'à ce titre ce sont les seuls à pouvoir nous guider en toute sécurité dans la recherche de la vérité. De même, il faut, dans un premier temps du moins, considérer seulement les objets les plus simples, les nombres et les figures par exemple, car on a beaucoup moins de chance de se tromper avec eux qu'avec d'autres. De là la priorité et l'importance épistémologique qu'accorde Descartes ici à la recherche et à l'énumération ordonnée de ce qu'il appelle « les natures pures et simples », connues immédiatement et par elles-mêmes, dont la fonction est surtout de nous préserver de l'erreur qui ne réside que dans les choses plus composées. Ces natures ou ces choses dites simples à l'égard de notre entendement sont de trois sortes : purement intellectuelles, purement matérielles, et communes aux deux[2]. Nous retrouverons plus loin cette distinction fondamentale dans le cartésianisme mais éclairée et justifiée par des concepts métaphysiques absents, semble-t-il, au niveau des *Règles pour la direction de l'esprit*. Mais nous pouvons déjà remarquer que la question de la vérité est d'abord celle de la prévention de l'erreur et de l'illusion dont seule est à l'abri cette connaissance certaine qui résulte de l'immédiateté de l'acte intellectuel et de la simplicité de son objet. Tout se passe comme si, à l'image de ce monde magique de l'artifice technique évoqué au tout début du *Traité de l'Homme*, le monde perçu était rempli de pièges et d'artifices et qu'il fallait d'abord, afin de les désamorcer, tourner le « regard de l'esprit » vers des choses beaucoup plus simples que celles que l'on trouve dans le monde et qui, pour cette raison, peuvent être facilement aperçues par l'esprit qui s'exerce ainsi à reconnaître le vrai.

C'est pourquoi il faut une méthode qui, comme un guide ou une carte, nous permet d'éviter les erreurs, les pièges, les impasses. Pour Descartes, aucune autre discipline que les mathématiques n'exerce aussi bien l'esprit à bien raisonner ; elles constituent à ses yeux une sorte de régime ou mieux de gymnastique intellectuelle. C'est comme culture de l'esprit qu'elles sont surtout utiles car elles l'accoutument à se « repaître de vérités ». Certes, les vérités que l'on y découvre ne seront pas d'un grand secours quand il sera question d'autres choses que de nombres et de figures[3], mais l'esprit disposera au moins d'une sorte d'étalon de la certitude grâce auquel il pourra « tester » les opinions et les raisonnements qui se donnent pour vrais alors qu'ils ne le sont peut-être pas. La manière de démontrer des géomètres, leur façon d'établir indubitablement la vérité d'un résultat fournissent, en quelque domaine que ce soit, une pierre de touche de la vérité, comme en possèdent les chercheurs d'or pour distinguer l'or des autres métaux et ne pas prendre l'un pour l'autre, ce qui est la forme ordinaire de l'erreur.

S'il n'y avait pas tant de préjugés mélangés aux opinions des hommes, dissimulés sous l'aspect « d'évidences », de choses bien connues, si nous

---

1. *Op. cit.*, règle III, FA, I, p. 87-89 (AT, X, p. 368-370).
2. *Id.*, règle VI, p. 104, et surtout règle XII, p. 145 et *sq.* (AT, X, resp. p. 383 et p. 419)
3. « Rien n'est plus vain que de s'occuper de nombres abstraits et de figures imaginaires, au point de sembler vouloir se contenter de connaître de pareilles bagatelles » (*id.*, règle IV, p. 95).

n'avions pas été enfants avant que d'être hommes, ce qui nous a donné l'habitude de prendre nos désirs pour la réalité et de croire que tout nous est dû, qu'il suffit de pleurer, de trépigner, de faire du bruit pour faire plier l'ordre du monde, nous n'aurions pas aujourd'hui besoin d'une méthode de prévention et de dépistage de l'erreur, nous n'aurions pas un accès si difficile, si compliqué à la vérité — et donc aussi à la réalité. Il faut donc d'abord (mais ce moment n'est pas un moment que l'on dépasse définitivement, on a toujours à y revenir, c'est-à-dire à recommencer) désobstruer l'accès à la vérité ou à la réalité vraie, ce qui pour l'essentiel consiste à écarter les idées toutes faites qui s'interposent entre l'esprit et les choses mêmes. Pour cela le mieux est de dépayser l'esprit, de le priver de sa pâture ordinaire, la discussion des opinions, et donc de ne pas le laisser s'élancer sans préparation vers les questions les plus élevées (qui sont aussi les plus complexes et donc les plus difficiles à résoudre), mais de le faire commencer par le travail sur les choses les plus simples, plus nombreuses qu'on ne croit, pour qu'il y dénombre les propriétés et les relations qu'elles ont les unes avec les autres.

C'est donc l'*ordre* — et les multiples façons de mettre en ordre des choses, qui va constituer le véritable objet d'étude de l'esprit en quête de vérité. La première chose qu'il faut savoir faire lorsque l'on cherche la vérité est de différer cette recherche directe, de se persuader que des exercices préparatoires sont absolument indispensables pour se lancer par la suite à la recherche de la vérité qu'il nous importe le plus de connaître. Descartes considère les mathématiques comme la discipline où l'on peut le mieux faire l'apprentissage de l'ordre, aussi bien de la découverte de l'ordre que de la mise en ordre d'éléments dispersés dans plusieurs domaines. Peu importe la nature de ceux-ci, les choses les plus insignifiantes se prêtant même quelquefois mieux que d'autres plus considérables à mettre en évidence des structures ordonnées liant des objets entre eux[1]. La découverte ou la mise en évidence des relations d'ordre entre les choses les plus diverses, les plus variées, ne constitue que le premier pas dans la recherche du vrai ; la vérité ne réside pas dans l'ordre, mais, sans ordre, la recherche du vrai demeurerait ce qu'elle a toujours été aux yeux de Descartes, un champ de bataille entre opinions contradictoires, une incessante dispute autour d'opinions seulement vraisemblables.

Le problème de Descartes n'est pas de déterminer la nature de la vérité (cela n'a pas de sens, car on la connaît « de nature », c'est une notion première entre toutes) mais d'apprendre « à distinguer le vrai du faux[2] », de se doter d'instruments très différents de l'organon aritotélicien (selon lui stérile), grâce auxquels seront alors fertilisées, au lieu de demeurer stériles, ces premières semences de vérité ou de pensées utiles que Dieu a déposées en l'esprit humain qui les possède de nature en lui, au moins à titre de disposition[3].

---

1. Pour tout cela, voir la règle X, p. 127 (AT, X, p. 404).
2. « Et j'avais toujours un extrême désir d'apprendre à distinguer le vrai d'avec le faux, pour voir clair en mes actions, et marcher avec assurance en cette vie » (*Discours de la méthode*, 1re partie, FA, I, p. 577 ; AT, VI, p. 10).
3. Voir la règle IV, FA, I, p. 96 (AT, X, p. 376).

L'esprit, en effet, n'est pas séparable de la vérité ; il ne peut faire d'elle un objet qu'il serait possible de définir comme de l'extérieur. D'où la perplexité de Descartes à la lecture du livre intitulé *De la Vérité* de H. de Cherbury :

> « Il examine ce que c'est que la vérité ; et pour moi, je n'en ai jamais douté, me semblant que c'est une notion si transcendentalement claire, qu'il est impossible de l'ignorer : en effet, on a bien des moyens pour examiner une balance avant que de s'en servir, mais on n'en aurait point pour apprendre ce que c'est que la vérité, si on ne la connaissait de nature. Car quelle raison aurions-nous de consentir à ce qui nous l'apprendrait, si nous ne savions qu'il fût vrai, c'est-à-dire, si nous ne connaissions la vérité[1] ? »

Dans un premier temps, Descartes a recherché une méthode, qui constitue le préalable à la recherche de la vérité. Cette méthode a accompli la tâche dont l'avait chargée Descartes, dégager dans toute sa clarté et son universalité un ordre grâce auquel, sur toutes sortes de questions, l'esprit, comme en se jouant des difficultés (il est très important que le travail se fasse comme un jeu), peut démêler les difficultés afin de les régler l'une après l'autre. L'effort accompli par Descartes dans les *Règles pour la direction de l'esprit* n'aura donc pas été vain. Même si la démultiplication des règles, un certain formalisme et la complexification croissante d'une méthode qu'au commencement de son entreprise Descartes avait voulu simple et facile l'ont sans doute contraint à laisser inachevé cet ouvrage de grande envergure, il est sûr que, sans ce travail mené sur la méthode en tant que telle, les préceptes de la méthode énoncés dans la 2e partie du *Discours* n'auraient pas pu avoir cette signification universelle et un rapport aussi étroit et si « naturel » avec la question de la vérité, posée cette fois dans toutes les sciences (et pas seulement en mathématiques) et dans la métaphysique. Rappelons seulement le premier des quatre préceptes : « ne recevoir jamais aucune chose pour vraie, que je ne la connusse évidemment être telle ». Cette formule d'apparence si lisse, trop connue pour être vraiment lue, marque pourtant un progrès important par rapport à la position du problème dans les *Règles...* La question qui passe au premier plan dans la méthode elle-même est celle de l'assentiment (« ne recevoir jamais... »). Avant de chercher des objets si simples que le risque d'erreur est nul, il faut savoir à quoi on reconnaît qu'un objet est exempt de ce risque, et faire de ce critère une règle absolue, la règle unique. C'est du côté de l'esprit que la question de la vérité est tournée, ce qui revient à dire que la première question touchant le vrai est celle de la détermination de la mesure du vrai, que la question de la vérité, quand elle est bien comprise, ne peut être autre que celle de la reconnaissance du vrai. Par rapport à elle, la question de la définition de la vérité est secondaire, pour ne pas dire purement nominale. Comme le dit Descartes dans la lettre citée plus haut, « on peut bien expliquer *quid nominis* (ce que veut dire le mot) à ceux qui n'entendent pas la langue, et leur dire que ce mot *vérité, en* sa propre signification, dénote la conformité de la pensée avec l'objet [...] ; mais on ne peut donner aucune définition de logique qui aide à connaître sa nature[2] ».

---

1. Lettre au Père Mersenne du 16 octobre 1639, FA, II, p. 144 (AT, II, p. 596-597).
2. *Ibid.*

Descartes cherche moins à embrasser le champ tout entier du savoir (pensons à la *mathesis universalis* de la règle IV) qu'à filtrer tout ce qui se présente comme vrai pour ne retenir, c'est-à-dire ne tenir pour tel, que les vérités qui ont le caractère de l'évidence. L'évidence n'est pas le test de la vérité (on vérifie une balance avant de s'en servir, on ne vérifie pas la vérité...), l'évidence serait plutôt la présence en personne de la vérité, sa présence en chair et en os, eût dit Husserl dont le « principe des principes » reconduit et renforce la règle cartésienne de la connaissance ou de la perception évidente[1].

Il faut encore remarquer que Descartes ne précise pas la nature de l'évidence à laquelle on doit se fier. Il ne dit pas : prenez garde, je parle de l'évidence intellectuelle, non pas de l'évidence sensible ! A supposer que cette distinction ait un sens philosophique pour lui, elle n'est pas ici pertinente car une perception évidente a le même caractère d'évidence, que son objet soit la table que je vois ou la proposition « 2 et 2 font 4 ». Il est plus difficile de maintenir la perception des choses sensibles dans les limites du vrai que celle des choses intellectuelles, parce qu'il y a moins de préjugés sur celles-ci que sur celles-là, mais surtout parce que la principale erreur que l'on fait à propos des choses sensibles est de croire qu'elles sont telles qu'on les perçoit. Car, si l'on s'en tenait à la perception même de ces choses, son évidence ne paraîtrait pas moins manifeste que celle des choses intellectuelles. Descartes n'a-t-il pas, dans une lettre que nous avons citée au début de cette étude, établi lui-même cette identité fondamentale de l'évidence en considérant comme des exemples, sinon équivalents du moins comparables, en cette vie, de ces « illustrations et connaissances directes » que notre esprit pourra recevoir « lorsqu'il sera détaché du corps », *aussi bien* les connaissances que « les sens lui donnent des choses corporelles et sensibles » que celles que notre âme possède et qui lui donnent « une connaissance première, gratuite, certaine, et que nous touchons de l'esprit avec plus de confiance que nous n'en donnons au rapport de nos yeux », comme l'est, pour Descartes, la proposition : *Je pense, donc je suis*[2] ?

Le problème principal posé alors par cette détermination de la vérité comme évidence est celui de la validité et même de la signification de la conception de la vérité comme correspondance entre l'idée et l'objet. Cela supose en effet que la chose soit d'abord donnée, et que l'esprit l'ait en lui sous la forme d'une idée ou d'une représentation. Mais Descartes, pour toutes sortes de raisons que nous ne pouvons pas considérer ici, ne peut pas adhérer de façon aussi massive à la thèse réaliste selon laquelle l'objet est d'abord donné, de la seule façon qui soit pour une chose d'être donnée immédiatement, croit-on, comme donnée sensible. Afin qu'une chose soit

---

1. « Mais finissons-en avec les théories absurdes ! Avec le principe des principes nulle théorie imaginable ne peut nous induire en erreur : à savoir que toute intuition donatrice originaire est une source de droit pour la connaissance ; tout ce qui s'offre à nous dans "l'intuition" de façon originaire (dans sa réalité corporelle pour ainsi dire) doit être simplement reçu pour ce qu'il se donne, mais sans plus outrepasser les limites dans lesquelles il se donne alors ». *Idées directrices pour une phénoménologie*, tome premier, §24, p. 78, trad. P. Ricoeur, Ed. Gallimard. Sur cette question, on se référera avec profit au livre de D. Franck, *Chair et corps. Sur la phénoménologie de Husserl* (Les Editions de Minuit, 1981) ainsi qu'à celui de J.L. Marion, *Réduction et donation. Recherches sur Husserl, Heidegger et la phénoménologie* (PUF, 1989).
2. Lettre à Silhon, mars ou avril 1648, FA, III, p. 847-848 (AT, V, p. 136).

connue par l'esprit, il faut qu'elle affecte les sens du sujet et imprime en eux son image, à la manière d'un anneau dans de la cire. Rien n'est dans l'esprit, dit-on dans l'Ecole, qui n'ait été d'abord reçu par les sens. Ce n'est pas la chose même mais son image, son empreinte, qui est reçue par les sens et retenue par l'esprit (ou sens commun). Du coup, lorsque le même chose se présentera à nouveau, l'esprit, qui en a gardé la trace, pourra reconnaître cette chose comme même chose et dire : cette chose est ceci. Ce jugement sera vrai s'il y a entre la chose et son image conformité, similitude ou ressemblance. La doctrine de la conformité ou de l'adéquation entre l'idée et la chose implique donc que, dans un premier temps, ou à l'origine, la chose soit donnée aux sens et que de là elle aille dans l'esprit où demeure son vestige.

Mais comment maintenir une telle conception si, comme le fait Descartes dans la première méditation, l'existence d'un monde extérieur est mise en doute, et contestée aussi, ou du moins rendue problématique, l'idée que rien n'entre dans l'esprit qui n'ait été d'abord dans les sens ? Il faut alors délimiter la sphère des jugements et, au lieu d'aller chercher dans des états de choses correspondants le critère de leur vérité, tenter d'en trouver un à l'intérieur de cette sphère. Un critère de la vérité est une règle qu'il est possible d'appliquer en toute sécurité à tous les jugements qui peuvent se présenter. Les épicuriens disent : la sensation est toujours vraie, proposant ainsi un critère immanent à l'esprit (au sens le plus général, et non pas au sens cartésien de substance pensante). Mais encore admettrait-on cela, le problème des jugements demeurerait entier. Faut-il alors recourir aux principes logiques, comme le principe de non-contradiction, afin de s'en servir comme d'une règle absolue ? Sans récuser un tel principe (comment le pourrait-on ?), Descartes n'en fait pas grand cas. Il le trouve stérile, bon seulement à nous apprendre ce que l'on sait déjà, par une autre voie que celle de la logique. Quelle est cette voie ? D'une certaine manière, on peut l'appeler la voie de l'expérience, car rien ne doit être présupposé, et pour être sûr que notre esprit n'est pas encore attaché à des croyances, il faut mettre à l'épreuve d'un doute radical toutes les opinions, tout ce qui jusque là a été tenu pour vrai. La voie de l'expérience ne peut en être vraiment une que si elle est celle d'un esprit singulier, d'une subjectivité. Le fait de connaître « de nature » la vérité ne s'oppose donc nullement à l'entreprise de destruction de toutes les opinions relatives aux choses, à leur existence (comme les sceptiques l'ont déjà fait) mais aussi à leur essence ou nature. Il n'y a pas plus pauvre en matière de savoir ou de connaissance que celui qui s'emploie systématiquement à mettre en doute tout ce qui sollicite son assentiment. Ceci montre que, *a parte subjecti* du moins, la question de la vérité n'est pas séparable de celle de la croyance (définie comme adhésion du sujet à une représentation), et que la conviction ou la certitude en sont des modes, parmi bien d'autres.

L'expérience (méthodiquement, c'est-à-dire systématiquement conduite) du doute met en évidence ce fondement subjectif des jugements, elle montre que l'esprit avait jusque là tiré de son seul fonds la certitude qu'il croyait être inhérente aux choses, choses du monde et choses idéales comme les relations entre les nombres, etc. Descartes a écrit dans le *Discours* que bien des gens ignorent eux-mêmes ce qu'ils croient, « car l'action de la pensée par laquelle on croit une chose (est) différente de celle par laquelle on connaît qu'on la croit[1] ». Le doute révèle à l'esprit l'incertitude de toutes les croyances auxquelles il était attaché, justement parce qu'il ignorait qu'elles fussent des croyances. Il ne soupçonnait pas que ce qu'il prenait pour des vérités indubitables (l'existence des choses extérieures, les propositions simples des mathématiques) était constitué par des opinions, c'est-à-dire des actes par lesquels son esprit adhérait à ces choses qui se présentaient à lui avec, semble-t-il, une extrême évidence.

Maintenant que le doute a rendu problématiques ces jugements, en montrant que ce sont des jugements, et que, grâce à l'artifice du malin génie, même les vérités de l'arithmétique et de la géométrie, les plus simples de toutes, ne sont pas à l'abri d'un doute aussi radical, la seule chose qui demeure vraie, c'est-à-dire indubitable, c'est l'évidence de cet acte de douter, l'évidence du cogito. Mais si c'est toujours l'évidence qui constitue la marque du vrai, cette marque peut n'être qu'apparente et trompeuse, ou bien, comme avec le cogito, indubitable et véritable. Car l'impossibilité de douter ou, plus positivement dit, « la ferme persuasion », bien ou mal fondée, qu'une chose est vraie ou réelle, constitue à la fois la forme et la matière du vrai (l'évidence n'est pas seulement la qualité de certaines pensées, mais aussi leur contenu même).

Descartes est le premier à reconnaître que la difficulté principale est de ne pas prendre une évidence apparente pour véritable[2], mais rien d'autre que l'évidence (ou le rapport à l'évidence) ne peut notifier la vérité à l'esprit. Mais l'évidence, en dépit de son nom, n'est pas seulement une vue claire sur une chose, elle est aussi un acte d'adhésion de l'esprit à ce qui se présente à lui avec une grande clarté. En fait sinon en droit, l'évidence ne se sépare pas de la certitude, on ne peut pas parler d'un pôle objectif de la vérité et d'un pôle subjectif. Dans l'important texte des *Secondes réponses*, c'est bien la force de la croyance, et elle seule, que Descartes met au fondement de toute la certitude humaine[3]. Mais, à l'inverse des empiristes, cette force n'est pas comparable à une poussée obscure, à une détermination aveugle[4]. Cette force est celle du vrai, et non celle d'un instinct ou une inclination naturelle. C'est l'esprit ou l'entendement que touche une perception claire et distincte. C'est parce que l'idée est claire que la croyance en sa vérité est forte. La croyance est un effet de l'idée sur l'esprit, non pas de toutes les idées, mais

---

1. Troisième partie, FA, I, p. 594 (AT, VI, p. 23).
2. « ce que l'on conçoit clairement et distinctement, par qui que ce puisse être qu'il soit ainsi conçu, est vrai, et ne le semble ou ne le paraît pas seulement ; quoique pourtant, à vrai dire, il s'en trouve fort peu qui sachent bien faire distinction entre ce que l'on aperçoit véritablement et ce qu'on pense seulement apercevoir, parce qu'il y en a fort peu qui s'accoutument à ne se servir que de claires et distinctes perceptions », *Septièmes objections et réponses*, FA, II, p. 1016-1017 (AT, VII, p. 511) (voir aussi p. 960 : « ...il n'appartient qu'aux personnes sages de distinguer entre ce qui est clairement conçu et ce qui semble et paraît seulement l'être »).
3. « aussitôt que nous pensons concevoir clairement quelque vérité, nous sommes naturellement portés à la croire. Et si cette croyance est si forte que nous ne puissions jamais avoir aucune raison de douter de ce que nous croyons de la sorte, il n'y a rien à rechercher davantage : nous avons touchant cela toute la certitude qui se peut raisonnablement souhaiter ». Voir la suite du passage sur cette question du fondement de la certitude humaine en FA, II, p. 569-571 (AT, IX-1, p. 113-115).
4. Voir la distinction entre les deux sortes d'instinct, intellectuel et animal, dans la lettre à Mersenne du 16 oct. 1639, FA, II, p. 146 (AT, II, p. 599).

seulement de celles qui se présentent à lui avec clarté et distinction, comme cette idée par laquelle l'esprit aperçoit qu'on ne peut pas douter sans penser, ni penser sans être. Cette idée est un exemple dont Descartes va faire une règle générale, ce n'est pas un principe universel mais vide qui, de lui même, ne nous fait connaître l'existence d'aucune chose[1]. Le premier principe de Descartes est une première vérité, et non une règle qui permettrait de vérifier des propositions déjà énoncées, déjà découvertes. Au critère seulement formel de l'universalité, Descartes substitue le critère, matériel pourrait-on dire, de la clarté et de la distinction. « Matériel », parce que la clarté et la distinction sont les caractères d'une représentation (en l'occurrence la représentation ou la pensée de soi comme un être qui existe du seul fait qu'il pense ou qu'il doute), de celle-là même que Descartes va prendre comme modèle de proposition vraie, à laquelle toutes les autres devront être rapportées afin qu'on puisse les estimer vraies. C'est donc quelque chose de particulier, de déterminé, et surtout quelque chose d'expérimenté par l'esprit lui-même qui sert de critère de la vérité. Critère intrinsèque à la représentation, car c'est la qualité de la représentation elle-même (le cogito) de se présenter à l'esprit avec cette clarté et cette distinction qui emporte la conviction et fait qu'il y adhère et ne peut faire autrement qu'y adhérer.

Car à quoi correspond l'idée de mon âme comme celle d'une chose qui pense ? Est-elle vraie d'être conforme à son objet, comme l'on dit généralement pour les jugements ? Mais quel sens cela peut-il avoir ? A quoi donc l'idée de mon âme devrait-elle être rapportée pour pouvoir être dite vraie ? Le nœud du problème de la vérité chez Descartes est dans la conception difficile et capitale des idées. Deux thèses, essentielles et indissociables, en constituent l'ossature.

1/ Nous ne connaissons les choses que par des idées ;
2/ Toute idée est la représentation d'une chose.

L'idée de la vérité comme adéquation entre l'idée et la chose a du mal à conserver un sens très précis dans une conception qui fait dépendre la chose de l'idée et où il n'est même pas possible de se représenter ce que serait une connaissance qui ne soit pas une connaissance par des idées. Il est vrai que Descartes définit toujours assez libéralement et de façon aussi peu pointilleuse que possible l'idée : la forme de chacune de nos pensées, ou le mode de la présence des choses dans l'entendement, ou la perception qu'a celui-ci de quelque chose que ce soit... Mais il ne faut pas concevoir l'entendement comme une sorte de lieu ou de réservoir d'idées, bien retranché du monde composé, lui, de choses bien réelles, de vraies choses. L'idée n'est pas la chose, certes ; mais la chose n'étant connue que par l'idée qu'en a l'esprit[2], comment continuer à parler (autrement qu'en paroles) d'une correspondance entre l'idée et la chose, comme s'il s'agissait de deux choses différentes ?

---

1. Voir la lettre à Clerselier de juin ou juillet 1646, FA, III, p. 658-659 (AT, IV, p. 444-445).
2. Nous nous appuyons principalement sur la lettre au P. Gibieuf du 19 janvier 1642 (FA, II, p. 904 sq. ; AT, III, p. 474 sq.) qui constitue pour la question qui nous occupe un texte de toute première importance. Descartes y énonce cette « règle » : « nous ne pouvons avoir aucune connaissance des choses que par les idées que nous en concevons ».

Relative à la chose, toute idée est l'idée d'une chose, c'est-à-dire fait paraître une représentation dans l'esprit. Mais toute chose est connue par une idée, ce qui veut dire que lorsque nous entendons un mot, le mot chaise par exemple, dans une langue que nous comprenons, nous pensons à une chaise, à celle qui est là si on m'invite à m'asseoir, à une autre qui n'a pas besoin d'être une chaise bien définie, déjà connue de moi. Comprendre un mot, une signification, c'est concevoir ou se représenter l'idée singulière de la chose que ce mot signifie. L'idée est comme incorporée à la chose ; elle est le contenu intelligible, si mince soit-il, grâce auquel une chose peut nous être présente comme telle ou telle chose. Dire que l'idée représente toujours une chose, ce n'est pas faire de l'idée une sorte de reproduction de la chose, sa présence (virtuelle en quelque sorte) sous forme d'image, de tableau, de photographie. L'idée ne représente pas la chose en ce qu'elle en tiendrait lieu en son absence, comme lorsque j'imagine ou que je me souviens. L'idée est la chose en tant qu'elle affecte l'entendement, de quelque manière qu'elle l'affecte. Que signifie alors vérité ici ?

Une idée, en tant que telle, c'est-à-dire comme représentation d'une chose, n'est ni vraie ni fausse, puisqu'elle n'affirme rien au sujet de ce dont elle est l'idée. Descartes rappelle et fait sienne la distinction classique entre l'idée et le jugement au début de la 3e méditation. Le caractère seulement représentatif de l'idée soustrait celle-ci à la sphère de la vérité qui est celle du jugement (affirmation ou négation). Une idée est, en tant que telle, la représentation d'une chose sans qu'il y ait de la part de l'esprit qui conçoit cette chose affirmation ou négation de l'existence de cette chose en dehors de lui (Spinoza contestera cette séparation entre l'idée comme représentation et l'affirmation de ce dont elle est l'idée). L'idée est une donnée de l'esprit ; les idées sont les seules données de l'esprit. En tant que telles, elles sont « vraies » : elles sont bien dans l'esprit, elles ne sont pas de purs riens. De même que « les passions sont si proches et si intérieures à notre âme qu'il est impossible qu'elle les sente sans qu'elles soient véritablement telles qu'elles les sent[1] », ainsi, quelle que soit la chose que représente un idée, que ce soit une chèvre ou une chimère, « il n'est pas moins vrai que j'imagine l'une que l'autre[2] ».

L'idée d'une chimère ne peut être dite fausse que si j'affirme l'existence de cette chose dont elle est l'idée. En cela Descartes aligne sa conception sur la conception traditionnelle de la vérité comme adéquation : « la principale erreur et la plus ordinaire qui s'y puisse rencontrer, consiste en ce que je juge que les idées qui sont en moi sont semblables, ou conformes à des choses qui sont hors de moi[3] ». Une difficulté apparaît aussitôt à propos de laquelle les commentateurs de Descartes sont divisés. A côté du critère de l'évidence, Descartes fait-il appel, pour résoudre le problème de la vérité des idées, à un principe que l'on pourrait appeler principe de correspon-dance ou de ressemblance entre l'idée et la chose dont elle est l'idée (ce que Gueroult appelle son idéat) ?

---

1. *Les Passions de l'Ame*, art. 26.
2. Troisième méditation, FA, II, p. 434 (AT, IX-1, p. 29).
3. *Ibid.*

Revenons à la lettre au Père Gibieuf où Descartes fait dépendre sans la moindre ambiguïté la connaissance de la chose de celle de l'idée qui la représente à l'esprit. Or, pour qu'il y ait correspondance entre deux choses, il ne faut pas que la connaissance de l'une dépende de celle de l'autre, sinon comment nous en formerions-nous des idées distinctes nécessaires pour les rapporter et les comparer l'une à l'autre ? C'est pourtant bien sur cette dépendance épistémique ou cognitive des choses par rapport à leurs idées conçues par l'esprit que Descartes appuie toute son argumentation pour justifier que c'est bien par une idée complète et non par une abstraction de l'esprit qu'il conçoit l'âme et le corps, c'est-à-dire qu'il les conçoit comme des choses réelles et réellement distinctes l'une de l'autre, ce qu'elles sont à ses yeux :

> « Car, étant assuré que je ne puis avoir aucune connaissance de ce qui est hors de moi, que par l'entremise des idées que j'en ai eues en moi, je me garde bien de rapporter mes jugements immédiatement aux choses et de leur rien attribuer de positif, que je ne l'aperçoive auparavant en leurs idées ; mais je crois aussi que tout ce qui se trouve en ces idées, est nécessairement dans les choses[1] ».

Que les idées qui sont dans l'esprit soient causées par les choses extérieures à l'esprit (pour ne parler que de celles qui sont « adventices »), et que, d'une certaine manière, le but des *Méditations* est d'en apporter la preuve, cela ne fait pas question. Mais que les idées soient semblables aux choses dont elles sont les idées ou les représentations, cela n'a pas de sens dans une philosophie dont une des premières démarches a été la critique de la croyance en la ressemblance des idées aux choses, thèse du sens commun à laquelle s'oppose la thèse cartésienne selon laquelle il ne peut rien y avoir de commun entre des idées, qui sont des manières de penser, et les choses extérieures dont la nature, tout à fait distincte de celle de l'esprit, est corporelle, c'est-à-dire consiste seulement dans le fait d'être étendue et figurée. Lorsque je vois une maison, cette vision, qui se fait pourtant bien par l'entremise de l'œil et du cerveau, est une perception de l'esprit, une idée. Mais laissons Descartes le dire lui-même :

> « Car d'où savons-nous, par exemple, que le ciel existe ? Est-ce parce que nous le voyons ? Mais cette vision ne touche point l'esprit, sinon en tant qu'elle est une idée : une idée, dis-je, inhérente en l'esprit même, et non pas une image dépeinte en la fantaisie ; et, à l'occasion de cette idée, nous ne pouvons pas juger que le ciel existe, si ce n'est que nous supposions que toute idée doit avoir une cause de sa réalité objective, qui soit réellement existante ; laquelle cause nous jugeons que c'est le ciel même ; et ainsi des autres[2] ».

Il ressort de ce texte que l'existence d'une chose est un jugement formé par l'esprit à partir de l'idée qu'il en a et des caractères que cette idée présente à l'esprit — (peu importe lesquels. Hume dirait : la force, la vivacité de l'impression sensible ; Descartes emploie les termes de clair et distinct, à propos de toutes les idées, y compris celles des choses sensibles[3]).

---

1. Lettre citée, FA, II, p. 905.
2. *Secondes réponses*, Raisons qui prouvent..., Axiomes, V, FA, II, p. 592 (AT, IX-1, p. 128).
3. Voir les *Principes de la philosophie*, partie I, art. 66 à 70.

Mais il n'y a ni ressemblance ni dissemblance entre l'idée et la chose extérieure car l'idée, représentation de la chose, n'est pas un double mental ou une sorte de petit tableau de la chose hors de l'esprit, elle est la chose même en tant que conçue par l'esprit séparément de toute autre chose. Le critère est toujours celui de la clarté et de la distinction. Ce que je conçois clairement et distinctement est vrai, c'est-à-dire existant si c'est comme une chose existante que cette chose est conçue. L'existence est une des modalités de l'évidence, qui en a beaucoup d'autres, accordées aux diverses natures des choses auxquelles l'esprit a affaire. Ainsi les idées mathématiques : elles ne représentent rien d'existant hors de l'esprit, tout en représentant de vraies choses et en les représentant très clairement et distinctement. Ce sont, dit Descartes dans la 5e méditation, « de vraies et immuables natures », mon esprit ne peut rien changer au contenu de ces perceptions même si c'est en lui qu'il les découvre (comme toute chose d'ailleurs) et s'il sait que ces « natures » n'ont pas d'existence hors de l'esprit. L'objectivité des idées, ou la contrainte qu'elles exercent sur l'esprit, est un caractère tout à fait distinct de celui de l'extériorité. Et ce caractère d'objectivité se rencontre dans les idées du seul fait que ce sont des représentations (des images des choses, dit aussi Descartes dans un langage qui peut prêter à confusion).

Les idées, toutes modes de la pensée, sont toutes idées de quelque chose (que ces choses soient intérieures ou extérieures à la pensée). Par conséquent, leur « réalité objective » (ce que l'idée représente, considéré dans son être de chose représentée et non comme l'être de la chose qui est représentée) est toujours l'indice d'une autre existence ou d'un autre être que celui de l'idée ; c'est elle qui permet de qualifier l'idée comme l'effet d'une cause qui possède, formellement ou éminemment, cette réalité que l'idée ne possède qu'objectivement ou par représentation. Dès lors qu'elle est pensée comme l'effet d'une cause différente d'elle (l'auteur des 1res Objections, le théologien thomiste Caterus, s'étonne que Descartes recherche une cause pour des idées), l'idée ne peut pas vraiment être tenue pour une pure fiction, au sens ordinaire de ce mot (au sens où l'on dit : « ce n'est qu'une idée »). Si éloignée qu'elle soit de posséder l'être d'une vraie chose, une idée est toujours quelque chose de réel. D'ailleurs, Descartes parle beaucoup moins d'idées fausses que d'idées confuses. S'il appelle « matériellement fausses » les idées qui représentent quelque chose comme réel alors que ce qu'elles représentent n'a peut-être pas de réalité propre et n'est que la privation d'une chose réelle (exemple : l'idée, bien distincte dans mon esprit, de froid. Si le froid n'est en lui-même que la privation du chaud et n'a pas d'être propre, l'idée qui me représente le froid comme quelque chose de bien distinct du chaud, comme possédant une réalité propre, peut être dite une idée matériellement fausse), afin de distinguer ce caractère de celui de la fausseté formelle qui ne peut être que celle du jugement, c'est bien parce que de telles idées sont confuses. Or leur confusion ne consiste qu'en ce que l'esprit se représente ces idées comme des choses hors de lui, c'est-à-dire comme semblables à leurs objets, alors que s'il les considérait en tant qu'idées seulement, il en aurait une perception parfaitement claire. Tel est le cas, répétons-le, de toutes les idées des choses sensibles[1].

On voit donc que l'analyse cartésienne des idées, pièce centrale dans le dispositif des *Méditations*, nous fait traverser, par la variation des points de vue sur l'idée, des régions bien différentes du champ de l'évidence, du plus clair au plus obscur (mode déficient de l'évidence et non absence d'évidence), mais n'en sort pas pour aller quérir l'aide d'autres principes, fussent-ils les mieux établis. En métaphysique (qui est le lieu des questions les plus profondes, celle de la nature de notre âme et de l'existence de Dieu), la question de la vérité est, pourrait-on dire, d'abord une question de confiance, d'assurance, de recherche de garantie. L'évidence constitue une sorte de garantie interne des idées[2]. Mais la garantie en quelque sorte externe de l'évidence que Descartes va rechercher en Dieu (commettant ici, selon certains, la faute logique qu'on appelle cercle) doit elle aussi s'imposer à l'esprit avec évidence, et seulement par sa propre évidence. Car ce n'est pas comme problème logique que se pose à Descartes le problème de la vérité. Sinon, il aurait effectivement commencé à chercher les règles qui garantissent la vérité des propositions et il aurait fait de la conformité à ces règles la garantie formelle du jugement.

Ce que Descartes recherche et ce pour quoi sa recherche est métaphysique et non logique, c'est une vérité, c'est-à-dire un fait d'expérience (expérience de la pensée, mais peut-il y en avoir une autre ?) qui puisse lui servir de fondement pour toutes les autres vérités qu'il pourra déduire de cette première vérité qui doit se présenter comme une réalité ou une chose dont on ne peut pas douter, qui doit se présenter comme un être ou une chose et non, selon la distinction faite dans les *Principes de la philosophie*, seulement comme une vérité qui n'est rien hors de notre pensée (exemple : on ne peut pas faire quelque chose de rien, il est impossible qu'une même chose en même temps soit et ne soit pas[3]). Mais cette première vérité que constitue pour Descartes la connaissance de l'existence de notre âme[4], obtenue en niant l'existence de tout le reste, n'est surtout utile qu'en tant qu'elle permet d'acquérir d'une part la certitude de l'existence de Dieu, d'autre part l'assurance que ce Dieu est le vrai Dieu ou, car c'est la même chose, que c'est un Dieu vérace. Alors peut s'ajouter à l'évidence des perceptions claires et distinctes la certitude de l'existence des objets de ces perceptions. La certitude concernant les objets du monde n'est pas directe, elle présuppose une relation de sujet à sujet, comme un face à face sur lequel se fonde l'assurance que ce que l'autre dit est vrai.

Aussi le problème le plus profond touchant la question de la vérité est celui de la véracité. La question, récurrente dans les *Méditations*, de la tromperie possible ne peut trouver réponse que dans l'assurance (forme « pratique » de la certitude) d'un Dieu non-trompeur. Que Dieu ne soit pas trompeur, qu'il ne puisse pas *vouloir* tromper (ce serait contradictoire avec

---

1. Pour la question des idées matériellement fausses, voir la 3ᵉ méditation (FA, II, p. 442-443 ; AT, IX-1, p. 34-35) et les *Réponses aux 4ᵉˢ objections* (resp. p. 673-675, p. 180-181).
2. Voir le texte déjà cité des 2ᵉˢ Réponses, FA, II, p. 569 (AT, IX-1, p. 113).
3. *Op. cit.*, art. 49.
4. « le premier principe est que notre âme existe, à cause qu'il n'y a rien dont l'existence nous soit plus notoire », Lettre à Clerselier de juin ou juillet 1646, FA, III, p. 659 (AT, IV, p. 444).

son essence), cela veut dire surtout que je peux me servir de mon entendement sans craindre *d'être trompé*, mais non sans craindre de me tromper. Car Dieu n'aurait pas pu épargner à l'homme le risque de se tromper et d'errer sans lui ôter du même coup la possibilité d'accéder par lui-même à la vérité. Un entendement fini comme l'est l'entendement humain n'atteint le plus souvent la vérité, lorsqu'il l'atteint, qu'après qu'il a surmonté l'obstacle de l'erreur. Le fait que la vérité soit toujours en question pour l'homme, ou que la principale question de l'homme soit celle de la vérité, montre bien que le problème de la vérité ne se pose qu'à l'homme. Comme on le dit de l'erreur, et pour les mêmes raisons voire dans le même sens, la vérité est humaine. Après avoir démontré que Dieu ne peut être trompeur, Descartes, dans la 4ème méditation, montre que l'erreur ne peut être que le fait de l'homme, et qu'il vaut mieux pour l'homme que Dieu l'ait crée avec un libre arbitre qui l'expose à l'erreur que sans liberté et *de ce fait* incapable d'errer[1].

L'explication de la possibilité de l'erreur par le mauvais usage du libre arbitre (la volonté se porte au-delà de ce qui est perçu ou conçu par l'entendement et de là vient que l'on affirme quelque chose que l'on ne connaît pas bien) découle directement de la thèse de la véracité divine. D'une certaine manière, cette thèse, centrale dans la philosophie de Descartes, conduit à faire de la vérité le problème de l'homme et de lui seul. C'est à lui qu'il revient de la reconnaître et de se donner une méthode et des règles lui permettant de « bien conduire sa raison et chercher la vérité dans les sciences », comme il est dit dans le titre du *Discours de la Méthode*. Loin que Descartes, comme on le lui a si souvent reproché, recoure à une solution paresseuse en faisant dépendre la vérité de la règle générale de la conception claire et distincte[2], la règle à laquelle il se tient exige de la part de chacun un effort préalable et renouvelé de purification de l'entendement, car la vérité ne brille pas d'un éclat tel qu'il suffirait d'ouvrir les yeux pour en être illuminé. Au contraire, l'attention est toujours requise pour l'apercevoir, tant est grand et permanent pour l'homme le risque de se tromper, c'est-à-dire de prendre une chose pour une autre.

La véracité divine est le contraire d'une garantie couvrant *a priori* les usages aberrants que l'homme peut faire de son entendement. Pour la même raison, Descartes n'a pas conçu la méthode comme un rouleau compresseur qu'il faudrait appliquer dans tous les domaines de la même façon. Le souci de distinguer les domaines et leurs objets respectifs constitue une exigence méthodique au moins aussi fondamentale que les autres. D'ailleurs, une idée *distincte* est l'idée de ce qui fait qu'une chose diffère de toutes les autres[3].

---

1. « On doit nous attribuer quelque chose de plus, de ce que nous choisissons ce qui est vrai, lorsque nous le distinguons d'avec le faux, par une détermination de notre volonté, que si nous y étions déterminés et contraints par un principe étranger », *Principes de la philosophie*, partie I, art. 37. (voir le texte latin en AT, VIII-1, p. 21).
2. Au début de la 3ᵉ méditation, Descartes dit : « Il me semble que déjà je puis établir pour règle générale, que toutes les choses que nous concevons fort clairement et fort distinctement, sont toutes vraies » FA, II, p. 431, (AT, IX-1, p. 27).
3. Voir *Principes de la philosophie*, partie I, art. 45.

Cette exigence se manifeste particulièrement dans la distinction cartésienne des trois notions primitives, chacune d'elle étant rapportée à un type d'intelligibilité propre ou à un mode de représentation approprié à la nature de l'objet considéré par l'esprit. D'une certaine manière cette exigence revient à reconnaître que la vérité d'un jugement consiste dans son adéquation avec l'objet sur lequel il porte ; c'est une exigence d'adéquation ou de conformité de l'idée avec son objet. Tel semble être le sens de la célèbre distinction faite par Descartes entre les trois notions primitives, dont il attend qu'elle rende claire à sa façon la compréhension de l'union de l'âme avec le corps. Par cette expression, Descartes désigne des idées qui se comprennent par elles-mêmes et sans l'aide des autres. Ces notions, en un sens les plus distinctes qui soient, sont la notion de l'âme, la notion du corps et la notion de l'union de l'âme et du corps. Chacune de ces notions constitue un espace propre de compréhension, à l'intérieur duquel se trouvent d'autres notions ou idées qui dépendent, pour être conçues, de la notion primitive ou première. Ainsi les idées de figure, de mouvement, conviennent-elles avec l'idée de corps, et seulement avec elle ; les pensées et les volontés avec l'âme considérée comme une substance distincte ayant pour attribut essentiel la pensée. Propres à l'union de l'âme et du corps sont les idées « de la force qu'a l'âme de mouvoir le corps, et le corps d'agir sur l'âme, en causant ses sentiments et ses passions[1] ».

Mais ce ne sont pas des objets ni des êtres que Descartes distribue dans des classes différentes, ce sont davantage des manières de se représenter et de comprendre des choses (c'est-à-dire de les distinguer[2]) qu'il cherche à différencier ici. A différencier, non à opposer ; à différencier pour ne pas avoir à les opposer et à les mettre en conflit les uns avec les autres. Pour des raisons de commodité plus que pour des raisons de fond, Descartes rattache la compréhension de chacune de ces notions primitives et de celles qui en dérivent à une faculté : l'entendement seul pour l'âme ; l'entendement aidé de l'imagination pour le corps et ses figures ; les sens pour ce qui se rapporte à l'union de l'âme et du corps. On voit bien ici que la différence tient dans la manière d'accéder à l'intelligence de ces notions ou de ces choses, car il n'y a ni inégalité entre ces différentes façons de connaître (il n'y a pas pour Descartes des genres de connaissance qualitativement distingués et hiérarchiquement disposés comme dans la philosophie spinoziste), ni, et moins encore, de contradiction entre des vérités qui ont toutes rapport à l'homme : car c'est le même homme qui a un corps, une âme, ainsi qu'un corps et une âme intimement liés ou unis. Sur ce point comme sur tant d'autres, Pascal incarne l'antithèse du cartésianisme[3].

---

1. Lettre à Elisabeth du 21 mai 1643, FA, III, p. 19 (AT, III, p. 665).
2. « Je considère aussi que toute la science des hommes ne consiste qu'à bien distinguer ces notions, et à n'attibuer chacune d'elles qu'aux choses auxquelles elles appartiennent » (*ibid.*).
3. Voir notamment le célèbre fragment significativement intitulé « Disproportion de l'homme » (199 Lafuma ; 72 Brunschvicg) qui se conclut ainsi : « Qui ne croirait à nous voir composer toutes choses d'esprit et de corps que ce mélange là nous serait bien compréhensible. C'est néanmoins la chose qu'on comprend le moins ; l'homme est à lui-même le plus prodigieux objet de la nature, car il ne peut concevoir ce que c'est que corps et encore moins ce que c'est qu'esprit, et moins qu'aucune chose comment un corps peut être uni avec un esprit. C'est là le comble de ses difficultés et cependant c'est son propre être ».

Or, contrairement à ce que l'on peut croire superficiellement, la reconnaissance d'une compréhension *propre* de la troisième notion primitive n'entraîne aucun recul, n'implique aucune réduction, ne signifie aucun désaveu de l'idée d'une connaissance claire et distincte. Il n'y a aucune opposition entre la connaissance de la distinction de l'âme et du corps et celle de l'union, ce sont des connaissances ou des pensées alternées, l'esprit humain ne pouvant pas concevoir en même temps deux choses comme radicalement distinctes l'une de l'autre et ces deux mêmes choses comme n'en faisant qu'une seule. L'une de ces deux conceptions n'est pas plus vraie que l'autre, elles le sont également mais non simultanément. Chacune de ces vérités est relative à une expérience fondamentale, et chacune de ces expériences possède sa validité propre. Nous n'avons pas affaire ici à un relativisme, mais à une sorte de régionalisme de la vérité, à un modèle confédéral plutôt qu'à un modèle fédéral de la vérité. Or il n'y a aucun sens à parler dans le cartésianisme d'une vérité, connue comme telle par l'esprit, mais qui ne le serait pas aussi distinctement qu'une autre. Bornons-nous à indiquer deux vérités tenues pour aussi distinctement connues que les vérités dites intellectuelles :

1/ la vérité ou plutôt la réalité de l'union substantielle (c'est-à-dire le fait que l'union entre l'âme et le corps soit une véritable union et non une liaison entre deux choses qui gardent chacune son identité propre)

2/ les vérités de la foi.

Dans les deux cas la question est celle de la nature de la croyance par laquelle l'esprit adhère à ce qui se présente à lui.

1/ Descartes n'a cessé de dire que l'union constitue pour l'esprit humain un mystère. Cela veut dire que l'esprit humain n'est pas et ne peut pas être contemporain de la décision d'unir une âme avec un corps. Mais cela ne signifie pas du tout que l'union, comme expérience de la dualité dans l'unité, est incertaine ; au contraire son évidence propre s'oppose à toutes les raisons déduites *a priori* de la dualité ontologique des substances. Cependant, la connaissance parfaitement claire et distincte que chacun a de l'union (*c'est-à-dire de lui-même*) n'est claire et distincte qu'en tant qu'elle ne fait qu'un avec l'union — qui se connaît elle-même, faudrait-il dire, plus qu'elle n'est connue par une instance différente d'elle. C'est ainsi qu'il faut comprendre, croyons-nous, la référence à valeur d'exemple faite par Descartes à « ceux qui ne philosophent jamais et... ne se servent que de leurs sens[1] ». Ceux-ci en effet ne doivent pas se poser souvent la question des conditions de possibilité d'une chose qu'ils tiennent pour réelle. Ils partent de ce fait, ils élaborent à partir de lui d'autres raisonnements, mais ils ne remontent jamais en-deçà de lui. Ils comprennent l'union dans la mesure seulement où ils ne cherchent pas à la comprendre autrement qu'on peut la comprendre, c'est-à-dire comme fait. Descartes pense sans doute à ce type de savoir, savoir institué, savoir immémorial, lorsqu'il évoque « cette sorte de connaissance intérieure qui précède toujours l'acquise[2] ». Cette connaissance n'est pas objectivable, comme l'est une connaissance

---

1. Lettre à Elisabeth du 28 juin 1643, FA, III, p. 44 (AT, III, p. 692).
2. *Réponses aux 6es objections*, n°1, FA, II, p. 861 (AT, IX-1, p. 225 ; texte latin in AT, VII, p. 422 : « ... *cognitione illa interna, quae reflexam semper antecedit* »).

d'entendement pur, dont la transparence à l'esprit est la marque de l'affinité intellectuelle entre l'objet et la faculté qui l'appréhende. Mais c'est une connaissance véritable, et elle l'est dans la mesure où elle n'a pas besoin d'exhiber son objet pour être assurée de sa présence. La connaissance de l'union n'est pas moins vraie que celle de la distinction ; elle n'est pas moins vraie parce qu'elle n'est pas moins sûre qu'elle. N'est-ce pas cette égalité dans la différence que Descartes souligne en formulant par un chiasme le rapport de l'entendement à l'union : les choses qui relèvent de celle-ci, dit-il, « ne se connaissent qu'obscurément par l'entendement seul [...] mais elles se connaissent très clairement par les sens[1] » ?

Descartes formule cette distinction dans le langage des facultés (si peu adéquat dans une philosophie où *toute connaissance* est une connaissance d'entendement), mais elle nous paraît plutôt renvoyer à la différence qu'il y a entre une connaissance statique et une connaissance dynamique : ainsi on connaît mieux le mouvement en marchant comme Diogène qu'en le définissant comme Aristote. De quelque connaissance que ce soit, nous pouvons dire ce que Descartes dit de la faculté d'entendre (*facultas intelligendi*) que Dieu nous a donnée : il ne se peut pas qu'elle ait autre chose que la vérité pour objet[2]. En ce sens, le vrai c'est l'être.

2/ « encore qu'on dise que la foi a pour objet des choses obscures, néanmoins ce pourquoi nous les croyons n'est pas obscure, mais il est plus clair qu'aucune lumière naturelle[3] ». Dans ce texte étonnant, Descartes lie sans ambiguïté possible la question de la vérité avec celle de la croyance, forte parce que distincte, et fait voir qu'à ses yeux une perception distincte est le signe de la vérité, qui n'est connue et manifestée que de cette façon. Mais, contrairement à une opinion trop répandue, le caractère distinct de la perception (ou de l'idée) est le trait distinctif de la perception et non celui de son objet ou de « sa matière » (comme dit Descartes dans ce texte) qui peut être, comme dans le cas des vérités de la foi, obscur, « voire l'obscurité même », alors que le jugement qui m'y fait adhérer est on ne peut plus clair et distinct. Comme lorsque l'on juge que c'est Dieu qui a révélé les vérités auxquelles nous croyons, comme aussi lorsque nous nous sentons poussés par « une certaine lumière intérieure ». La contrainte qu'exerce ici la grâce sur notre esprit n'est pas différente, en tant que telle, de celle qu'exercent sur le même esprit les vérités mathématiques ou les notions communes et qui paraissent, une fois découvertes, avoir toujours été dans l'esprit (cf. 5e méditation). Come l'a montré Descartes dans la 4e méditation, on se sent d'autant plus libre qu'on agit avec moins d'indifférence. (Paradoxalement, c'est dans un certain sentiment de libre arbitre que se trouve l'attestation de la vérité).

Tout se passe comme si une certain sentiment de notre liberté était perçu comme un signe que la vérité nous adressait (cf. Règle XII : « C'est par impulsion que composent leurs jugements sur les choses ceux qui se laissent porter spontanément à quelque croyance, sans en être convaincus par aucune raison, et en n'y étant déterminés que par quelque puissance

---

1. Lettre à Elisabeth du 28 juin 1643, FA, III, p. 44 (AT, III, p. 692).
2. AT, VII, p. 146.
3. 2es Réponses, FA, II, p. 572 (AT, IX-1, p. 115).

supérieure, ou par leur propre liberté, ou par la disposition de leur fantaisie : la première ne trompe jamais, la seconde rarement, la troisième presque toujours[1] »).

Mais il n'est pas nécessaire d'aller jusque là pour se convaincre à la fois de l'univocité du concept de vérité dans le cartésianisme (pas de « théorie » de la double vérité, c'est toujours de la même façon que la vérité se signale à l'esprit), et de la pluralité de son application aux différentes régions de la réalité. L'une des plus célèbres parties de la philosophie cartésienne, les maximes de la morale par provision, en donne un assez bon témoignage. L'évocation de cette problématique si typiquement cartésienne servira de conclusion à cette étude.

> « Ma seconde maxime était d'être le plus ferme et le plus résolu en mes actions que je pourrais, et de ne suivre pas moins constamment les opinions les plus douteuses, lorsque je m'y serais une fois déterminé, que si elles eussent été très assurées » (*Discours de la Méthode*, 3e partie[2]).

Par cette phrase (et la justification qui l'accompagne), Descartes pose la question du caractère spécifique du rapport de la pratique à la vérité (nous ne disons pas : du rapport à la vérité pratique). La plupart du temps, agir c'est se décider. Le problème de la décision ne se poserait jamais aux hommes si leur esprit pouvait embrasser la totalité du réel. Une ignorance partielle est la condition et la raison d'être de la décision. L'entendement voit qu'il ne voit pas tout, et que jamais les choses ne se disposeront devant lui formant une configuration qui se désignerait elle-même comme close, totale ou complète. Indépendamment même du fait de savoir si cela a un sens, il suffit de se représenter la liaison essentielle, intrinsèque, de l'action avec le temps pour écarter l'idée d'une adéquation, même seulement possible, entre l'action et la connaissance totale de son objet. Le résultat d'une action n'est jamais déductible *a priori* de ses conditions initiales ; ou alors c'est d'une action mécanique, physique qu'il s'agit et non d'une action intelligente, même minimalement.

Descartes a souvent écrit que la recherche de la vérité dans le domaine métaphysique devait être bien distingué de la conduite de la vie. Il voulait dire par là que dans le premier ordre de choses le temps ne passe pas de la même manière que dans le second où il ne figure pas, dans l'équation de l'action, comme une variable indépendante. Doute et suspension du jugement, conditions de la vérité spéculative, brident, entravent l'action et finissent à la longue par la rendre impossible. Pour agir, il faut parvenir à conjuguer la résolution du choix, l'assurance de la démarche et l'incertitude, l'incomplétude de notre savoir. Pourquoi exigerais-je de moi « d'être le plus ferme et le plus résolu que je pourrais » si je savais avec certitude de quoi demain sera fait ? Fermeté et résolution sont des propriétés de la volonté grâce auxquelles je compense les déficiences, les insuffisances, les limites de l'entendement. La décision constitue comme la commutation de l'entendement en volonté. Ce que principalement l'action a à surmonter ce

---

1. FA, I, p. 150-151 (AT, X, p. 424).
2. FA, I, p. 594-595 (AT, VI, p. 24).

n'est pas l'ignorance mais l'irrésolution, état de celui qui attend que l'entendement fasse l'office de la volonté. Là aussi, ce qui est obscur pour l'un peut être clair pour l'autre., ce qui paraît impossible à l'entendement, la volonté l'accomplit en prenant l'initiative de l'action. La détermination subjective dans l'action compense l'indétermination objective de l'action.

Or la pensée de cette indétermination, ainsi que celle de la résolution, résultent de la nature de l'entendement humain, qui n'a rien à voir avec celui de Dieu. Dieu crée la vérité, y compris les vérités que l'on nomme éternelles ; l'homme trouve la vérité toujours déjà instituée. En Dieu, voir et vouloir sont identiques, sa Providence s'étend à tout ce qui a été, est et sera — ces déterminations temporelles étant propres à l'homme. Pourtant le fait de savoir que tout est déterminé par Dieu, qu'il n'y a pas de « fortune » au sens vulgaire du terme, ne compte pour rien dans la pensée de la pratique qui s'ordonne à ses propres exigences et évidences, au lieu de chercher des justifications en dehors d'elle-même. L'incommensurabilité de ces plans est telle que l'homme se voit contraint de chercher par lui-même et en lui-même ses chemins dans le monde. Persuadé qu'il serait vain et ridicule de vouloir entrer au conseil de Dieu et de partager avec lui la charge de conduire le monde, l'homme doit alors articuler et proportionner la question de la vérité avec les exigences de sa pratique dans le monde. La vérité ne se sépare donc pas de la dimension dans laquelle nous nous plaçons, et c'est la raison pour laquelle il y a des vérités que l'esprit humain ne peut pas considérer ensemble. Chacune d'elle demande à être envisagée depuis un point de vue déterminé, à son échelle propre en quelque sorte. Cela ne veut pas dire qu'elles sont contraires et mettent la raison en conflit avec elle-même. Car la succession continue des représentations dans la pensée constitue un mouvement inverse de celui qui aboutirait à une totalisation. En recourant à un terme sartrien sans doute inadéquat ici, on dirait que la pensée est un procès sans fin de « détotalisation ». En passant de la considération d'une vérité à celle d'une autre, la pensée conserve certes le souvenir de son acte précédent et de l'évidence qui l'a accompagné, mais elle ne séjourne plus dans ce champ d'évidence auquel un autre a succédé. A chaque objet, à chaque vérité suffit sa pensée. La pensée cartésienne n'est jamais en situation de totaliser le réel. « Parcourir de la pensée », cette expression typiquement cartésienne fait bien voir le mouvement essentiel à la pensée. Elle va dans un sens (du simple au complexe), puis dans un autre (du complexe au simple), elle s'assure de n'avoir rien oublié dans son parcours, mais elle n'est jamais tenté de « dépasser » ces déterminations successives et unilatérales et de les considérer comme des moments ou des parties d'une totalité.

Ainsi en disant que « c'est une vérité très certaine que, lorsqu'il n'est pas en notre pouvoir de discerner les plus vraies opinions, nous devons suivre les plus probables », Descartes ne convertit pas la probabilité en certitude. Après comme avant le choix, les opinions sont probables. Mais entre temps la pensée a changé de référentiel ; la dimension du problème (et non le problème lui-même) n'est plus la même. La considération du champ pratique modifie le point de vue du sujet sur les opinions : il ne les envisage pas comme étant les unes plus vraies que les autres, il les récuse comme principes de son choix. Du coup il découvre *une vérité très certaine* (« nous devons suivre les plus probables, et même... »), mais elle concerne son rapport aux opinions et non les opinions elles-mêmes — qu'il considèrera « non plus comme douteuses, en tant qu'elles se rapportent à la pratique, mais comme très vraies et très certaines, à cause que la raison qui nous y a fait déterminer se trouve telle[1] ».

Ainsi ce qui aurait été un conflit entre des opinions contraires ou seulement rivales reçoit la forme d'une détermination ou d'un choix qui se fait moins sur l'estimation de la vérité de chaque opinion que sur la nécessité de choisir, sans attendre ni espérer l'achèvement de l'examen théorique. « Par après », encore que nous nous apercevions que la voie choisie n'aura pas été la bonne, nous ne nous tiendrons pas pour fautif, car nous avons répondu comme il le fallait à la nécessité de choisir : en choisissant (comme Diogène en marchant) et en nous tenant à notre choix.

D'où l'on voit qu'une même chose, un même objet, une même situation est susceptible d'entrer dans des rapports multiples de pensée et que c'est la considération de ces rapports qui constitue la spécificité du problème de la vérité pour l'homme. Et ceci, faut-il le préciser, n'est pas une thèse relativiste ou sceptique sur la vérité.

---

1. FA, I, p. 594-595 (AT, VI, p. 24).

Vérité et absolu : la vérité selon Hegel
Denise Souche-Dagues

Au troisième alinéa de l'*Introduction à la Phénoménologie de l'esprit*, Hegel écrit :

> « L'Absolu seul est vrai ; en d'autres termes, le Vrai est à lui seul absolu ».

La réciprocité des deux propositions souligne l'identité affirmée. Le texte de cette *Introduction* a débuté par une sorte de mise en scène du criticisme, aboutissant à renverser l'argument de celui-ci : la prudence à l'égard du connaître, la crainte de l'erreur, en une sourde méfiance à l'encontre du vrai. L'identité du vrai et de l'absolu sonne alors comme un défi, comme une rupture hautaine du penseur avec les philosophèmes du temps, avec les attendus de ce que Hegel appelle de vaines représentations : à savoir principalement la séparation du sujet et de l'objet, leur entre-deux, la connaissance, étant considéré comme un instrument destiné à les rapprocher l'un de l'autre.

A lui seul, ce ton grand-seigneur peut sembler justifier les accusations lancées ordinairement contre le hégélianisme : celle au premier chef de dogmatisme, voire de monisme mystique ; pour faire bonne mesure, si on joint à la proclamation de l'absolu comme identique au vrai l'affirmation de la Préface à la même *Phénoménologie de l'esprit* selon laquelle « le vrai est le tout », ces propos pris ensemble confèrent au système l'apanage exclusif de la vérité, pour autant qu'il se donne pour la présentation de l'Absolu.

La relecture de textes hégéliens (empruntés pour la plupart à la *Science de la Logique*) qui va être tentée ici aura pour but de mesurer le décalage que Hegel impose à la représentation courante de la vérité qui a pour formule « *adaequatio rei ac intellectus* », de mesurer aussi la distance prise par lui à l'égard du criticisme.

Ces deux tâches sont conjointes.

D'une part en effet Hegel souligne que, lorsque Kant pose la question : Qu'est-ce que la vérité[1] ?, il y répond par la définition nominale qui fait de la vérité l'accord (*Übereinstimmung*) de la connaissance avec son objet. Bien loin de considérer, ainsi que fait Kant, cette définition comme triviale, Hegel lui attribue la plus haute valeur.

D'autre part, il estime que la Déduction transcendantale des catégories, qui a pour sol cette définition de la vérité comme *adaequatio* présuppose la même parenté que chez lui de l'entendement (c'est-à-dire du pouvoir des concepts) et du Je[2]. Il rend hommage à Kant d'avoir fait du Je pense, unité de la conscience de soi, l'unité même du concept. La difficulté que comporte la lecture de la *Déduction...* vient de ce que le rapport entre le Je, l'entendement, les concepts d'une part, et la chose, ses propriétés et accidents de l'autre doit être un rapport pensé. Il écrit : « ...l'unité du concept est ce par quoi quelque chose n'est pas une simple détermination du sentir, intuition ou même simple représentation, mais objet, cette unité objective étant l'unité du Je avec soi-même[3] ». — Il dénonce justement le maintien têtu par Kant de l'objet comme donné : négligeant le passage, qu'il a articulé dans la *Déduction...*, du donné sensible en objet, Kant persiste à traiter ce donné comme un objet : ainsi lorsqu'il dit que nous ne pouvons connaître les choses telles qu'elles sont en et pour soi. Pour lui, Hegel, le concept permet que l'objet soit reconduit (*zurückgeführt*[4]) à son essentialité non contingente (*nicht zufällige*) : entrant dans le règne du phénomène, l'objet entre dans la manifestation de l'essence[5].

Hegel reproche à Kant d'en être resté à une vue incomplète et pour ainsi dire mutilée du concept. Celui-ci est simplement trouvé puisque Kant s'est borné à établir la table des catégories à partir de la table des jugements de la Logique formelle. Le concept kantien a beau être renvoyé à l'unité synthétique de l'aperception : il diffère de celle-ci, et c'est pour cela qu'une déduction transcendantale des catégories est nécessaire. Comme concept abstrait, la catégorie n'est à chaque fois que la figure singulière de l'unité du multiple. Son lien au Je pense ne s'énonce pas comme le Moi lui-même, c'est-à-dire comme sujet. De là résulte que l'entendement, qui est le pouvoir des concepts, a besoin d'un moyen terme (l'imagination transcendantale) qui soit capable de le réunir à la chose. — D'une manière générale, Kant, selon Hegel, ne pratique pas un examen des degrés (*Stufen*[6]) à travers lesquels se produit l'unification du concept et du réel. La vérité de l'objectivation telle qu'il l'entend est dès lors une vérité abstraite[7], où se marque l'extériorité réciproque de la chose et de la pensée. Cette extériorité, Kant a tenté de la pallier en ajoutant à sa théorie de l'entendement (dénommée Analytique

---

1. Cf. *Critique de la raison pure* : « Division de la Logique générale en Analytique et Dialectique » - Hegel : G.W. Bd. 12, p. 26. La notation G.W. renvoie à *Gesammelte Werke* en cours de publication (F. Meiner Verlag).
2. Hegel, G.W. Bd.12, p. 17-18.
3. *Ibid.*, p. 18.
4. *Ibid.*, p. 24.
5. *Ibid.*, p. 24.
6. *Ibid.*, p. 19.
7. *Ibid.*, p. 24.

transcendantale) un exposé sur « les concepts de réflexion », lesquels occupent une sphère intermédiaire entre l'intuition et le concept, autrement dit entre l'être et le concept.

Que ce soit dans un texte concernant la « réflexion » que Hegel décèle la reconnaissance, par Kant, d'une articulation nécessaire entre le donné immédiat et le sujet, cela n'est pas anodin. Car la réflexion désigne chez lui le mouvement par lequel s'opère cette articulation.
On va présenter ici sa mise en œuvre du point de vue phénoménologique et du point de vue logique.
Le point de vue phénoménologique est le plus obvie.
Dès l'*Introduction à la Phénoménologie de l'esprit*, (al. 10), Hegel démonte l'opposition courante entre le savoir et la vérité, ou entre le savoir et un en-soi lui faisant face.
Cette opposition en effet tombe à l'intérieur de la conscience (al. 12) : « l'objet » du savoir et le savoir sont tous deux « pour elle ». C'est donc en elle-même que la conscience détient la mesure lui permettant de comparer son savoir au vrai : il s'agit d'une comparaison de soi avec soi, si bien que les termes de concept et d ë objet se révèlent interchangeables. Leur réciprocité réelle, mise à jour dans la conscience et par elle, se substitue à la problématique que suscite l'idéal d'une « adéquation » entre la chose et l'intellect. Cet idéal est celui d'une pensée représentative qui se demande comment la pensée peut « rencontrer » les choses, les connaître, c'est-à-dire les faire siennes, les convertir en concepts.
Dans une phénoménologie de l'Esprit, la conscience est le titulaire de la manifestation : les choses sont ce qu'elles sont pour elle. Mais elles ne sont pas sues pour autant dans leur vérité. Car la certitude immédiate qu'a la conscience de ses objets étant mise en mouvement par la comparaison qu'elle institue entre soi et soi, dans ce mouvement, la séparation représentative du savoir et de son objet se supprime par son auto-négation. Mais elle ne se supprime pas une fois pour toutes, car chaque négation est le résultat d'une négation antérieure, de sorte que le savoir et son objet se reversent l'un dans l'autre : le connaître devient le contenu du connaître lui-même.
En se développant comme Esprit, c'est-à-dire au titre d'une conscience de soi qui a entraîné en elle tout le champ du réel, et l'a reconnu comme sien, la conscience s'est ainsi délivrée, par son propre mouvement, de la relation intentionnelle qui sépare initialement le concept et l'objet. Tel est le « savoir absolu », un terme qui ne désigne pas une situation factice (passée, présente ou future), mais le point ultime du développement du Soi, en tant que ce développement est développement du vrai.
Dans une Logique, le mouvement de la réflexion est moins péremptoire. Car il est difficile de savoir si on a affaire ici à la réflexion extérieure du penseur, ou à celle du contenu lui-même. N'est-ce pas le penseur qui énonce le mouvement des déterminations, et par suite ne peut-on le suspecter de prédisposer les structures de ce qui est de façon à leur faire produire le résultat attendu : le concept, le vrai ?

C'est à cette difficulté que s'est trouvé confronté Hegel lorsque, à Iéna, il écrivait une Logique dans laquelle de façon répétitive il annonçait que la réflexion du penseur allait se taire pour laisser place à la réflexion de la Chose même. Cette intention n'étant jamais pleinement satisfaite, il dut compléter le *systema reflexionis* ainsi constitué par un *systema rationis*, alias une Métaphysique, laquelle, prenant son point de départ dans le connaître, réfléchit la Logique tout entière[1], l'être du connaître étant le se-réfléchir dans l'égal-à-soi. — Mais à la fin de la Métaphysique encore, l'Esprit « absolu » manque d'une réflexivité intérieure complètement accomplie[2]. Son absoluité est pour nous, qui avons vu le connaître devenir son propre contenu. Comme telle, cette absoluité est celle d'une certitude, la certitude du penseur qui a accompagné les étapes de l'émergence du Je ; il faut désormais que cette absoluité fasse pour elle-même la preuve de sa réalité en se faisant chose : Nature, Esprit, donc en reparcourant le cercle de sa propre production, ce que nous appelons re-parcours s'accomplissant à une puissance supérieure à celle du parcours initial.

Après avoir écrit la *Phénoménologie de l'esprit*, Hegel estime que la différence entre la réflexion du penseur et celle de la Chose se supprime dans le mouvement de la certitude vers sa propre vérité : la réflexion est devenue la preuve du savoir. Il est alors possible de revenir au projet antérieur d'une Logique : celle-ci n'aura plus la Métaphysique à côté d'elle, mais en elle. Car si la réflexion s'élève d'elle-même à la raison, au vrai, la Logique comprend en soi le connaître et ses principes. — En même temps, la réflexion est thématisée : l'infinitisation des contenus est le fruit d'un choc en retour (*Gegenstoss*) ; la réflexion « posante », par laquelle s'opère la négation des déterminités immédiates, est toujours déjà présupposante.

Cela signifie que la négativité habite par essence toute déterminité, et que par là se trouve détruit le privilège ontologique apparent du relatif. Car la relativité se joue toujours entre des termes distincts qui se situent dans l'espace de la diversité (*Verschiedenheit*) où les déterminités n'ont de sens que par leur exclusion réciproque. Dès lors au contraire que les contenus, par leur infinitisation, ne se déterminent que par et dans la négation de leur fausse absoluité initiale, l'espace de leur déploiement est celui de leur réciprocité : la vérité de ce qui est n'est pas un ailleurs lointain. Le mouvement qui emporte les déterminités, devenues déterminations, (*Bestimmungen*), dans leur fond essentiel est celui même de l'effectivité. Telle est la vérité du spinozisme.

La théorie de l'être, où règne une absolutisation dépourvue de pensée, se nie en une théorie de l'essence, où la détermination, se posant dans son être-pour-l'autre, se recourbant sur soi, ruine toute immédiateté. Ensemble, la théorie de l'être et la théorie de l'essence se substituent à l'ontologie classique[3], dont l'aboutissement, et, aussi le principe, était la pensée de la substance. Or, la substance n'est pas seulement l'identique à soi : ou plutôt elle est telle en tant que, comme relation négative à soi, elle est une totalité qui s'auto-détermine. La substance a sa vérité dans le sujet.

---

1. Hegel, G.W. Bd. 7, p. 126-127.
2. *Ibid.*, p. 177.
3. *Ibid.*, Bd. 11, p. 32.

En identifiant, contre la leçon du criticisme, la détermination et la réflexion, Hegel a ouvert à la reconnaissance de l'absoluité vraie, celle qui traverse et dépasse l'effectivité elle-même en direction de ce qu'il appelle le concept, le libre. En lui, le singulier et l'universel ne sont pas, comme dans le concept abstrait, opposés l'un à l'autre ; leur différence s'inscrit bien plutôt dans le cadre de leur médiation réciproque. Le concept ainsi entendu renoue assurément avec l'unité synthétique de l'aperception ; mais en tant qu'il est le résultat du jeu des déterminités de l'être et des déterminations de l'essence, le sujet qu'est le « concept » hégélien ne soumet pas un donné extérieur à des catégories qu'il porterait en soi. Il est lui-même ces catégories, puisqu'il provient de leur auto-développement.

Il n'y a donc pas lieu de se demander quel moyen terme peut bien faire, ici, que le « réel » et le « concept » se réunissent. En tant qu'il est passé au feu des contenus de l'ontologie, le « concept » n'est pas séparé de ces contenus. L'opposition traditionnelle de la forme et du contenu s'est éteinte en lui ; il faut même dire que son propre développement est l'extinction de cette opposition. En cette mesure, le concept dit « adéquat » est celui en lequel le sujet fait pour soi-même la preuve de sa réunion à l'objectivité.

C'est le moment du connaître ; c'est aussi le moment de l'agir, et de leur réunion comme Idée absolue, qui est « vérité se sachant, toute vérité[1] ». Pas de « passage », ici, du concept au réel : le concept engendre[2] la réalité à partir de soi.

Tandis que la révolution kantienne, dite « copernicienne », correspond au dessein de situer l'adéquation de l'intellect et de la chose dans l'intellect lui-même, c'est-à-dire dans la représentation, Hegel reprend et accomplit cette révolution en assignant l'adéquation à la pensée se pensant elle-même. L'Idée absolue fait être le réel : comme Nature et comme Esprit. — Il y a là une révolution bien plus radicale que la révolution kantienne ; est-elle sublime ou extravagante, grandiose ou simplement provocatrice ?

En identifiant la vérité à l'absolu, Hegel abandonne le mode représentatif du vrai. L'Idée étant devenue ce à partir de quoi on peut déduire le réel, il rompt avec la critique kantienne de la Métaphysique, laquelle aboutit à ne reconnaître qu'une fonction régulatrice à l'Idée de la Raison. Il renverse le projet kantien d'une topique transcendantale, qui est le projet d'assigner à chaque concept, en fonction de sa place originaire (sensibilité ou entendement) son usage dans la connaissance. Car là où la réflexion a fait son œuvre, la relation à l'autre est devenue relation à soi : dès lors la « place » du concept cesse d'être assignable comme l'est celle d'une chose à l'intérieur des coordonnées euclidiennes. L'absoluité du sujet consiste en ce qu'il est le libre, comme vérité du nécessaire, le tout comme vérité de l'exactitude singulière.

Bien plus : si la réflexion est le levier d'une infinitisation de ce qui est, le mouvement de la conscience vers son Soi est sa propre absolutisation, indissociable de l'absolutisation de son autre. Dès lors, l'Esprit est à la fois fin et commencement du procès entier de la réflexion. Si l'on dit qu'il est la vérité de ce procès, c'est qu'il lui est immanent, ou encore que la vérité et

---

1. Hegel, G.W. Bd. 12, p. 236.
2. *Ibid.*, p. 25.

son mode d'accès (sa « méthode ») ne tombent pas à part l'un de l'autre, comme il en est lorsque la méthode, à la façon d'une trajectoire, est instruite par la visée d'une fin étrangère. Ici, la méthode est ce qui se détermine au titre d'un en-soi devenant en-soi-pour-soi.

Ces considérations invitent à se demander quel est le modèle de vérité qui anime le hégélianisme, comme on dit que pour le criticisme kantien ce modèle est la science expérimentale de son temps.

Hegel lui-même esquisse une réponse à cette question lorsqu'il envisage la Logique entière à la lumière de son terme, l'Idée absolue. Il écrit : « La Logique ne présente l'auto-mouvement de l'Idée absolue qu'au titre du verbe originaire (*das ursprüngliche Wort*), lequel est une extérioration (*Äusserung*), mais telle que, pour autant qu'elle est, elle a immédiatement disparu comme terme extérieur ; l'Idée n'est donc que dans cette auto-détermination qui consiste à s'entendre (*sich vernehmen*) ; elle est dans le pur penser, où la différence n'est pas encore un être-autre ; elle est et demeure pleinement transparente à soi[1] ».

Les restrictions verbales (ne... que, etc.) qui accompagnent ici la mise en place de la *Science de la Logique* parvenue à son dernier Chapitre éclairent le sens de celle-ci à l'intérieur du Système entier. La Science qui lui fait suite, la Philosophie de la Nature, est la première des Sciences « réelles », en lesquelles la différence interne de l'Idée s'est posée effectivement comme un être-autre, par une déprise de soi, une décision (*Entschlossenheit*) qui fait accéder l'Idée à une extériorité durable, et non plus instantanée comme est celle du mot. Autrement dit : là où la vérité de la Logique devient le point de départ d'une autre sphère et d'une autre Science, on n'a pas un passage à un terme étranger, mais l'auto-réalisation de l'Idée, qui est son auto-libération. Que ce soit le modèle phénoménologique du langage qui doive faire entendre cette nécessaire incorporation, cela mérite attention.

Hegel en effet a toujours considéré le langage comme la première unité réelle de l'intérieur et de l'extérieur (l'imagination restant quant à elle strictement intérieure). Cette unité est précaire tant que le langage humain demeure dans la proximité de son origine animale : cri, modulation sonore. Le verbe originaire est certes condamné à disparaître aussitôt formé : étant dépourvu de matérialité, il s'évapore. Il est néanmoins le premier témoignage de la force créatrice de l'Esprit, en laquelle s'unifient la Chose et le Dit (*Sache und Sage*). Son achèvement dans le mot originaire fait de la Science de la Logique « la Science du concept divin » : elle est « la présentation de Dieu, tel qu'il est dans son essence éternelle, avant la création de la Nature et d'un esprit fini[2] ».

---

1. Hegel, G.W. Bd 12, p. 237.
2. *Ibid.*, Bd. 11, p. 21 & Bd. 21, p. 34.

Ces formules confèrent à l'originaireté du « mot originaire » sa dignité ontologique ; dans le mythe judéo-chrétien, l'absoluité du Verbe est le Fiat créateur. Le Logos divin ne se donne pas une extériorité seulement comme monde, mais aussi comme son propre devenir-homme (*Menschwerdung*), comme le Christ qui dit de lui-même : « Je suis la voie, la vérité, la vie » (Jean, XIV, 6).

A l'enseignement du dogme : que le Verbe s'est fait chair, répond en philosophie la vérité de l'Idée, à savoir sa non-séparation à l'égard du réel, et donc son adéquation à ce qui s'engendre d'elle, Nature et Esprit.

Il convient de prendre en vue les différents aspects de l'identification de la vérité à l'absoluité de l'Idée absolue.

Le premier d'entre eux, le plus immédiat, est l'insistance mise par Hegel sur cet usage du langage commun qui consiste à reconnaître une valeur de vérité à des objets sans qu'il soit fait appel à une réalité extérieure à leur concept : ainsi parle-t-on d'un « vrai Etat », d'un « vrai chef d'œuvre[1] » lorsque le concept et la chose se donnent comme effectivement réunis (« *Verum index sui* » disait Spinoza).

Un autre aspect de l'absoluité du vrai est sa totalisation. Si en effet l'Idée est le résultat de l'extinction de toute étrangèreté, le parcours réflexif de la détermination ayant ramené au Soi toute relation à un dehors, l'Idée, en tant qu'elle se développe comme philosophie, fait l'essence systématique de celle-ci.

En troisième lieu, si la parole est bien le modèle du vrai, cela confirme que Hegel s'écarte d'une pensée de la chose, au profit d'une pensée du verbe, c'est-à-dire du sujet. La première trouve sa figure historique dans la métaphysique wolffienne, comme métaphysique de la substance. Mais lorsque, dans la Préface à la *Phénoménologie de l'Esprit* (al. 17), il se propose « de saisir et d'exprimer le vrai non pas comme substance, mais tout aussi bien comme sujet », il marque avec force que le sujet n'a de vérité qu'en tant qu'il est vu comme le résultat de l'auto-développement de la substance : il ne s'agit donc pas tant d'« écarter » la pensée de la substance que de l'accomplir.

Enfin, si la vérité ne fait qu'un avec l'absoluité, l'art et la religion, en tant qu'il prétendent à la manifestation de l'Absolu, doivent trouver place dans le traitement spéculatif de l'Esprit au titre d'Esprit absolu, et donc participer à la présentation du vrai.

De la beauté Hegel soutient qu'elle est la vérité même : « En disant que la beauté est Idée, nous entendons dire que beauté et vérité sont une seule et même chose ». L'art révèle la vérité, non pas comme une fin qui serait en dehors de lui, mais de telle sorte que l'Idée soit, par l'activité artistique, transfigurée en réalité au point de ne plus faire qu'un avec elle. Cependant, comme le sensible est l'élément de cette réunion, l'Idée ne se manifeste dans l'art que comme un idéal, l'intuition ne pouvant par elle seule donner un corps à l'Esprit dans sa plénitude concrète. Il faut dire de l'art qu'il est un moment de la présentation du vrai, mais un moment inférieur à celui de la religion et de la philosophie.

---

1. Hegel, Enc. § 213 Zusatz.

Celle-ci, dès lors que l'Absolu n'est plus pour elle un ens abstrait, doit saisir dans la pensée le Dieu que la religion du Verbe, ou religion absolue, se borne à représenter. La Philosophie de la Religion réunit ce Dieu, qui est l'être-là de l'Absolu, à la pensée : alors, les deux faces de l'Absolu n'apparaissent plus comme opposées, mais comme les deux faces de l'Idée elle-même.

La vocation de la philosophie étant de recueillir, selon toutes les voies de son déploiement, le niveau de vérité auquel chaque fois la pensée a affaire, il en résulte que la Science de la Logique, qui est le point de départ et le principe du système encyclopédique, présente l'Absolu en chacune de ses sphères[1]. Présentation apparemment vaine, du fait de son caractère répétitif.

Dans l'Etre en effet, dont les trois degrés sont la Qualité, la Quantité et la Mesure, l'Absolu est bien présenté, mais selon une pensée encore abstraite, une visée qui a pour corrélat un substrat indéterminé pour lui-même. C'est le moment des définitions métaphysiques de Dieu : « Dieu est... » — Lorsqu'on identifie l'Absolu et l'Essence[2], une réflexion a déjà fait son œuvre. Dire de Dieu qu'il est « l'Essence suprême », c'est dire qu'il est la puissance universelle, irrésistible : tel est le « Seigneur » des Mahométans et des Juifs, qui réside dans l'au-delà et ne reconnaît pas le droit du fini. — Mais lorsqu'on accède à la sphère du Concept, ou du sujet, l'Absolu devient le principe du réel : « le concept est... ce qui est véritablement premier, et les choses sont ce qu'elles sont grâce à l'activité du concept immanent à elles et se révélant en elles[3] ». Comme sujet, l'Absolu est ici le libre. Tel est le Dieu des Chrétiens, l'universel en sa signification « vraie et compréhensive » : « la religion chrétienne est la religion de la liberté absolue, et c'est seulement pour le Chrétien que l'homme vaut en tant que tel, en son infinité et universalité ».

Ces deux traits ensemble : l'Absolu est le principe du réel ; il est le libre — trouvent leur représentation dans le dogme selon lequel Dieu a créé le monde à partir de rien, dogme qui reconnaît que « la pensée, et plus précisément le concept, est la forme infinie, ou l'activité libre, créatrice, qui n'a pas besoin d'une matière donnée hors d'elle pour se réaliser ». Ainsi rejoint-on le paradigme du Logos originaire : dans la Parole et par elle seule un monde se lève.

Mais si le plus haut visage de l'Absolu est, sur le mode de la représentation, le Dieu des Chrétiens, est-ce que son identification à la vérité n'entraîne pas le retour théorique à l'onto-théologie classique, et éventuellement à la main-mise des Eglises sur l'éthique et le politique ? — Ces objections, formulées déjà du vivant de Hegel, et reprises entre autres par Heidegger, doivent être maintenant évoquées. Car ce n'est plus seulement le ton de Hegel qui est en cause, mais l'historialité de sa pensée.

---

1. Hegel, Enc., § 85 & Zusatz.
2. Ibid., § 112 & Zusatz.
3. Ibid., §§ 160-163 & Zusatz.

La réciprocité des deux propositions citées précédemment (« l'Absolu seul est vrai ; ...le vrai est à lui seul absolu ») souligne l'impossibilité de parvenir à une définition simple de l'un et de l'autre termes, définition qui serait calquée quant à sa forme sur la définition de type mathématique (« le triangle est la figure formée par trois droites concourantes qui se coupent deux à deux »).

La présentation répétée de l'Absolu dans la Science de la Logique tient en échec une détermination univoque de celui-ci, car une telle détermination est condamnée à se nier elle-même. Cette auto-négation, résultant d'une réflexivité elle-même absolue, est le prix de la nécessaire concrétion du Concept, c'est-à-dire de la liberté. Elle exprime la mutation de la pensée spéculative opérée par le hégélianisme.

De même en est-il du vrai, dont les niveaux ont été méconnus par la gnoséologie antérieure.

Dans la double affirmation de l'identité de l'Absolu et du vrai s'efface donc la distinction entre des jugements les prenant alternativement pour sujet et pour prédicat, au profit de l'unité de ceux-ci : par leur renvoi réciproque, se dessine la circularité du vrai. Faut-il souligner que le mot adaequatio qui, dans la définition scolastique, sert de prédicat à la vérité, fait signe vers une semblable réciprocité ?

Cela signifie que, la vérité étant la présentation du libre, elle est tout autant dans l'infinitisation du fini que dans la réunion du singulier et de l'universel. La maîtrise mathématique de l'infini, ainsi que la tâche historique de réalisation de la liberté dans le politique lui donnent son visage chez les Modernes.

Hegel n'a pensé détruire ni la Métaphysique ni la Logique aristotélicienne, mais les ouvrir l'une et l'autre à l'avènement de la subjectivité comprise comme la puissance du négatif, et présenter la vérité de ce qui est comme la réalité de l'Esprit.

L'objectivité de la connaissance en procès
François Guéry

On trouve chez Heidegger, dans la fameuse conférence « Epoque des conceptions du monde[1] », des éléments capitaux pour mettre en cause un certaine définition de l'idéal d'objectivité dans la connaissance, dont toute l'épistémologie à la française semble s'être inspirée par la suite. Même si on est tenté d'explorer la postérité de cette position, une question préalable demeure : Est-ce un véritable point de départ, ou bien faut-il pousser plus loin l'enquête, et chercher les précédents de ce traitement radical de la question ? Dans le présent développement, nous essaierons en effet de remonter à une source, et d'estimer si l'apport heideggérien compense l'inévitable néguentropie, inhérente à toute reprise se voulant créatrice. Cette source a pour nom : Nietzsche. Heidegger s'explique partout avec lui, mais ici, lorsqu'il s'agit d'évaluer la volonté d'être objectif, il ne peut éviter la confrontation, ni l'épreuve de sa fidélité envers lui : Nietzsche a en effet illustré de manière si mémorable la critique de l'objectivité comme prétention, et même comme valeur, qu'ici le choix heideggérien de traiter le même thème, sans citer cette source, mène à des interrogations générales concernant leur situation respective.

Avant toute interprétation de nature épistémologique, explicitons la portée d'une telle épreuve. C'en est une, si l'on pense à la position idéaliste de Husserl sur la question des relations entre penseurs d'époques différentes : Un penseur qui en reprend un autre, le critique, le dépasse, constitue avec lui une communauté de pensée, il actualise un « présent vivant », plus présent que celui qui accueille deux contemporains. Husserl en déduit que le penseur actuel qui réactualise une pensée passée « *le comprend mieux qu'il ne se comprenait lui-même* » : Il donne là sa version du « sens de l'histoire », qui est celui d'un progrès de la pensée, davantage qu'elle ne signifie une éternelle présence de l'idée.

La confrontation est surprenante : Nietzsche a en effet si violemment dénigré les pensées du progrès qu'on imagine mal comment une « reprise critique » de sa pensée, fût-elle le fait d'un Heidegger, pourrait prétendre le dépasser, sans le trahir de ce fait et sur ce point. Non qu'on ne puisse jamais « dépasser Nietzsche », mais parce que la conception historiciste du progrès des idées trouve sa limite dans cette réfutation radicale. Et de fait, ici, nous prétendrons que Nietzsche continue à dépasser Heidegger, et non l'inverse,

---

1. In *Chemins qui ne mènent nulle part*, Gallimard, 1962 pour la traduction française, p. 99 à 146.

dans sa conception hiérarchique de la valeur de vérité. Heidegger a beau raisonner en fonction d'une évolution, survenue entretemps, de l'« objectivisme » des sciences et des techniques, il méconnaît, dirons-nous, le fondement philosophique de la critique princeps adressée par Nietzsche à l'objectivisme classique, sans pour autant se donner les moyens de s'en passer. Nous chercherons la raison de cet échec dans le rôle parasitaire d'unepensée tierce et forte, celle de Jünger.

Mais revenons d'abord sur la formulation classique du problème de l'objectivité, puisque c'est directement à elle que sont adressées les critiques de Heidegger, sans qu'il évoque un précédent notoire ni qu'il s'en réclame dans le texte des *Chemins*. Que signifie connaissance « objective », et en quoi est-ce un idéal de la connaissance que d'atteindre l'objectivité ? Tout tient au face à face du sujet et de l'objet. La connaissance doit s'émanciper de la loi du sujet, si elle veut atteindre l'objet dans sa vérité. La loi du sujet, c'est de se projeter soi-même sur les objets, de leur appliquer des critères qui ont un sens subjectif. Ainsi, sentir, imaginer, c'est rapporter le monde à soi, qu'il s'y mêle un élément d'amour-propre embellissant et déformant (imagination[1]) ou que ce soit la nature même du sujet que d'opérer une telle projection (sensation). Les découvertes décisives de la « science moderne » de la nature sont le fruit d'un recours à l'intellect contre la sensation, les apparences sensibles diffèrent d'avec la réalité, qui est intelligible, ce qui oblige à un changement radical de méthode. Descartes tente de placer sur ce plan philosophique le débat de Galilée avec les apparences, ainsi qu'avec les interprétations scolastiques qui cherchent à les sauver. S'il y a un monde des corps, un monde asservi à des lois divines constantes, puisque Dieu est conséquent avec ses propres décrets, ce n'est pas à notre corps sentant de le vérifier, puisqu'en cela il suit lui-même les lois des corps sans les connaître, mais à notre âme dotée d'idées que Dieu a voulu y mettre, et qu'il a voulues vraies : il revient à la volonté de ne pas céder aux sens, et de partir des idées vraies pour accéder à la vérité de la nature. Il y a donc une volonté d'être objectif ou de s'en rendre capable, qui coïncide avec la volonté de vérité. Objectivité devient un mot d'ordre, même si ce n'est pas un terme cartésien ; il va de pair avec le rejet du subjectif trompeur, de ce qui en l'âme est non de l'âme, mais du corps sentant qui y est uni.

Cette question est déplacée et reformulée par Heidegger, et c'est ce déplacement qu'il faut étudier en premier lieu. Il remet en cause cet idéal d'une connaissance « objective », parce que la formule ne va pas au fond. Aller plus au fond consiste pour lui à « dépasser la métaphysique » occidentale, qui supporte et conditionne l'idéal scientifique traditionnel ; ce dépassement consiste selon lui à fixer ses limites, même si elle a tendance à les ignorer, et à cause de cet aveuglement même, qui a sa source dans l'illusion d'universalisme. La métaphysique sous sa forme moderne (c'est-à-dire l'Epoque moderne, inaugurée par Descartes) se confond avec « *les Temps Modernes* », époque de « *la Technique* » en un sens bien plus extensif qu'on ne l'imagine. Ces Temps Modernes techniciens, Heidegger les

---

1. Nous pensons notamment aux analyses de la *Logique de Port Royal*, PUF, 1965, III, chapitre XX.

caractérise dans un entretien de 1953 avec un Japonais[1] (cf *Acheminement de la parole*) comme le règne de la relation « sujet-objet », et c'est cette perspective qui conditionne l'idéal d'objectivité. Un objet ne peut être « pour un sujet » que si le sujet est l'essentiel, le central, et la domination du Sujet est selon Heidegger la thèse ignorée mais fondamentale de la métaphysique moderne. L'*ego cogito* de Descartes, « *je pense* », a cette portée inaugurale.

Tout effort de pensée, de méditation, bute selon Heidegger sur ce primat du sujet. Dans l'entretien cité, sorte de dialogue platonicien avec un représentant d'une autre culture curieux de la pensée occidentale, il est question de cette « *européanisation de la planète* », caractérisée par « *l'obstance* », le phénomène de l'objet-obstacle, situé vis-à-vis d'un sujet. Toute manifestation, tout être rencontre cette fatalité de constituer un objet-pour-un-sujet, et de même, une scène filmée ou photographiée est nécessairement « *objective* » devant l'objectif de la caméra, tandis que le regard est subjectif, porté par un sujet sur un objet. Le monde, tant historique que naturel, se fait objet, tandis que dans la tradition japonaise, il est « signe », il fait signe, et se figure non par des représentations conceptuelles objectivantes, mais par un geste simple et mystérieux (dans le théâtre Nô, « montagne » se figure par un geste, la main en accent circonflexe au-dessus des yeux). Saisir un sens n'a pas dans cette tradition non occidentale la portée d'une saisie conceptuelle, et le couple signifiant-signifié n'existe pas : Faire signe est quelque chose de plus simple et de plus humble. Les modernes, estime Heidegger, rapportent tout à eux comme « *expérience vécue* », ils ont le culte de l'expression de soi, comme en témoigne le courant expressionniste en art, où le monde reçoit les marques du sujet ému qui s'y projette. A l'expression toute-puissante, l'« *Erlebnis* », il oppose la *manifestation*, la présence muette des choses. Le ton de la pensée moderne est marqué par une triade : expression-expérience vécue-conscience, qui repose sur la relation fondamentale sujet-objet[2].

Fixer les limites de cette relation, c'est faire effort pour les dépasser, ainsi d'ailleurs, pense Heidegger, que Kant lui-même le tentait en reconnaissant que tout objet est représentation, et tout phénomène « obstance », face-à-face avec un sujet représentant. Mais cet effort de « dépassement » remet en cause la formulation classique rappelée plus haut : l'objectivité de la connaissance, notamment scientifique, ne peut être le **contraire** d'un subjectivisme ou d'un préjugé issu du psychisme du sujet, elle est plutôt l'accomplissement de la véritable subjectivité fondatrice, elle est « *subjective* » plus encore qu'objective. *L'objectité fonde l'objectivité*. Heidegger l'établit par un jeu sémantique sur trois langues au moins, Grec-Latin-Allemand, l'objet- *ob-jectum* gît en vis-à-vis, de même que le *Gegen-stand* allemand est « état opposé », face à face. La capacité subjective de représenter est *Vorstellung*, position devant (soi), capacité à poser (*thesis, Stellung*) dont dérive tout objet. La connaissance est *représentative* avant d'être « objective » ou « subjective ». Les textes heideggériens des années trente-neuf - quarante, dont dépendent ceux sur Nietzsche, déconstruisent

---

1. *Acheminement vers la parole*, Gallimard, 1976, pour la traduction française : *D'un entretien de la parole*, p. 85 à 140.
2. *Op. cit.*, p. 120 *sq*.

en détail toutes les formes de la domination de la représentation sur la science et la métaphysique. De ce fait, les données du problème classique, cartésien ou spinozien, de l'objectivité comme récusation du sensible et de l'imaginaire au profit de l'entendement éclairé, semblent, au regard de cette déconstruction de la métaphysique, une pauvre figure d'une ontologie pauvre, où « *être* » a le sens d'être objet, pour autant qu'il s'agit de ce qui est pensé, et plus fondamentalement, d'être sujet de la représentation toute-puissante qui pose cet objet, pour autant qu'on regarde du côté de la condition pour être pensé, c'est-à-dire de la pensée même[1].

Ce déplacement d'accent est ce qui mérite examen. Pour Heidegger, la connaissance objective est davantage fondée sur une adéquation **de** l'objet **à** la représentation que sur une adéquation **de** la représentation **à** l'objet. Cela tient à la nature de l'acte de représenter, acte par lequel le sujet se pose lui-même et s'assure de lui-même, c'est-à-dire se garantit. Heidegger a supprimé le problème de méthode, celui de l'objectivité de la connaissance, qui a aussi un aspect éthique (s'effacer, se contrôler, se sacrifier à la connaissance) pour mieux cerner ce que cette objectivité doit à l'affirmation d'un sujet souverain, sûr de soi. Même l'héroïsme de la connaissance, qui a un sens fort non seulement chez Descartes, mais chez Nietzsche, quoique sous des formes bien différentes, lui semble inessentiel, parce qu'il ne touche pas, selon lui, au fondement de la révolution des temps modernes et à l'inauguration d'une métaphysique de la subjectivité. Chacune des étapes de cette odyssée de la subjectivité doit se convertir en un moment de son affirmation, et doit donc revenir au même, puisque Descartes, Leibniz qui le réfute, Hegel qui élève le « *je pense* » au Savoir absolu (*absous*[2]) et Nietzsche qui conteste que l'absolu soit savoir, sont tous et chacun des métaphysiciens du Sujet. Il faut les convertir de force les uns aux autres, les réduire à l'unité malgré eux et à l'encontre de ce qui pour eux est l'essentiel.

Ce coup de force, concernant deux d'entre eux, Descartes et Nietzsche, a lieu en deux temps : A propos de l'essence de la vérité, et à propos de la *justice*, qui est plus haute que la vérité même, et qui définit l'essence métaphysique de l'être. Il en va d'une idée de la métaphysique même, et de cette ignorance de ses propres limites que nous avons rappelée : Elle « sait », mais elle ne « se » sait pas, elle demeure dans l'impensé au sujet de sa propre nature, c'est-à-dire de ses limites.

L'erreur

Pour Heidegger, la vérité devient avec Nietzsche « *une sorte d'erreur*[3] ». C'est plus précisément une errance, une quête, puisque la métaphysique moderne de la subjectivité absolue ne veut pas la vérité en soi, mais une vérité qui soit à sa mesure, et à elle seule, fondée sur la substance pensante et voulante. Dans son *Nietzsche II*, rédigé à la fin des années trente, il donne une caractérisation historique de la période moderne eu égard à la théologie

---

1. « Toute "objectivité" est "subjective", signifie : Ce qui se rencontre se voit posé (debout) en tant que l'objet se tenant en soi-même ». Heidegger, *Nietzsche II*, Gallimard, 1971, en traduction, p. 239.
2. In *Chemins* : Hegel et son concept de l'expérience, p. 226 notamment.
3. *Op. cit.*, p. 252.

comme doctrine de l'être-créé, de la vérité comme création divine[1]. Sous l'empire de la théologie, connaître le monde n'a jamais été le but de la recherche de la vérité, car il s'agissait essentiellement de connaître les vérités dont dépend le salut, de s'orienter pratiquement. Le « monde des corps » devient certainement, avec la révolution galiléenne qui ouvre le monde extérieur au calcul, ce qui peut être connu scientifiquement. Mais il demeure que ce sont les vérités pratiques, celles qui conditionnent le salut terrestre, qui engagent le savoir sous sa forme moderne. La relation avec la théologie n'est pas de rejet, comme le croient les partisans des Lumières, ni de négation ou de dépassement, mais d'approfondissement, de fondation *sûre et certaine*, et c'est le Sujet qui constitue ce fondement. Si les obligations pratiques ne sont plus transcendantes au sujet, elles sont à fonder par lui et sur lui, d'où « l'errance » des créatures qui cherchent en elles-mêmes la source des obligations auxquelles elles veulent se soumettre. Le sujet voulant se pose à la racine de la connaissance objective, et prend par ailleurs modèle sur elle pour atteindre cette position d'autofondation. Chez Descartes, c'est le sujet doutant, errant, qui manifeste le mieux cette nouvelle attitude de la volonté, et la première vérité devient dépendante du doute hyperbolique qui est voulu, arbitraire, déraisonnable (Descartes appelle « *hyperbolique* » le doute excessif, celui qui déborde le simple bon sens, ou lumière naturelle[2]). La vérité est « *une sorte d'erreur* » dès le cartésianisme, parce que la recherche de la vérité se fait dans l'errance, en suspendant toutes les croyances rationnelles ou non qui lui permettaient antérieurement de s'assurer. Descartes ne veut pas « le vrai » en soi, il veut pouvoir *tenir pour vrai*, il veut la certitude avant même la vérité, et c'est l'incertitude radicale qui mène à cette certitude nouvelle. « Être » devient à l'époque moderne « *être tenu pour vrai* », et cette mutation cartésienne rejoint la thèse nietzschéenne du besoin vital d'erreurs nécessaires, du mensonge vital[3].

On peut souligner que dans la même période, l'effort du Heidegger des *Chemins qui ne mènent nulle part* pour définir la science comme « *technique* » partent des mêmes présupposés : Ce n'est pas l'expérimentalisme de la Renaissance qui fonde la science moderne, ni l'empirisme conséquent, puisqu'il ne fait que remplacer une figure théologique de la vérité par une autre, l'*argumentum ex verbo* par l'*argumentum ex re*, et la référence au livre de la parole divine par celle au livre des œuvres de Dieu, à la nature. Il y a science « *moderne* » lorsque les procédures consistent à s'assurer de l'objet par le **projet** d'objectivité et le **programme** de recherche, soit par des entreprises technologiques visant à garantir le sujet contre l'errance, à garantir ses propres procédures. Là encore, le problème moderne consiste à définir une vérité à la mesure du sujet, et non à atteindre « le vrai » en soi.

---

1. In *Chemins, op. cit.*, p. 256 sq.
2. On oppose traditionnellement la forme hyperbolique à la forme méthodique du doute cartésien, sans attribuer à Descartes même ces expressions ; pourtant, Descartes écrit à la fin de la Sixième Méditation : « Et je dois rejeter tous les doutes de ces jours passés, comme hyperboliques et ridicules... », *Méditations métaphysiques*, Gallimard, 1953, p. 334.
3. Nietzsche, *Seconde considération inactuelle*, Classiques Hachette, 1996, notamment les 2e et 3e parties.

La justice

Mais la vérité subjectivée, transformée en « *tenir pour vrai* », subit une métamorphose qui la soumet à un principe plus élevé, plus proche de l'essence de la volonté : Le principe de justice. La certitude s'obtient en portant ou posant un jugement, non en recueillant le vrai, et l'acte subjectif de juger peut porter le nom de justice. La pensée produit l'objet, le fait comparaître, le met en scène, elle est de ce fait davantage « art » que connaissance, elle feint. Cet art est selon Nietzsche plus vrai que le savoir logique ou historique qui cherche les « données » et les faits, et l'homme « objectif » est inférieur à l'homme juste qui se pose en artiste face à l'objet. Dans le *Nietzsche II*, Heidegger recompose à sa manière la valeur de justice selon Nietzsche : Elle fixe la hauteur de l'étant en augmentant la valeur de celui qui le juge, elle institue une distance, une différence de niveau à partir de laquelle il devient possible de mesurer l'étant. Elle anéantit ce qui s'oppose à cette prise de hauteur, elle sélectionne ce qui la favorise, elle s'attaque à la bassesse et elle la brise. Dans ce passage décisif[1], Heidegger a-t-il bien en vue l'apologie nietzschéenne de l'artiste, qui, dans le procès de l'objectivité historienne, joue le rôle d'une contretype, ou bien plutôt un phénomène historique ultérieur à la période où Nietzsche pense la justice, le phénomène de la domination technique sur la planète, où de grandes organisations visent à la puissance inconditionnée ? Ne pense-t-il pas en particulier à l'américanisme, ainsi qu'à la manie organisationnelle propre au régime nazi, qui rivalise avec lui ? La conférence « *Epoque des conceptions du monde* », qui est contemporaine et symétrique du *Nietzsche II* sur la question de l'objectivité, est datée et liée à des circonstances politiques ; une version princeps du texte édité et traduit a été prononcée le 9 juin 1938 à Fribourg, sous le titre *Le fondement de la vision moderne du monde* ; elle s'inscrivait dans un plan idéologique d'Alfred Rosenberg, sous le mot d'ordre de « *dépassement du Moyen Age*[2] ». Qu'il l'ait voulu ou non, Heidegger a contribué au traitement d'un thème mobilisateur, ainsi qu'en témoigne la réaction d'auditeurs militants :

> « C'était excitant et intéressant, certaines personnes ont ensuite parlé de l'activité de la science et de la nécessité du service du plan quadriennal, où chaque individu doit investir toute sa force pour la communauté nationale[3]... »

Afin de juger combien Heidegger rend peu, ce faisant, justice à Nietzsche, il est utile de rappeler dans quel contexte ce dernier élabore une pensée de la justice comme essence de l'être, comme *volonté de puissance*. Nietzsche situe bien la justice dans le « *vaste horizon de l'avantage* », comme le dit Heidegger[4]. C'est le cas en particulier de la *seconde Inactuelle*[5]. Nietzsche s'en

---

1. *Op. cit.*, p. 257-258.
2. Cf. Hugo Ott, *Martin Heidegger - Elements pour une biographie*, Payot, 1990 pour la traduction, p. 294 sq.
3. *Ibid.*, p. 297.
4. *Op. cit.*, p. 261 : « Elle [i.e. la justice] "embrasse un plus vaste horizon de l'avantage" [...] Nietzsche a souligné le mot "avantage" dans sa rédaction ». Heidegger cite le n° 59 d'une édition de la *Volonté de puissance* que nous n'avons pas.
5. *Op. cit.*, notamment le chapitre 6 où est mis en cause l'idéal objectiviste en histoire.

prend au préjugé des modernes, à leur point fort ou présumé tel. Situé au terme des temps, dans la période où l'homme croit avoir vue sur tout le passé historique et sur l'histoire universelle, l'homme moderne, historien, se fait juge des autres temps et des autres cultures, il se croit de ce fait plus juste et plus fort que les hommes des autres périodes. Son savoir historique lui donne l'illusion de la force, et la présomption d'être à même de « rendre la justice », c'est-à-dire de s'ériger en tribunal des temps antérieurs. Ce préjugé des modernes est la cible de la critique la plus dure : Nietzsche estime que nulle période, fût-elle la dernière en date, n'a le droit de porter un tel jugement, en particulier lorsque c'est la modernité technicienne qui prétend juger, et que la période jugée est l'antiquité grecque. Le moderne objectiviste est « *historiquement neutre* », c'est « *l'éternel objectif* », l'eunuque qui garde le « *grand harem de l'histoire universelle* », et à qui l'histoire est en fait refusée comme la femme est toujours refusée à cet eunuque[1]. Son sens de la justice est frelaté, c'est une outrecuidance, une inconscience de la véritable nature de la justice qui est victoire sur soi, coûteux dépassement de soi-même. « *D'égal à égal* », s'écrie-t-il[2], pour juger, il faut en avoir la volonté et la force. La justice n'est donc au-dessus de la vérité que parce qu'elle en donne la force, parce qu'elle en est elle-même la force, et non pour une raison « historiale » qui tiendrait à une suprématie de puissance (matérielle, organisationnelle), atteinte dans les Temps Modernes, sur les périodes intermédiaires qui les préparent.

Pourquoi cette déformation, ce hiatus ? Heidegger doit-il à une autre inspiration, à une autre source, ce regard sur Nietzsche, qui le dénature et le trahit ? Qui s'interpose entre l'auteur repensé et celui qui le repense, croyant en dégager un noyau plus profond et plus vrai ?

A l'en croire lui-même, il s'agit non tant d'une pensée tierce, qui serait tenue secrète, que d'une « historialité » effective, un destin de l'occident (de la métaphysique occidentale) accompli depuis l'époque de Nietzsche, depuis ce « *XIXe siècle, le plus obscur encore de tous les siècles des Temps modernes*[3] ». L'ensemble du développement sur le monde « *comme image conçue* » (als Bild : Le titre allemand est *Die Zeit des Weltbildes*) constitue un effort non explicite pour intégrer Nietzsche et ses développements « vitalistes » dans cette mystérieuse époque révolue, le XIXe siècle. Les formules de Heidegger contiennent un élément secret de distance critique envers Nietzsche, puisque le terme même choisi par Heidegger pour ce qu'il appellera ensuite *Das Gestell*, le mot *Bild*, renvoie selon lui à l'expression *Weltanschauung* (Weltanschauung= Weltbild) dont il analyse la métamorphose depuis de XVIIIe siècle de telle manière qu'on ne peut qu'évoquer la Seconde inactuelle et son principe partout affirmé, celui de la « vie » :

> « L'enracinement de plus en plus exclusif de l'interprétation du monde dans l'anthropologie, qui débute au XVIIIe siècle, s'exprime dans le fait que la position fondamentale de l'homme face à l'étant dans sa totalité se détermine comme *Weltanschauung*. C'est d'ailleurs depuis l'époque citée que le mot est employé. Dès que le monde devient image conçue, la position de l'homme se comprend

---

1. *Op. cit.*, p. 52.
2. *Ibid.*, p. 63.
3. *Op. cit.*, p. 129, 4e complément.

comme *Weltanschauung*. Il est vrai que l'expression de *Weltanschauung* prête à malentendu : il pourrait peut-être ne s'agir là que d'une placide et inactive contemplation du monde. Aussi a-t-on insisté à bon droit, dès le XIXe siècle, sur le fait que *Weltanschauung* signifie aussi, et même avant tout : vision et conception de la vie. Que malgré cela, l'expression *Weltanschauung*, en tant que nom pour la situation de l'homme au milieu de l'étant, se soit maintenue, voilà qui atteste combien résolument le monde est devenu image conçue, sitôt que l'homme a amené sa vie en tant que *subjectum* au centre de tout rapport[1] »

Amener sa vie au centre de tout rapport : C'est la doctrine de la *Seconde Inactuelle*, doctrine anhistorique et suprahistorique de l'histoire même, doctrine (non) historiciste dont Heidegger a ressenti la séduction très tôt, ainsi qu'il le déclare dans le fameux passage autobiographique d'*Acheminement vers la parole*[2], et à laquelle il a consacré une réfutation apparemment dirigée contre Dilthey. Le passage qui suit est encore plus agressif envers Nietzsche :

« Il est nécessaire et normal que toute chose doive devenir expérience vécue pour l'homme moderne, dans la mesure où il s'empare plus délibérément de la conformation de son essence ; mais il est aussi certain que les Grecs n'ont jamais "vécu" la célébration de leur Fête Olympique au titre d'une expérience à vivre. »

Nietzsche a consacré des cours, dans les mêmes années où il rédigeait les *Inactuelles*, au culte chez les Grecs, *Der Gottesdienst der Griechen*, afin de montrer comment les Grecs « vivaient » leur religion, tandis que les Modernes la « savent » sur le mode de la connaissance historique.

Il y a donc entre Nietzsche et Heidegger une distance non avouée, une aversion du second pour le premier, qui passe dans le diagnostic heideggérien porté sur l'essence du monde moderne et sur sa rupture avec la conception « objective », contemplative de « l'image du monde ». A quoi tient cette aversion ? Quel en est l'enjeu ?

La conception que Heidegger se fait de la modernité et de la pratique moderne de la connaissance, qui s'installe au XXe siècle, n'est pas originale, ni dans les termes, ni dans les principaux traits du diagnostic porté sur elles. Que le XXe siècle révèle des traits encore embryonnaires du XIXe, qu'il les accuse, que les hommes du XIXe n'aient pas su voir ce qu'eux-mêmes préparaient et que le « présent historique » constitue une révélation et un destin singulier, ce n'est pas Heidegger qui l'a inventé, et il demeure tributaire d'une lecture souvent citée, mais plus rarement commentée dans son originalité : Celle de Jünger. Heidegger a lu *Le Travailleur*, paru en 1931, et lui a consacré un séminaire dans les années quarante. C'est sur les conseils de Heidegger que Jünger a consenti, en 1963, à republier cette

---

1. *Op. cit.*, p. 122.
2. *Op. cit.*, p. 121 : « A l'époque de ce cours [i.e. « expression et signification », « dont la copie fut souvent discutée chez nous » c'est-à-dire au Japon], on parlait partout de l'Erlebnis, de l'expérience vécue-même dans la phénoménologie ». Dans un autre texte citée dans H. Ott, le *curriculum vitae*, Heidegger déclare : « Les recherches sur Dilthey [...] eurent pour conséquence que mon aversion pour l'histoire, aversion alimentée par ma prédilection pour les mathématiques, fut complètment détruite ». (*op. cit.*, p. 92.)

œuvre ancienne et inclassable. L'essai brillant de Jünger constitue la réfutation des réactions romantiques au cours du temps, ainsi que la légitimation des phénomènes de développement de la « puissance » sur le plan planétaire. Il se donne pour le prolongement de la doctrine de Nietzsche, son ultime actualisation. « *La preuve de la validité universelle de la volonté de puissance a été administrée très tôt*[1] », déclare Jünger, pour préciser ensuite que « *ce travail... appartient à une époque qui attache encore de la valeur à la découverte de vérités universelles...* » mais qu'il « *dépasse ce point de vue pour reconnaître la vérité elle-même comme expression de la volonté de puissance* ». Il considère donc Nietzsche comme son précurseur, ou même comme le premier penseur à avoir été saisi par une inspiration dont lui-même devient à son tour le porte-parole, comme si « *la volonté de puissance* » écrivait à travers eux. Il est tentant de regarder Nietzsche à travers ce prisme, et d'entériner les changements décisifs apportés dans *Le Travailleur* aux orientations de sa pensée comme autant d'« évolutions », historiques et politiques notamment, de la doctrine de fond. Les phénomènes d'obédience ou de révision de cette doctrine prise pour une substance pérenne présentent une analogie avec ceux qui affectent dans le même temps le marxisme-léninisme, convertissant chaque pensée particulière en péripétie d'une unique histoire qui se confond par ailleurs avec « l'Histoire » même. Que Heidegger estime penser « historialement » Nietzsche, et qu'il accorde pour ce faire un plein crédit aux thèses prophétiques de Jünger entre dans cette logique. Pour ce qui concerne l'appréhension de la valeur de justice dans ses relations avec la vérité, ce point est décisif : Les vues du Nietzsche des *Inactuelles*, héroïques, sublimes, anhistoriques, sont recouvertes par un phénomène ultérieur qui les dépasse et les annule, celui de ce développement planétaire de la Puissance, qui autorise et qui légitime, sans référence à une éthique. Elles sont même rangées, en tant que prémisses incomplètes d'un cours historique ayant acquis entre temps toute sa netteté, dans les « réactions romantiques » ineffectives, les protestations contre l'inéluctable dynamique de la Puissance. Heidegger, dans son effort pour restituer une doctrine nietzschéenne de synthèse intégrant des apports qui lui étaient étrangers au moment où il pensait, égalise, homogénéise des temps différents de sa réflexion, et ignore les différences de niveau entre affirmations propres à Nietzsche et réinterprétations jüngériennes. On en a un exemple lorsqu'il reprend l'idée de Jünger que « *dans l'apparition de l'ordre des Jésuites et de l'armée prussienne à la suite de la Réforme s'esquissent déjà, si on les juge, bien sûr, à partir de la Figure du Travailleur, des principes de travail*[2] » : C'est la négation même de l'inspiration globale des Inactuelles, qui sont le procès de la puissance organisationnelle pure. Mais Heidegger suit en cela non pas Jünger même, honnête et visionnaire, mais l'idéologue officiel Bäumler, éditeur de Nietzsche et surtout du *Nachlass*, qui contient la trop fameuse *Volonté de puissance*, lorsqu'il écrit : « Dans la pensée nietzschéenne du surhomme ce n'est pas un type d'homme particulier mais, pour la première fois, l'être humain qui se voit préconçu sous la figure

---

1. Ernst Jünger, *Le Travailleur*, C. Bourgois, 1989, pour la traduction française : 1re édition en allemand en 1931, p. 103, §21.
2. Note de l'auteur, *op. cit.*, p. 138.

essentielle du type. L'Ordre des Jésuites et le militarisme prussien en ont fourni les prototypes[1] ».

Pour Jünger, l'avènement d'un âge du Travailleur est un avenir déjà largement préfiguré dans le présent, c'est-à-dire depuis 1917, et ce fait explique ses prises de position qui ne sont pas celles d'un épigone de Nietzsche ; c'est ce qui lui permet d'écrire qu'« Il importe maintenant de faire l'éducation d'un type d'homme qui possède la certitude désespérée que les revendications de la justice abstraite, de la libre recherche, de la conscience artistique doivent faire la preuve de leur légitimité devant une instance plus haute que celles qu'on peut rencontrer au sein d'un monde de liberté bourgeoise ». Jünger inscrit cet avenir dans le prolongement d'une révision « cruelle » des évaluations anciennes :

> « La vision des Figures est un acte révolutionnaire dans la mesure où il reconnaît un Etre dans la plénitude entière et unitaire de sa vie. La grande supériorité de ce processus provient de ce qu'il s'accomplit au-delà des appréciations de valeur morales et esthétiques aussi bien que scientifiques[2]. »

Pour Heidegger, qui ne raisonne pas comme Jünger en fonction de la prise du pouvoir d'Etat, passée ou encore à venir, par le prolétariat, les vues sur l'idéal nietzschéen de justice sont plus équivoques, marquées d'un esprit d'amalgame et de réappropriation qui les fausse. C'est là, croyons-nous, le secret que nous cherchions dès le départ : celui d'une incompréhension systématique de Heidegger envers Nietzsche, celui d'une inversion de sens de sa réévaluation de la justice, de la position hiérarchique nouvelle qu'il propose en situant la justice au-dessus de la vérité, lui qui cherchait une authentique légitimation pour l'une et pour l'autre, en leur union.

---

1. *Op. cit.*, p. 118.
2. *Op. cit.*, p. 71-72.

L'herméneutique et le problème de la vérité
Christian Berner

Classiquement art de l'exégèse et de l'interprétation des textes, l'herméneutique est d'abord une technique permettant de tirer au clair des significations devenues, en raison de multiples distances creusées par l'histoire, obscures ou étrangères. Qu'il s'agisse de comprendre les poètes anciens ou l'Ancien Testament, l'enjeu est de parvenir à la saisie de la signification, du sens correct qui est vérité. Cette visée dirige les commencements de l'herméneutique théologique : on y rencontre la question des sens multiples de l'Ecriture, celle de l'interprétation allégorique, puisqu'ostensiblement certains textes, comme par exemple le « Cantique des cantiques », ne pouvaient pas être pris à la lettre, mais aussi le problème consistant à concilier, par l'interprétation, l'Ancien et le Nouveau Testament[1]. Ainsi saint Augustin, par exemple, double le sens littéral d'un sens spirituel pour effacer les contradictions rencontrées dans cette confrontation[2]. En dissociant le texte et son sens, il dégage une dimension fondamentale de l'herméneutique : le sens n'habite pas le texte comme un signe qu'il suffirait de transcender pour parvenir au sens propre. L'herméneutique doit intégrer la doctrine du *verbum cordis*, toute expression linguistique étant précédée en nous par un « verbe intérieur » auquel l'interprète n'accède qu'au moyen d'un don divinatoire, d'une *caritas*[3]. Mais on pensa ainsi si bien accéder au sens qui est vérité que le travail herméneutique des pères de l'Eglise permit de dégager et d'établir une authentique dogmatique qui fixa le contenu des prémisses de toute interprétation de l'Ecriture. La Réforme se dressa contre ce dogmatisme en invitant au retour à l'Ecriture elle-même, à la *sola scriptura*. Le problème auquel se heurta cependant rapidement l'herméneutique protestante est qu'un texte ne dégage guère son sens si on ne l'aborde pas précisément en possession de prémisses qui le rendent intelligible.

Quoi qu'il en soit, l'herméneutique pense être en mesure d'accéder au sens vrai. Tel sera encore le cas avec ce qui peut apparaître comme la

---

1. Sur ce point, voir P.C. Bori, *L'Interprétation infinie. L'herméneutique chrétienne ancienne et ses transformations*, tr. de l'italien par F. Vial, Paris, Cerf, 1991.
2. Saint Augustin, *De doctrina christiana*, chap. XV-XVIII.
3. Voir Jean Grondin, *L'Universalité de l'herméneutique*, Paris, PUF, 1993.

première esquisse d'une herméneutique rationaliste, à savoir chez Spinoza[1] : ce dernier revendique pour l'approche des Ecritures une méthode qui « ne diffère en rien de celle que l'on suit dans l'interprétation de la nature[2] ». Pour accéder au sens il ne faut admettre que la lettre et l'histoire critique[3] : se saisir de la signification sera alors se saisir de la vérité à travers une investigation textuelle et historique. Au terme de l'enquête, la compréhension doit coïncider avec la reconnaissance de la vérité éternelle soustraite à toutes les déterminations contingentes. Pour une telle herméneutique rationaliste, le sens sera assimilé à la raison elle-même, la signification coïncidera avec la vérité et il n'y aura pas à proprement parler de différence entre ce qui fait sens et ce qui est vrai. C'est ainsi qu'elle se pratiquera jusque dans les sciences où il s'agira, comme par exemple pour Galilée, de lire le livre de la nature, ou, pour Leibniz, de repenser la pensée de Dieu.

La crise de la vérité

Pour que l'herméneutique apparaisse comme une option philosophique, il faut que le sens et la vérité ne se recouvrent pas absolument, que la notion de vérité et la possibilité d'y accéder soient sérieusement ébranlées. En ce sens, il n'y aurait sans doute pas eu d'herméneutique philosophique sans Kant. Non pas que ce dernier en eût explicitement développé une, mais sa pensée en fournit les prémisses : la notion de vérité se trouve en effet chez lui, dans le cadre d'une philosophie de la finitude, profondément ébranlée et rend possible une présentation autonome du sens[4]. Quelques rappels ici suffiront.

Kant souscrit apparemment à la définition classique de la vérité : « *Qu'est-ce que la vérité ?* La définition nominale de la vérité, à savoir qu'elle est la coïncidence de la connaissance et de son objet, est ici accordée <*geschenkt*> et présupposée[5] ». « *Geschenkt* » signifie « concédée » : Kant ne veut pas statuer ici de la valeur de cette définition. Non pas qu'elle soit claire ou suffisante. S'il l'« accorde », c'est parce qu'il faut parfois accepter des concepts sans pousser le processus de leur détermination à l'infini. L'éclaircissement de la signification des concepts renvoie en effet à d'autres concepts qui eux-mêmes appellent d'autres concepts et ainsi de suite. Or il y a des définitions incomplètes en philosophie qui nous suffisent, car si « on ne pouvait rien entreprendre avec un concept avant de l'avoir défini, on serait bien en peine de philosopher[6] ». Il est juste de se contenter de tels

---

1. Spinoza, *Traité des autorités théologique et politique*, chap. VII : « De l'interprétation de l'Ecriture », dans *Œuvres complètes*, tr. R. Caillois, Paris, Gallimard, Pléiade, p. 711 sqq.
2. *Ibid.*, p. 712.
3. *Ibid.*, p. 713.
4. Ma lecture de Kant doit beaucoup aux remarquables analyses de Josef Simon ; sur le problème de la vérité, on consultera principalement son ouvrage *Wahrheit als Freiheit*, De Gruyter, Berlin-New York, 1978, et « Die Krise des Wahrheitsbegriffs als Krise der Metaphysik. Nietzsches Alethiologie auf dem Hintergrund der Kantischen Kritik », dans *Nietzsche-Studien*, De Gruyter, Berlin-New York, 18 (1989), p. 242-259.
5. *Critique de la raison pure*, B 82.
6. *Ibid.*, B 759 note *.

concepts tout comme il est juste de se contenter des phénomènes sans prétendre accéder à la connaissance d'un en-soi.

Quant aux critères permettant de déceler la vérité, nous ne disposons suivant Kant que de critères formels[1]. Ces critères ne seront certes pas suffisants pour justifier une conformité entre nos représentations et les choses, puisqu'ils font d'une part abstraction du rapport entre la pensée et le réel et que, d'autre part, nous ne sommes jamais à l'abri de contradictions qu'une analyse approfondie pourrait toujours encore déceler. Mais même si elle s'appliquait au réel, la non-contradiction ne serait pas un critère suffisant puisqu'elle n'a de sens que par rapport à la totalité des données dans le temps et que ce qui n'est pas contradictoire maintenant peut se révéler l'être plus tard. Or Kant reconnaît qu'il n'y a pas d'expérience possible de la totalité de l'expérience[2]. Aussi paraît-il peu sensé de faire de la simple non-contradiction le critère de la vérité. Quant à un « critère matériel universel » de la vérité, non seulement il n'est pas possible, mais encore est-il intrinsèquement « contradictoire[3] », puisqu'il faudrait y faire abstraction de la spécificité du contenu, c'est-à-dire des objets. Mais la difficulté de la définition classique est plus grande encore et à vrai dire principielle. L'argument de Kant est connu : « La vérité, dit-on, consiste dans l'accord de la connaissance avec l'objet. Selon cette simple définition de mot, ma connaissance doit donc s'accorder avec l'objet pour avoir valeur de vérité. Or le seul moyen que j'ai de comparer l'objet avec ma connaissance *c'est que je le connaisse*. Ainsi ma connaissance doit se confirmer elle-même[4] ». Si la définition nominale de la vérité peut donc être suffisante pour certaines fins, et notamment pour distinguer la vérité d'autre chose, elle ne vaut qu'aussi longtemps que personne ne s'avise de demander ce qu'il faut entendre par « coïncidence », par « chose », ou par « représentation ». Car si quelqu'un se mettait en tête de demander, par exemple, ce qu'est une « représentation » et comment on peut comparer une « chose » et une « représentation », les problèmes apparaîtraient tout de suite. Le concept de vérité ainsi accordé est pour le moins problématique. Et on sait que la critique kantienne consiste pour l'essentiel à n'accorder la coïncidence avec le concept exigée par la vérité qu'aux objets qui sont construits suivant les concepts, ce qui vaut des objets mathématiques dont les concepts indiquent le mode de construction. Mais concernant des concepts d'objets non mathématiques, la difficulté est qu'ils ne se résorbent précisément pas dans leur construction, le sujet connaissant étant affecté par

---

1. Correspondant au principe de contradiction et d'identité, au principe de raison suffisante et au principe du tiers-exclu (*Logique*, tr. L. Guillermit, Paris, Vrin, 1982, p. 58, AK IX, 52-53).
2. *Prolégomènes à toute métaphysique future qui pourra se présenter comme science*, § 40.
3. *Critique de la raison pure*, B 82 ; cf. *Logique*, p. 55, AK IX, 51.
4. Kant, *Logique*, p. 54, AK IX, 50. Franz Brentano reprendra l'argument qui affecte moins la définition de la vérité comme adéquation que la possibilité d'un critère de vérification. Il est par conséquent illusoire de penser que le concept de la vérité comme conformité puisse nous donner la moindre indication pour parvenir à la vérité : « Certains pensaient, écrit Brentano, que cela se fait en comparant ma pensée avec la chose, mais ils ne voyaient pas que pour pouvoir faire cette comparaison, il fallait déjà connaître la chose, c'est-à-dire savoir ce qu'il en est en vérité. Mais savoir cela signifie être déjà en possession de la vérité » (Franz Brentano, *Wahrheit und Evidenz*, Hambourg, 1930, p. 133).

une matière qu'il ne produit pas, et il est alors difficile de leur appliquer le concept traditionnel de vérité.

Il n'en demeure pas moins que le sujet, pensant par lui-même, produit des concepts qui, s'ils ne permettent pas de saisir la vérité, c'est-à-dire la conformité avec la chose, s'efforcent néanmoins de comprendre au mieux à travers l'activité réfléchissante du jugement. Moins que de vérité, il s'agit alors de l'émergence du sens, d'une direction qui permet la marche de la pensée, son orientation[1]. Mais à quoi reconnaîtra-t-on qu'un jugement inachevé est néanmoins suffisant ? Pour Kant, ce critère est dans l'aptitude de la compréhension à déterminer l'action : à l'inverse de l'ordre de la connaissance où la clarté et la distinction ne sont que provioires et susceptibles d'être repris dans le jugement, la raison nous commande d'agir en l'absence de la vérité[2]. Comme chez Descartes, c'est l'impératif de l'agir qui permet de clore le jugement qui aurait pu être affiné indéfiniment. L'exemple peu cité du jugement médical est caractéristique : « Il faut que le médecin fasse quelque chose pour un malade qui est en danger, mais il ne connaît pas la maladie : il regarde les phénomènes, et il juge, ne sachant rien de mieux, que c'est de la phtisie. Sa foi, suivant son propre jugement, est simplement contingente ; un autre trouverait peut-être mieux[3] ». Une telle foi pragmatique ne connaît qu'une certitude relative proportionnelle aux « intérêts qui y sont en jeu ». Kant appelle « croyance » cette certitude pratique ou conviction[4] qui est l'une des formes de l'assentiment. L'assentiment, qui se dit en allemand « *Fürwahrhalten* », « tenir-pour-vrai », est ainsi rapporté par Kant à la vérité : « La vérité est *propriété objective* de la connaissance ; le jugement par lequel quelque chose est *représenté* comme vrai — le rapport à un entendement et par conséquent à un sujet particulier — est *subjectif*, c'est l'assentiment[5]. » La vérité se donne donc à l'homme, en sa finitude radicale, sous la forme de « l'acte de tenir pour vrai », c'est-à-dire sous la forme de l'affirmation qui est notre rapport subjectif à la vérité. Dès lors, subjectivement parlant, c'est-à-dire pour le sujet connaissant, la certitude du savoir n'est en rien plus grande que la certitude de la croyance.

On comprend alors que Kant présente ailleurs l'entendement, la faculté de juger et la raison comme des facultés qui réfléchissent chacune à leur prétention à la vérité, c'est-à-dire à leur force d'affirmation de la vérité. Et il n'est pas étonnant non plus qu'au regard de l'exigence de la raison dans le

---

1. C'est en cela que consiste le *sapere aude* de la *Réponse à la question : Qu'est-ce que les Lumières ?* : il désigne une force du jugement qui n'est pas immédiatement possession de la vérité.
2. Si on passe d'ailleurs dans le champ de la raison pratique, on constate que, pour Kant, seule la certitude de la loi morale est absolue : dans l'impératif catégorique, le savoir, comme loi universelle, coïncide avec l'action comme ce que je dois faire ; être et pensée s'accordent dans une unité hors de portée pour le processus de la connaissance.
3. *Critique de la raison pure*, B 852. L'herméneutique médicale est l'un des champs classiques de l'herméneutique, comme ailleurs l'*hermeneutica juris*, qui, dans l'application des lois aux situations concrètes, connaît toujours un moment interprétatif, et est fortement présente dans la théorie kantienne du jugement.
4. *Critique de la raison pure*, B 852.
5. *Logique*, p. 73, AK IX, 65-66.

cadre du progrès de l'esprit la question de l'entendement devienne, pour le savoir théorique : « qu'est-ce que je veux affirmer comme vrai[1] ? »

Concernant l'établissement de la vérité, nous sommes alors réduits à nous contenter d'indices externes, comme l'accord intersubjectif qui renvoie à ce que nous appelons aujourd'hui la théorie consensuelle de la vérité : « Un indice *externe* ou une pierre de touche *extérieure* de la vérité est la comparaison de notre propre jugement avec celui des autres, parce que le subjectif ne peut se retrouver identique chez tous les autres et que par suite l'apparence peut être ainsi expliquée[2] ». Mais une telle théorie de la vérité intersubjective ne résout pas le problème de la vérité. Elle se heurte en effet à deux objections : 1/ L'accord intersubjectif présuppose une théorie de la compréhension qui garantit la non déformation des représentations formulées dans le langage. Or « l'un lie, écrit Kant, la représentation d'un certain mot avec une chose, l'autre avec une autre chose, et l'unité de la conscience dans ce qui est empirique n'a pas, relativement à ce qui est donné, de valeur nécessaire et universelle[3] ». Comment savoir si l'autre pense, c'est-à-dire juge comme moi ? Comment comprendre ? Car si Kant voit bien dans la langue le « moyen le plus important pour se comprendre soi-même et comprendre les autres », il concède que « même ceux qui parlent et entendent ne parviennent pas pour autant à toujours se comprendre soi-même ni à comprendre les autres[4] ». L'accord au niveau du langage ne signifie pas l'accord au plan des concepts et l'accord intersubjectif n'est donc pas un critère factuel de la vérité ; c'est pourquoi l'établissement de l'identité des discours appellera nécessairement une herméneutique comme « art de comprendre ». 2/ Si on laisse de côté le fait indubitable qu'il est des erreurs collectives, la théorie de la vérité intersubjective masque la théorie de l'adéquation dans la mesure où la vérité consensuelle ne saurait être acceptée que le temps où tout le monde tombe d'accord. Mais dès qu'un problème apparaît, dès qu'une voix discordante vient briser le silence harmonieux par une question, c'est bien à la vérité comme conformité que l'on est reconduit pour juger de la pertinence de l'objection. L'accord intersubjectif n'est donc pas tant un critère de la vérité qu'un simple indice.

De ce qui vient d'être dit on conçoit que cette crise de la vérité, qui affecte tant son concept que ses critères, est d'une importance décisive pour la naissance de l'herméneutique philosophique. Car si Kant n'abandonne pas l'idée de vérité, elle n'est pas à portée humaine, quelle qu'en soit la version. On sera alors invité à parler davantage de clarté, de ce qui est compréhensible, de ce qui ne l'est pas, de ce qui fait sens et des raisons qui nous font tenir quelque chose pour vrai. Et c'est au regard de cette crise

---

1. *Anthropologie du point de vue pragmatique*, AK VII, 227 ; tr. A. Renaut, Paris, GF, 1993, p. 184 note. Cf. *Logique*, p. 54-55, AK IX, 50.
2. *Logique*, p. 58, AK IX, 52-53 ; cf. *Critique de la raison pure*, A 820. Alain Renaut, dans *Kant aujourd'hui*, Paris, Aubier, 1997, définit ainsi la nouvelle façon de penser la vérité « non plus en termes de conformité (ou d'adéquation) à l'en-soi, mais en termes d'aptitude, pour un énoncé, à valoir universellement, c'est-à-dire pour la communauté des sujets, donc en termes d'intersubjectivité » (p. 107).
3. *Critique de la raison pure*, B 140.
4. *Anthropologie du point de vue pragmatique*, tr. A. Renaut, p. 138 (AK VII, 193).

fondamentale, de cet ébranlement de la vérité que l'herméneutique, qui ouvre au sens, se veut une réponse à la démarche même du discours philosophique qui a intégré la finitude radicale et qui, comme le dit Kant à propos de la *méthode* sceptique, « nourrit l'espoir de trouver sur ce chemin la trace de la vérité[1]. »

Interprétation et perspectivisme

A ces incertitudes on peut donner une tournure radicale. Nietzsche en est un exemple bien connu. Sa philosophie de l'interprétation naquit sans doute, comme l'a justement remarqué Jaspers, d'une « transformation de la philosophie critique de Kant[2] ». Le concept d'interprétation remplace dans ce mouvement celui de vérité et trouve dans la volonté de puissance un site privilégié. La vérité est un nom de la « volonté de puissance[3] » ; et « la volonté de puissance *interprète*. [...] En vérité, l'interprétation est un moyen pour dominer quelque chose[4] ». La portée pratique de la vérité est ainsi exacerbée[5] et fonde le perspectivisme suivant lequel certains foyers de puissance constituent le monde à travers leurs interprétations. Ce perspectivisme interprétatif devient, après la critique de la théorie de la connaissance et de la morale, un principe philosophique général reflétant la constitution de l'être même : « l'interpréter lui-même, comme forme de la volonté de puissance, a un être-là (non pas comme être, mais comme processus, comme devenir[6]) ». Tout est donc interprétation. Ici s'ouvre, pour celui qui est « sans crainte », « un nouvel Infini » : la possibilité que le monde « renferme une infinité d'interprétations[7] ». Comme chez Leibniz, l'univers est la totalité des perspectives relatives aux différents points de vue de chaque monade[8]. Mais Nietzsche n'est pas Leibniz et, en l'absence de monade suprême garante de l'unité, pour nous autres « humains, trop humains », toutes les interprétations restent possibles puisqu'une simple possibilité n'est jamais réfutable. On débouche ainsi sur une philosophie de l'interprétation radicale : être-interprété est le mode d'être du monde et de l'homme dans le monde.

Il ne s'agit pas ici de reconstruire la philosophie de Nietzsche, mais de montrer la proximité entre la crise de la vérité et l'émergence de l'interprétation comme principe philosophique. Il ne m'appartient pas de

---

1. *Logique*, p. 94, AK IX, 83.
2. Karl Jaspers, *Nietzsche. Introduction à sa philosophie*, Paris, Tel, Gallimard, 1978, p. 290.
3. F. Nietzsche, *Kritische Studienausgabe*, éd. G. Colli et M. Montinari, Berlin/New York, DTV/de Gruyter, 1988 (édition citée : KSA suivie du volume puis de la page ; la numérotation du fragment permet d'en retrouver la traduction française parue chez Gallimard) 12, 385 (*Fragments posthumes*, automne 1887 9 [91]).
4. KSA 12, 139-140 (*Fragments posthumes*, automne 1885-automne 1886 2 [148]).
5. KSA 13, 344 (*Fragments posthumes*, printemps 1888 14 [159]).
6. KSA 12, 140 (*Fragments posthumes*, automne 1885-automne 1886 2 [151]).
7. Nietzsche, *Le Gai Savoir*, cinquième livre, § 374 (KSA 3, 626).
8. Leibniz, *La Monadologie*, § 57 ; la notion de perspective, capitale en herméneutique, apparaît sous la forme du point de vue dès Flacius en 1547 et deviendra, comme théorie du « Sehe-Punkt », un principe systématique de l'interprétation chez Chladenius en 1742 ; à suivre Jaspers, Nietzsche emprunte le terme à Teichmüller (*Nietzsche. Introduction à sa philosophie*, p. 40).

dégager les présupposés et les limites d'une telle approche[1], tenant d'une part à une métaphysique de la puissance, d'autre part à l'absence de réflexivité d'une théorie qui devrait problématiser son propre modèle interprétatif, c'est-à-dire appliquer la théorie de l'interprétation radicale à elle-même ; il suffit à mon propos de montrer que le problème de l'interprétation plonge ses racines dans le caractère problématique de la vérité, qu'elle soit théorique ou qu'elle soit pratique. La philosophie de l'interprétation, comme l'herméneutique, sera ainsi une conséquence du scepticisme et du relativisme.

Historicisme et compréhension

Mais la crise de la vérité n'invite pas nécessairement à sa radicalisation. L'option de Schleiermacher, qui passe souvent pour le fondateur de l'herméneutique philosophique, le montre[2]. Pour lui l'absolu ou la vérité est hors de portée, donnée exclusivement dans le sentiment religieux. L'herméneutique comme « art de comprendre » ne permet pas de se saisir de vérités éternelles en éliminant le contingent, mais doit au contraire chercher à comprendre l'individuel. La maîtrise de la langue ne suffit pas à garantir la correction de la compréhension : les textes sont marqués par l'individu qui est à leur origine et qui ne se résout pas dans les structures générales de la langue. Suite à Kant, l'individu est en effet lui-même considéré comme phénomène et on ne saurait accéder à son en-soi. Comprendre devient alors une tâche infinie puisqu'il s'agit de comprendre ce qui est contingent, à savoir précisément l'individuel donné dans la langue sous la forme du « style ». De ce fait, nous assistons à la dislocation du sens et de la vérité : un sens peut n'être pas vrai, sa prétention à la validité ne recoupe pas entièrement sa prétention à la vérité. Aussi Gadamer a-t-il pu écrire que Schleiermacher considère les textes « indépendamment de leur prétention à la vérité, comme de purs phénomènes d'expression[3] ». Pour comprendre, l'herméneutique de Schleiermacher cherche donc à reconstituer la cohérence d'une individualité mesurée à partir de l'infléchissement qu'un individu fait subir à des codes, notamment à des structures linguistiques. Que ce divorce entre le sens et la vérité ouvre sur la relativisation des univers de sens et à un historicisme, Schleiermacher en est conscient. Aussi complète-t-il son herméneutique par une dialectique qui est une logique de la vérité centrée sur la régulation de la diversité irrationnelle des significations par la discussion rationnelle[4]. Ce n'est qu'à partir de ce moment que l'herméneutique comme art de comprendre devient capitale dans l'élan philosophique lui-même.

---

1. Féconde jusqu'à nos jours, comme en témoigne la philosophie de l'interprétation développée par Günter Abel dans *Interpretationswelten. Gegenwartsphilosophie jenseits von Essentialismus und Relativismus*, Suhrkamp, Francfort/Main, 1995. Du même on lira « Wahrheit als Interpretation », dans G. Abel/J. Salaquarda (éd.), *Krisis der Metaphysik. Festschrift für Wolfgang Müller-Lauter*, Berlin-New York, de Gruyter, 1989, p. 331-363.
2. F.D.E. Schleiermacher, *Herméneutique*, tr. C. Berner, Paris, Cerf, 1989.
3. Hans-Georg Gadamer, *Vérité et méthode. Les grandes lignes d'une herméneutique philosophique*, tr. E. Sacre, revue et complétée par P. Fruchon, J. Grondin et G. Merlio, Paris, Seuil, 1996, p. 216.
4. F.D.E. Schleiermacher, *Dialectique*, tr. C. Berner et D. Thouard, Paris, Cerf, 1997.

C'est dans le prolongement de Schleiermacher que Dilthey centra sa réflexion sur le problème de la compréhension. Héritier tant de Kant que de l'école historique allemande, Dilthey entreprit une critique de la raison historique qui cherche à fonder les sciences humaines sur la spécificité de la compréhension[1]. Kant avait délimité l'objectivité des sciences de la nature par référence aux catégories rendant possible l'unité de l'expérience ; c'est au domaine des sciences humaines que Dilthey s'efforce de transposer les exigences kantiennes. Leur objet sera de comprendre quelque chose de spécifiquement humain et qui, par opposition aux sciences de la nature, est la phénoménalisation de la liberté : les phénomènes qui sont leur objet ne doivent pas être simplement déterminés par les lois de la nature, mais ils possèdent aussi un sens qui permet de les interpréter comme des signes d'une liberté. Ces objets, auxquels l'histoire a principalement affaire, sont des « objectivations de l'esprit », des expressions qui, articulées sur la vie, s'offrent à la compréhension qui présuppose une identité de la raison dans tous les hommes[2] : « l'esprit s'est objectivé dans ces réalités extérieures, des fins s'y sont forgées, des valeurs s'y sont réalisées, et c'est précisément cette dimension spirituelle, inscrite en elle, que la compréhension saisit[3] ». Ce faisant, la vérité en sa version traditionnelle disparaît ici au bénéfice d'une herméneutique qui rend possible l'accès à des univers de sens strictement historicisés qui prétendent à la validité. Même les catégories kantiennes sont historicisées et déduites à partir de la vie même[4], ce qui permet à Dilthey d'affirmer que dans la compréhension des objectivations ancrées dans la vie, la vie au fond s'interprète elle-même[5]. Mais l'idée de vérité n'est pas entièrement absente de ce mouvement. Dilthey reprend en effet l'adage de Vico : l'esprit ne comprend que ce qu'il a lui-même créé[6]. Ce qui signifie que, dans le monde de l'esprit, nous sommes partout chez nous, l'esprit a affaire à l'esprit à travers les signes et les « objectivations » de l'esprit. L'interprétation des sciences humaines ne bute donc pas sur l'hétérogénéité entre le réel et la pensée qui affecte si profondément les sciences de la nature. Comprendre serait alors élucider des signes à l'aide d'autres signes, les représentations n'étant enfin plus rapportées aux choses, mais à d'autres représentations auxquelles l'effort de compréhension nous permettrait d'accéder. La vérité serait ainsi un mouvement de clarification assez proche, en fin de compte, de l'activité de la faculté de juger décrite par Kant. L'herméneutique ainsi hérite du mouvement de la vérité, même si son établissement de fait est rejeté à l'horizon infini : dans « l'échange continuel qui s'établit entre l'expérience vécue et la compréhension des autres[7] », la compréhension se parfait dans des totalisations progressives et son histoire remplace celle de la vérité qui reste néanmoins, comme autre nom de l'idée de totalité, un idéal régulateur. La compréhension devient la forme même

---

1. W. Dilthey, *L'Edification du monde historique dans les sciences de l'esprit*, tr. S. Mesure, Paris, Cerf, 1988.
2. *Ibid.*, p. 95.
3. *Ibid.*, p. 72.
4. W. Dilthey, *Critique de la raison historique*, tr. S. Mesure, Paris, Cerf, 1992, p. 149 et p. 352-353.
5. W. Dilthey, *L'Edification du monde historique dans les sciences de l'esprit*, p. 90.
6. *Ibid.*, p. 102.
7. *Ibid.*

de l'historicité de la vérité liée à l'existence concrète des individus qui comprennent.

Vérité et méthode

C'est en réaction à Dilthey cependant que l'herméneutique philosophique a revendiqué l'intégration de l'idée de vérité. Après Heidegger qui avait posé les prémisses d'une herméneutique de la facticité[1], Gadamer voulait fonder une authentique herméneutique philosophique[2]. Le problème dont ce dernier hérite peut être formulé comme suit : « si notre finitude coïncide avec notre historicité, comment préserver l'idée de vérité, de telle sorte que d'une part puisse être dépassé le relativisme qui paraissait indissociablement lié à l'historicisme post-hegelien, et que d'autre part cette idée de vérité ne se réduise justement pas à une idée, celle néokantienne d'un horizon indéfiniment éloigné[3] ? » La dissolution de la vérité dans l'historicisme et la transformation de la vérité en idée trouvent, suivant Gadamer, leur origine dans la volonté manifeste chez Dilthey d'égaler les méthodes des sciences de la nature quant à leur objectivité. La philosophie sacrifie ainsi l'authentique et classique question de la vérité sur l'autel de la science. Aussi Gadamer va-t-il jouer la « vérité » contre l'idéal scientifique de la « méthode[4] », Dilthey n'ayant pas aperçu que l'objectivité des sciences humaines était autre que celle des sciences de la nature et que les sciences de l'homme prétendent à une vérité spécifique.

Pour le montrer, Gadamer reprend avant tout à Heidegger la catégorie de « précompréhension » à l'œuvre dans toute compréhension[5]. La précompréhension, produite par le « travail de l'histoire » (*Wirkungsgeschichte*) « est à l'œuvre en toute compréhension, que l'on en soit ou non expressément conscient[6] ». En effet jamais il n'y aurait compréhension si elle n'était pas toujours déjà située dans un horizon (constitué par notre langue, nos concepts, nos valeurs etc.) qu'elle ne produit pas elle-même, mais qui la rend possible. La nécessité de cette précompréhension conduit à une critique des *Lumières* qui ignore la prétention de vérité qui jaillit de l'appartenance à une tradition et dont les « préjugés » constituent le fondement. Car même la reconnaissance de nos critères de rationalité relève de ce « travail de l'histoire », et ce que nous appelons alors le vrai est simplement un événement tributaire du devenir de l'histoire. Aussi sommes-nous invités à penser la vérité autrement que suivant le modèle des sciences positives. N'y a-t-il pas, conformément à cette structure de précompréhension, une vérité

---

1. Cf. J.-F. Courtine, « Phénoménologie et/ou ontologie herméneutiques » dans *Comprendre et interpréter. Le paradigme herméneutique de la raison*, éd. J. Greisch, Paris, Beauchesne, 1993, p. 151-175.
2. On trouvera un exposé clair de la perspective gadamérienne dans l'article de Jean Grondin, « La conscience du travail de l'histoire et le problème de la vérité en herméneutique », dans *L'Horizon herméneutique de la pensée contemporaine*, Paris, Vrin, 1993, p. 213-233.
3. Jean-Claude Gens, « Préface » à H.-G. Gadamer, *Langage et vérité*, tr. J.-C. Gens, Paris, Gallimard, 1996, p. 11.
4. « Portée et limites de l'œuvre de Wilhelm Dilthey », dans H.-G. Gadamer, *Le Problème de la conscience historique*, Paris, Seuil, 1996, p. 48.
5. M. Heidegger, *Etre et temps* (1927), § 31-33.
6. H.-G. Gadamer, *Vérité et méthode*, p. 323.

qui précède toute vérification méthodique ? A suivre Gadamer, une telle vérité est à l'œuvre dans les sciences humaines dont il affirme qu'elles nous transmettent un savoir adéquat bien que non contrôlable suivant les méthodes des sciences exactes. Les sciences de l'homme servent à nous former en nous transmettant des valeurs, qui sont des vérités « humaines » essentielles à la formation de l'humanité tout en étant « extérieures à la science » qui ne saurait les vérifier. Contrairement à l'effort de Dilthey, les sciences de l'esprit n'ont donc pas à entrer dans un débat méthodologique avec les sciences de la nature dans la mesure où elles ne prétendent pas au même type de vérité. En quoi consiste alors cette vérité herméneutique ?

La réponse est difficile, tant il est vrai que, dans *Vérité et méthode*, il est finalement peu question de vérité. On y trouve des définitions négatives de la vérité, par rapport au mensonge, par exemple. Quant à une « expérience de la vérité qui dépasse le domaine soumis au contrôle de la méthode scientifique[1] », Gadamer l'aperçoit dans les sciences de l'homme, la philosophie, l'histoire et l'art. Ce dernier champ est privilégié par Gadamer : la prétention à vérité de l'art, « inaccessible par toute autre voie[2] », servira de modèle à l'expérience herméneutique, au surgissement de la vérité du sens. Dans cette expérience, nous dit Gadamer, la vérité est avènement de sens. C'est que la vérité n'est pas quelque chose qui pourrait être construit par le seul sujet ; elle est le résultat du travail de l'histoire à laquelle nous participons, elle est ce qui est événement du travail de l'histoire et qui vient apporter des réponses aux hommes en quête de sens. Aussi la vérité se vit-elle, pour l'homme, comme l'expérience de sens, l'expérience vécue du sens reçu. Force est alors de disposer d'une notion adéquate de la vérité que Gadamer, suivant Heidegger, trouve chez Platon où l'*aletheia* est « ce qui est éclairant[3] ». Cette vérité est donnée dans une aventure authentique, dans une véritable expérience[4]. En elle la contemplation du « vraisemblable » (*das Wahrscheinliche* ou le *verisimile*) est le lieu d'une vérité qui prend en sa révélation une dimension humaine, « la finitude de l'homme » étant « fondamentale pour l'expérience herméneutique du monde[5] ». Il y aurait donc ici une compréhension adéquate indépendante de la vérification et qui serait le lieu même de la vérité, sa manifestation dans le cadre de l'expérience proprement humaine, son avènement au sein du mouvement de l'existence finie qu'elle vient remplir.

Mais s'agirait-il alors d'une vérité qui se contenterait du vraisemblable, c'est-à-dire d'une vérité subjective ? Non, car la vérité s'exprime dans un langage qui toujours nous précède, où « les mots [...] se jouent de ce qui est pensé[6] ». Aussi, « en tant qu'êtres qui comprennent, nous sommes entraînés dans un advenir de vérité et nous arrivons en quelque sorte trop tard si nous voulons savoir ce que nous devons croire[7] ». La compréhension humaine repose simplement sur une attente de sens, sur une ouverture du

---

1. H.-G. Gadamer, *Vérité et méthode*, p. 11.
2. *Ibid.*, p. 12.
3. *Ibid.*, p. 510.
4. *Ibid.*, p. 511.
5. *Ibid.*, p. 513.
6. *Ibid.*, p. 515.
7. *Ibid.*, p. 516.

Dasein qui rend possible l'éclosion de la vérité. Aussi ne faisons-nous l'expérience de la vérité qu'en raison de notre attente de sens, de nos prétentions à la vérité propres à notre perspective qui nous permet de recevoir la vérité. Ces points de vue particuliers sont tous légitimes et l'herméneutique ne permet pas alors de comprendre mieux, mais de comprendre autrement : « *dès que l'on comprend, on comprend autrement*[1] ». Ce qui ne signifie pas la dissolution de la vérité : la vérité de la compréhension tient à la prise en compte de la finitude de chaque perspective où s'ancre l'expérience originelle de la vérité qui se mesure au débordement et à la plénitude de sens. Aussi Gadamer peut-il préciser comme suit la tâche herméneutique concernant la vérité : « La réflexion herméneutique est limitée à la mise à découvert d'opportunités de connaissance (*Erkenntnischancen*) qui sans elle ne seraient pas perçues. Elle ne procure pas elle-même un critère de vérité[2] ». C'est parce qu'une telle compréhension est immédiate, incommensurable avec le contrôle méthodique utilisant les critères traditionnels de vérification (raison, expérience, perception, etc.), qu'elle correspond à la dimension concrète de l'expérience de la vérité.

Si ainsi la vérité est le produit du travail de l'histoire, je reçois la vérité dans une vision contemplative du savoir. Il y a une passivité essentielle à la réceptivité à la vérité qui tient à l'orientation sur l'expérience esthétique : celle-ci est « saisissement et ravissement par le spectacle », c'est-à-dire contemplation qui est « présence à » la chose[3]. Même si elle est pensée et articulée par nous, ce qui l'ouvre au dialogue, la vérité n'est pas faite par nous puisque « la chose se présente ». L'homme se définit ainsi comme ouverture aux vérités que lui découvre l'histoire. L'appartenance à l'horizon de pré-compréhension qui fonde toute compréhension est autorité de la tradition qui devient chez Gadamer un nouveau nom de la vérité. C'est pourquoi la vérité est explicitement présentée comme ce qui doit indéfiniment, dans une compréhension toujours autre, être approfondi à travers l'exégèse de la pré-compréhension. La vérité n'est alors ni conformité, ni éprouvée dans l'intersubjectivité : transcendante, donnée dans une langue qui nous parle plus que nous ne la parlons, la science, dans sa prétention à la vérité, devait méconnaître cette version englobante de la vérité.

La vérité comme interprétation

On prendra facilement ici la mesure de la diversité des voies suivies par l'herméneutique à prétention philosophique : dans l'élan vers la vérité, l'herméneutique soit revendique un sens simplement individuel et garde la vérité comme idéal régulateur, soit s'abandonne à l'autorité d'une vérité transcendante. La première voie, comme accomplissement du scepticisme, peut déboucher sur un relativisme ou un nihilisme, la seconde sur l'affirmation d'une transcendance qui dépasse nos facultés de connaissance.

---

1. H.-G. Gadamer, *Vérité et méthode*, p. 318.
2. « Réplique à *Herméneutique et Critique de l'idéologie* », dans H.-G. Gadamer, *L'Art de comprendre I. Herméneutique et tradition philosophique*, tr. M. Simon, Paris, Aubier Montaigne, 1982, p. 160.
3. *Vérité et méthode*, p. 142.

Entre les deux, il y aurait, me semble-t-il, avantage à suivre ici l'exemple kantien ouvrant, entre la vérité jamais donnée dans l'immanence et la Vérité inaccessible de par sa transcendance, un espace transcendantal de la compréhension[1]. Celui-ci est à explorer comme réflexion sur les conditions de possibilité du sens et les prétentions à validité des discours. Car il y a un sens à parler de vérité, puisque nous en faisons l'expérience, même négativement dans le mensonge ou l'invalidation de nos théories scientifiques. Lorsque nous parlons, nous élevons des prétentions à la validité, c'est-à-dire à des discours sensés qui sont dits vrais lorsque nous pensons qu'ils s'accordent avec les choses. Si ces discours sont des interprétations, c'est cette prétention à la construction de la vérité par l'interprétation qu'il faut clarifier. En cela, l'herméneutique comme art de comprendre est une discipline philosophique qui réfléchit à l'activité de construction du discours et à ses visées.

L'herméneutique, j'ai essayé de le montrer, est devenue une discipline philosophique suite à une crise de la vérité : l'interprétation et son complément, la compréhension, sont requises parce que la vérité n'est pas donnée immédiatement. Admettre quelque chose comme l'essence de la vérité est une prétention trop grande pour notre faculté de connaître, mais en même temps l'herméneutique ne souscrit pas non plus à un relativisme affirmant que le concept de vérité est à dissoudre et que la validité des propositions, des théories et des normes est toujours relative à un état culturel d'une société à un moment donné : une telle perspective relativiste en effet se contente de trop peu. Autant on ne peut pas satisfaire aux exigences d'une saisie de la vérité, autant le pur relativisme ne tient pas compte de toutes les normes, obligations et prétentions mises en jeu lorsque nous parlons, pensons et agissons comme nous parlons, pensons et agissons. Dans tous ces cas, il y a construction de la vérité par l'interprétation. L'herméneutique s'attache alors aux opérations constitutives de la vérité ou aux moyens d'objectivation de l'esprit. Plus que de vérité, il est alors, en herméneutique, question de légitimité des prétentions à la vérité des discours qui allèguent leurs raisons, c'est-à-dire entrent en conflit dans un dialogue et se soumettent à la discussion et à l'argumentation. Sans doute ne pourra-t-on probablement pas reconnaître qu'une interprétation est vraie, mais il faudra pour le moins, pour l'homme, être raisonnable et fini, reconnaître des critères de légitimité, ce qu'a fait avec beaucoup de sagesse, en matière de théorie scientifique, le rationalisme critique. Aussi est-ce humblement à une réflexivité de la pensée et du discours qu'invite d'abord l'herméneutique qui est aujourd'hui l'une des formes possibles de la modestie en philosophie.

---

1. Sur ce point, voir Heinz Wismann, « Herméneutique générale, herméneutique universelle : la place des formes symboliques de Cassirer », dans *Herméneutique : textes, sciences*, éd. par François Rastier, Jean-Michel Salanskis, Ruth Scheps, Paris, PUF, 1997.

Heidegger :
la vérité en question
Pascal David

Au seul nom de Heidegger est souvent rattachée, à tort ou à raison, l'élucidation de l'essence de la vérité comme « dévoilement », à la faveur d'un retour à la dimension grecque de l'*aletheia*. A tort sans doute, si cela revient à tenir la conception de la vérité comme dévoilement pour une opinion personnelle de Heidegger, « comme si, un jour, à Fribourg, ou de son chalet haut perché dans la Forêt Noire », remarquait ironiquement Jean Beaufret dès 1947, « Heidegger avait décidé de concevoir la vérité comme dévoilement[1] » ; la réinterprétation par la pensée de Heidegger de l'essence de la vérité ne saurait en effet être victime d'un plus grave contresens que celui qui consisterait à y voir l'expression d'une thèse heideggerienne sur la vérité, et il n'y a pas, en ce sens, de conception heideggerienne de la vérité, pas plus qu'il n'y a du reste de « philosophie heideggerienne ». Mais ce n'est pas non plus sans raison, toutefois, si la réinterprétation radicale de l'essence de la vérité par la pensée de Heidegger a pu passer pour caractéristique ou emblématique de toute son entreprise. Nous tenterons de montrer ici en quoi elle en constitue bien un enjeu majeur, étroitement lié au sens même de la philosophie comme au statut de l'être humain sur lesquels elle ne manque pas de rejaillir, mais en s'inscrivant dans une problématique qui rencontre la question de la vérité, comme chemin faisant au cours de son questionnement, plutôt qu'elle ne la constitue en point de départ.

Ce n'est donc pas à titre de « grand problème métaphysique » parmi d'autres, hérité ou paresseusement repris de la tradition, que la question de la vérité a pu trouver place, et une place éminente, au sein du questionnement heideggerien, mais, de manière beaucoup plus instante, pour avoir mûri sur un *sol* qui, ne pouvant laisser indemne le concept traditionnel de vérité, de lui-même invite à sa reprise à nouveaux frais. Comme l'a noté F.-W. von Herrmann, la mutation décisive qu'opère la pensée de Heidegger dans l'interprétation de l'essence de l'être humain engage à son tour une métamorphose de fond en comble de toutes les questions fondamentales de la philosophie[2], en sorte que la question de la vérité se trouve nécessairement *revisitée* par une telle pensée, à partir du

---

1. « Martin Heidegger et le problème de la vérité », in *De l'existentialisme à Heidegger*, Paris, Vrin, 1986, p. 81.
2. *Wege ins Ereignis : Zu Heideggers « Beiträgen zur Philosophie »*, Francfort, Klostermann, 1994, p. 14.

nouveau foyer d'interrogation qui en constitue le cœur : le monde, l'espace, le temps, la parole, la vérité — autant de questions fondamentales, de *Grundfragen* promises à un nouvel éclairage, dès lors que s'accomplit avec *Etre et temps*, en 1927, un virage dans la détermination de l'être humain comme *Dasein*. Le sens de l'interrogation heideggerienne sur l'essence de la vérité demeure donc inintelligible tant que cette interrogation reste détachée du contexte qui lui a donné naissance et en a permis le déploiement à nouveaux frais, à savoir une ontologie fondamentale élaborée au fil d'une analytique existentiale.

Avant même le bref et décisif écrit de 1930 intitulé *De l'essence de la vérité*, c'est donc dans *Etre et temps* (§ 44), et dans le projet même qui porte ce premier ouvrage majeur de Heidegger, à savoir l'interprétation du temps comme élément au sein duquel se déploie toute entente de l'être, qu'il convient de chercher le véritable ancrage de la réinterprétation de l'essence de la vérité. Avant d'aborder ce texte central, nous commencerons toutefois par évoquer brièvement, en guise de préliminaire, et pour autant qu'elle prépare le terrain au nouveau sol conquis par le questionnement heideggerien, la tradition recouverte et sclérosée que, sous le nom de *Destruktion* (§ 6), ou « destruction constructive », le projet d'*Etre et temps* vise en fait à *reprendre* à sa façon en revenant à sa source vive, en visant à la découvrir, à la « dégager » et au fond à la délivrer en une réappropriation positive. L'événement philosophique majeur que constitue la publication au cours de ces dernières années, dans le cadre de la *Gesamtausgabe*, ou Edition intégrale des écrits de Heidegger, entreprise à partir de 1975, des premiers cours de Fribourg (1919-1923), ainsi que des cours de Marbourg (1923-1928), projette un éclairage décisif sur la « préhistoire », ou ce qu'il est convenu d'appeler aujourd'hui la « genèse » du grand livre de 1927. Deux noms seulement retiendront ici notre attention : Aristote et saint Augustin. Avec Aristote, le problème de la vérité semble relever de la « logique » ; avec saint Augustin, il semble concerner au premier chef l'existence, ou la « vie », et relever de la sphère de l'inquiétude humaine. Nous verrons comment, avec *Etre et temps*, s'opère une convergence entre ces deux tendances grâce à l'élaboration d'une logique existentiale.

L'être comme vrai

Heidegger lui-même a souligné à plusieurs reprises qu'il devait la « révélation de la philosophie » à la lecture faite dès 1907 de la dissertation de Franz Brentano intitulée *De la diversité des acceptions de l'être chez Aristote*, éditée à Fribourg (Allemagne) en 1862, qui fut son premier fil conducteur à travers la philosophie grecque durant les années de lycée, voire sa première rencontre avec la question de l'être[1]. L'ouvrage de Brentano se structure selon la quadruple acception de l'être établie par la *Métaphysique* (E, 2) d'Aristote : l'être par soi ou par accident, l'être comme vrai et le non-être comme faux, l'être selon la puissance et l'acte, et enfin l'être selon les figures des catégories. C'est toutefois à l'acception catégoriale de l'être, tenue pour

---

1. Cf. *Questions IV*, Paris, Gallimard, 1976, p. 162 ; *Acheminement vers la parole*, trad. F. Fédier, Paris, Gallimard, 1976, p. 92.

le chapitre « le plus important de tous de l'ontologie aristotélicienne », que Brentano consacre les trois quarts de son ouvrage. Cette interprétation logico-catégoriale de l'être est à vrai dire déjà à l'œuvre dans le traitement réservé par Brentano à la deuxième acception, « l'être comme vrai ». Tentant d'y voir clair dans les déclarations apparemment contradictoires du Stagirite, qui tantôt fait consister le vrai et le faux dans les choses elles-mêmes, et tantôt dans les jugements que nous portons sur les choses, Brentano tient qu'« Aristote entend proprement par vérité [...] l'adéquation (*Uebereinstimmung*) de la connaissance avec son objet », et que « le concept fondamental de la vérité demeure toujours celui de l'adéquation de l'esprit qui connaît avec la chose connue[1] ».

Mais si, par *aletheia*, Aristote « entend proprement » et n'entend rien d'autre qu'adéquation (*homoiôsis*), *aletheia* est donc en quelque sorte un mot en trop. Telle sera l'objection adressée ultérieurement par Heidegger à une interprétation d'Aristote que Brentano est d'ailleurs loin d'être le seul à illustrer, en contestant l'interprétation exclusivement ou prioritairement logico-catégoriale de ce qu'Aristote appelle « être » et « vérité », en arrachant en quelque sorte la question de la vérité au seul ressort de la discipline instituée sous le nom de « logique[2] ». Il y a là assurément rupture avec une tradition qui fait consister la vérité dans le jugement tel qu'il s'énonce en proposition, *i.e.* avec la conception logique de la vérité, mais non avec Aristote lui-même, que Heidegger cherche à retrouver en deçà de l'écran que constitue ce qui s'est fondé à partir de lui. A cette tradition, Heidegger opposera que *ce n'est pas la proposition qui constitue le lieu de la vérité, mais la vérité qui institue le lieu de la proposition*, voire que le lieu de la vérité n'est pas la proposition mais le *Dasein*[3]. L'« interprétation phénoménologique d'Aristote », chez le jeune Heidegger, se tourne à vrai dire au moins autant vers l'*Ethique à Nicomaque* (VI, 7) que vers l'*Organon*, et dès le « rapport Natorp » rédigé en 1922, Heidegger souligne que « la juste interprétation du sens d'alethes-aletheia est d'une importance capitale ». Laissons lui la parole :

> « On a coutume, lorsqu'il s'agit de déterminer le sens de la "vérité", d'appeler Aristote à comparaître comme témoin capital. D'après lui, la "vérité" serait "quelque chose qui survient dans le jugement", et plus précisément "l'adéquation" de la pensée et de l'objet. Du même coup, on fait de ce concept de vérité la base de la théorie de la connaissance dite "théorie de la copie". Mais on ne trouve pas la moindre trace chez Aristote ni de ce concept de la vérité comme adéquation, ni de la conception courante du logos comme jugement valide, et encore moins d'une quelconque théorie de la copie[4]. »

Et Heidegger de préciser, après avoir écarté la conception de la vérité comme « validité » (*Geltung*) telle qu'on la rencontre chez Lotze[5], que le sens

---

1. *De la diversité...*, trad. P. David, Paris, Vrin, 1992, p. 40 et p. 46.
2. Cf. GA [= Ed. int.] t. 45, p. 200 : « ... il devrait être devenu clair que la question de la vérité ne constitue plus ici un "problème" relevant de la "logique". »
3. GA 21, 135 ; GA 27, 155 et 109.
4. *Interprétations phénoménologiques d'Aristote*, trad. J.-F. Courtine, Ed. T.E.R., Mauvezin, 1992, p. 38.
5. Cf. GA 21, 74 ; *Etre et temps*, § 33, p. 155-6.

du « vrai », de l'*alethes*, loin de provenir du jugement, est l'être-présent à découvert en tant que désocculté. Déjà se fait jour ici l'idée selon laquelle la conception de la vérité comme adéquation, laquelle est moins fausse que dérivée, *présuppose* une vérité entendue plus originairement comme dévoilement, présence à découvert, *Unverborgenheit*. Si je dis que « la mer est bleue », la vérité de cette proposition reliant un prédicat (« bleu ») à un sujet (« la mer ») par l'intermédiaire de la copule (« est ») consiste bien dans l'adéquation du jugement ainsi énoncé à l'objet sur lequel il porte visé quant à sa couleur, à savoir selon la catégorie de la qualité (*poion*, le « comment »), mais cette adéquation présuppose à son tour l'être-présent à découvert de ce à quoi le jugement tente de se conformer ou avec quoi il « convient » en y « correspondant », la désoccultation ou le dévoilement de la mer, telle qu'elle apparut par exemple aux soldats de Xénophon. Bref, il faut bien qu'*apparaisse* ce sur quoi mon jugement tente de se régler, cette apparition étant elle-même interprétée comme sortie hors d'une réserve, d'un retrait, comme *a-letheia*, *Un-verborgenheit*. Le vrai est d'abord le manifeste, le *patent*, compris comme ce qui a miraculeusement échappé à l'état *latent*, comme rescapé de la latence dont toutes choses proviennent et à laquelle elles finissent par retourner. Est « vrai », en ce sens originaire, ce qui ne m'*échappe* pas. Heidegger n'est sans doute pas le premier à rendre le grec *aletheia* par *Unverborgenheit*, présence à découvert, Nicolai Hartmann ayant déjà adopté cette traduction en 1909[1], sans pour autant y déceler ce trésor insoupçonné qui, selon Heidegger, depuis les Grecs eux-mêmes attendait d'être tout bonnement relevé. Le terme même d'*aletheia* n'est pas toutefois le sésame qu'une lecture superficielle de Heidegger pourrait se flatter d'avoir repéré : le § 44 d'*Etre et temps* met en garde contre toute « mystique du mot », à propos précisément de l'*aletheia*, et un cours ultérieur de Heidegger ira jusqu'à dire, à propos encore de l'*aletheia* qui apparaît en toutes lettres dans l'Evangile de saint Jean (14, 6, dans les paroles du Christ : « Je suis la voie, la vérité et la vie »), « qu'il n'y a plus ici de grecque que la terminologie[2] ».

Retenons donc pour l'instant, de ces premières analyses, *l'inadéquation de la conception courante de la vérité comme adéquation à l'essence de la vérité en sa teneur originale*. Si la vérité est irréductible à un « problème logique », si elle n'est pas foncièrement tributaire de la sphère logique du jugement, c'est qu'elle s'adresse à l'être humain tout entier, pour l'interpeller, et sans doute plus souvent pour le déranger que l'arranger[3]. L'appartenance de la vérité à l'existence humaine, comme dimension constitutive de cette dernière, semble être l'une des leçons retenues par Heidegger de sa lecture de saint Augustin.

La *veritas redarguens*

Dans le livre X des *Confessions* (XXIII, 34), saint Augustin remarque que « l'on aime tellement la vérité, que tous ceux qui aiment autre chose qu'elle,

---

1. *Platos Logik des Seins*, Berlin, rééd. 1965, p. 180-181 ; indication donnée par J.-L. Chrétien : *L'inoubliable et l'inespéré*, DDB, Paris, 1991, p. 15, n. 7.
2. GA 54, 68.
3. Cf. les remarques de Simone Weil sur « l'amour de la vérité », in *Premiers Ecrits philosophiques*, O.C., t. I, Paris, Gallimard, 1988, p. 397-8.

veulent que ce qu'ils aiment soit la vérité ». Saint Augustin distingue la *veritas lucens*, celle, fort plaisante, qui brille en nous montrant sa lumière, et la *veritas redarguens*, celle, plutôt déplaisante, ou peu reluisante, qui nous met trop en lumière : les hommes « l'aiment quand elle se découvre à eux ; et ils la haïssent quand elle les découvre eux-mêmes[1] ». Ces analyses vont se retrouver reprises et répercutées par Heidegger, dans les cours de Fribourg des années 1919 à 1921 édités comme tome 60 de l'Edition intégrale sous le titre *Phénoménologie de la vie religieuse*, cours contemporains de la rupture de Heidegger, en 1919, avec « le système du catholicisme » (rupture à laquelle l'historien Hugo Ott accorde sans doute une importance excessive). Sans entrer ici dans ces analyses de la « vie chrétienne » comme « accomplissement » plutôt qu'inféodation à des dogmes (dont la genèse elle-même n'est susceptible d'être comprise qu'à partir de « l'accomplissement de l'expérience chrétienne de la vie[2] »), centrées sur l'idée selon laquelle le rapport à Dieu se constitue au sein du rapport à soi dans une immanence et une temporalité assumées *en propre* et *jusqu'au bout*, contentons nous d'y relever, avec l'amorce de l'opposition entre le « propre » et l'« impropre », ou l'authenticité et l'inauthenticité, l'annonce d'une vérité qui ne se conçoit plus seulement comme *norme* mais comme *exigence*.

La vérité n'est pas seulement affaire de rectitude du jugement, elle est la dimension au sein de laquelle se déploie toute existence humaine, non pas certes en y étant d'emblée à demeure ou en en étant à jamais exclue, mais selon le rythme de ses élans et de ses rechutes. La question du mensonge à soi-même prend ici un relief saisissant, chez un penseur dont on a coutume d'incriminer un peu rapidement le manque de souci éthique : Heidegger aurait peut-être souscrit au propos de Hamann selon lequel « le mensonge est la langue maternelle de notre raison et de notre esprit[3] ». Le grand cours de Heidegger sur le *Sophiste* de Platon (1924-25) analysera la tendance propre au *Dasein* à l'auto-dissimulation[4], et dans une lettre à Elisabeth Blochmann, Heidegger déclarera que « la vérité de notre *Dasein* n'est pas chose simple », tant la « sincérité avec soi-même » comporte de multiples facettes en sa profondeur propre[5]. Un grand cours sur Leibniz, enfin, qui articule d'ailleurs expressément « la question de l'éthique » et « la métaphysique de l'existence[6] », fait de « la loyauté envers soi-même » du philosophant « l'unique "pierre de touche de la vérité philosophique[7]" ». Le § 29 d'*Etre et temps*, qui commence par thématiser le « fardeau » que le *Dasein* est à lui-même (ce que les *Confessions* analysaient sous le nom de *molestia*), se référera à partir de Pascal, et dans une grande proximité avec Max Scheler, à la phrase du *Contra Faustum* (l. 32, chap. 18) de saint Augustin : *non intratur in veritatem, nisi per charitatem*, « on n'entre dans la

---

1. Trad. Arnaud d'Andilly, Folio, p. 367-8.
2. GA 60, 112.
3. Lettre à Kant du 27 juillet 1759.
4. GA 19, p. 51-53 : *Verdeckungstendenz seiner selbst*.
5. Lettre du 12 sept. 1929, in *Correspondance avec Elisabeth Blochmann*, trad. P.David, Gallimard, Paris, 1996, p. 240.
6. GA 26, 199.
7. GA 26, 22.

vérité que par la charité ». Comment intégrer à un horizon aristotélicien qui, rappelons-le, s'est découvert très tôt à Heidegger comme l'horizon même de la philosophie, une dimension existentielle dont la force éruptive[1] se manifeste aussi instamment chez un Augustin, un Luther, un Kierkegaard ? La vérité est-elle *neutre*, comme stricte conformité à un énoncé rigoureux, ou toujours *mienne* ? Le point de départ aristotélicien est à vrai dire double, en tant qu'éthico-logique. Mais c'est à ces questions que va répondre à certains égards le projet du livre de 1927 en instituant une *logique existentiale* à même de leur fournir une armature, logique existentiale qui s'est elle-même élaborée, en une sorte de chiasme, dans l'entrecroisement d'une attention à la source vivante du questionnement aristotélicien comme « métaphysique de l'existence », et à la logique qui sous-tend la confession augustinienne.

La vérité comme existential

Par « logique existentiale », il faut entendre une logique articulant l'existence comme dimension spécifique de l'être humain, à savoir qu'elle ne se structure pas à la manière des choses et des « propriétés » qui leur reviennent, comme ce qui relève de la logique catégoriale (qui porte aussi bien sur une maison que sur Callias que je vois venir), mais sur des existentiaux, ou structures spécifiques de l'existence humaine, propres à cet être que nous sommes, qui a à être celui qu'il est, que Heidegger appelle *Dasein*. L'existentialité désigne l'ensemble des structures ontologiques de l'existence, qui d'elles-mêmes se comprennent sinon, hors de toute préoccupation ontologique, à un niveau seulement existentiel. La logique existentiale n'est pas existentielle parce qu'elle est une *logique* (onto-logique), et elle diffère de la logique traditionnelle, ou catégoriale, en tant que logique *existentiale*.

De cette analyse il va ressortir que *la vérité n'est pas la « propriété » du vrai, mais la dimension au sein de laquelle l'être humain accède à l'étant.*

Le § 44 de *Sein und Zeit* témoigne de manière éclatante de l'inscription de la question de la vérité au sein d'une logique existentiale. Il se subdivise en trois sections, privilège qu'il ne partage qu'avec les §§ 7, 43, 68 et 69 de l'ouvrage, qui ont en commun de devoir endiguer une matière qui afflue trop généreusement : a/ Le concept traditionnel de vérité et ses soubassements ontologiques, b/ Le phénomène original de la vérité et le caractère dérivé du concept traditionnel de vérité, c/ Le genre d'être de la vérité et la présupposition de vérité. Notons également que ce § 44, traité canonique de la question de la vérité dans l'ouvrage de 1927, clôt le chapitre 6 et dernier de la Première Section, intitulé « Le souci comme être du *Dasein* ».

Heidegger commence par ramasser en trois thèses la conception traditionnelle de l'essence de la vérité : 1/ le « lieu » de la vérité est l'énoncé (le jugement), 2/ l'essence de la vérité réside dans l'« accord » du jugement avec son objet, 3/ Aristote, père de la logique, a assigné à la vérité le jugement comme son lieu d'origine, tout comme il a mis en train la définition de la vérité comme « accord ». L'examen de ces trois thèses va

---

1. GA 58, 205.

amener Heidegger à contester la « localisation » ou situation de la vérité dans le jugement, la détermination de son essence comme adéquation, et enfin la paternité aristotélicienne des deux premières thèses (p. 226 : « Aristote n'a jamais défendu la thèse selon laquelle le « lieu » original de la vérité serait le jugement »). Autant dire que, des trois thèses en lesquelles consiste la conception traditionnelle de la vérité, aucune n'est véritablement pertinente, deux contre-vérités venant encadrer une thèse dérivée : trois « thèses » dont un cours de 1925-26 avait dit qu'elles sont autant de « préjugés[1] ». C'est donc la définition traditionnelle de la vérité comme *adæquatio intellectus et rei*, « correspondance » ou « convenance » entre la connaissance et son objet, dont le § 44 esquisse une brève généalogie (Isaac Israeli, Avicenne, Thomas d'Aquin), qui se trouve ici non pas invalidée ou réfutée comme fausse, mais déclarée insuffisante car dérivée. Cette dérive propre à la conception traditionnelle (par là même au fond *trop peu* traditionnelle, n'étant pas puisée à la source de la tradition dont elle se réclame) de la vérité comme adéquation est cécité à l'égard de sa propre source, à savoir l'*aletheia*, dont l'expression privative (*a-letheia*) indique le caractère prométhéen de *Raub*, de *rapt*, de ce qui a été dérobé à l'occulation : « La vérité (l'être-dévoilé) doit toujours commencer par être extorquée à l'étant. L'étant est ravi au retrait. L'être-dévoilé, chaque fois qu'il a factivement lieu, est toujours, pour ainsi dire, un *rapt*[2]. » De cette violence par définition surprenante propre à la vérité lorsqu'un voile se déchire, quelque chose subsiste dans l'exclamation familière « c'est pas vrai ! » que nous arrache parfois la brutale confrontation avec ce qui n'est que trop vrai.

Retenons ici deux points essentiels :

1/ *Aletheia* ne veut pas dire « vérité », mais renvoie à un domaine plus riche, constitue une base plus large, encore que largement impensée, à partir de laquelle seulement a pu se concevoir, mais dans une optique singulièrement rétrécie, quelque chose de tel que la « vérité ». Heidegger problématisera ultérieurement la traduction du grec en latin (en l'occurrence de l'*aletheia* à la *veritas*) comme perte d'un *sol* (*Bodenlosigkeit*), ce qui fait que se dérobe à la pensée occidentale le sol même sur lequel elle repose[3]. Ce n'est pas telle ou telle conception de la vérité qui se trouve ici mise en question, mais bien le concept même de vérité, tel qu'il résulte d'une expérience que la traduction a comme court-circuitée. Le concept de vérité trouve donc son fondement *ailleurs* que dans le domaine qu'il permet de circonscrire — la vérité vient de beaucoup plus loin qu'elle-même.

2/ L'être-dans-la-vérité n'est pas le rythme de croisière du *Dasein*. Dans le terme grec d'*aletheia*, Heidegger repère un « document pré-ontologique » du *Dasein* lui-même, dans une sorte de prédisposition de la langue grecque à l'analytique existentiale ou de prédisposition du *Dasein* à « helléniser ». L'être-dans-la-vérité constitue une sorte d'état d'exception, tandis que « l'être-dans-la-non-vérité constitue une détermination essentielle de l'être-au-monde ». Il n'y a de vérité que *décrochée* d'une routine, d'une « quotidienneté » qui consiste à se tenir dans la non-vérité.

---

1. GA 21, 132.
2. GA 2, 294, *Etre et temps*, trad. F.Vezin, Gallimard, Paris, 1986, p. 273.
3. GA 5, 8.

La vérité n'est donc pas là à attendre que nous la « trouvions » ou la thésaurisions de manière cumulative, comme si chaque génération, juchée sur les épaules de la précédente, en réduisait la part d'ombre, elle ne peut être conquise chaque fois que de haute lutte, arrachée aux ténèbres, obtenue, mais jamais détenue, par une sorte de larcin. Le mythe grec semble constituer ici l'arrière-plan sauvage que suppose la vérité apprivoisée, lorsque se reforment en bouche de vérité ses « bords déchiquetés[1] ». Toujours est-il que le vocabulaire de Heidegger est marqué ici par la violence de l'extorsion, de l'arrachement et de la conquête (*abringen, entreißen, gewinnen*), comme dans l'expulsion hors de la caverne[2], car il y va de la douloureuse naissance du *Dasein* à lui-même : entendue au sens le plus original, la vérité appartient à la constitution fondamentale du *Dasein*, impliqué dans cet existential que désigne le terme même de vérité. Heidegger peut dès lors écrire en italiques (p. 226) « *qu'"il n'y a" de vérité que pour autant et aussi longtemps que* Dasein *il y a* ». Les lois de Newton n'étaient pas « vraies » avant d'avoir été découvertes, et elles n'étaient pas fausses. Il n'y a pas de « vérités éternelles », Heidegger voyant dans cette thèse, telle qu'on la trouve notamment chez Descartes, l'un « des résidus de théologie chrétienne qui se sont immiscés dans la problématique philosophique et qui sont encore loin d'en avoir été radicalement évacués ». Il n'y a de vérité que pour autant qu'il est réservé au *Dasein* d'« y être » ou de « ne pas y être ». « Ce n'est pas nous qui présupposons la « vérité », c'est *elle* au contraire qui rend ontologiquement possible, tout bonnement, qu'il nous soit loisible d'être tels que nous « présupposions » quoi que ce soit. La vérité, et elle seule, *rend possible* quelque chose de tel que la présupposition. »

L'essence de la vérité

La logique existentiale élaborée par le traité de 1927 a donc permis d'établir que la vérité est « un genre d'être du *Dasein* », une apérité de l'étant qui n'est accessible comme telle qu'à un *Dasein* constitutivement ouvert. Mais à partir de 1930, le traitement réservé à la question de la vérité va prendre chez Heidegger les modestes proportions d'une conférence dont le texte sera plusieurs fois remanié jusqu'à son impression en 1943, dont on a pu dire pourtant qu'elle constitue, sur une vingtaine de pages, « le filigrane de toute l'œuvre ultérieure de Heidegger[3] ».

Dans le terme allemand *Wahrheit* (« vérité »), Heidegger entend la désinence -*heit* comme faisant briller ce que dit le radical, à savoir, comme l'y invite d'ailleurs l'étymologie, à partir de l'adjectif *heiter* qui, à l'origine, ne s'appliquait qu'au ciel, diurne ou nocturne, quand il est sans nuages, tout comme le latin *serenus*, et qui caractérise chez Gœthe la prédominance de la lumière sur la grisaille[4]. Ainsi entendue, comme *Wahr-heit*, la vérité cesse

---

1. Cf. H. Melville : « La vérité exprimée sans compromis a toujours des bords déchiquetés ».
2. Cf. le texte fondamental « La doctrine de Platon sur la vérité », trad. A.Préau, in *Questions II*, Gallimard, Paris, p. 121-163, où Heidegger interprète l'allégorie de la caverne, dans le livre VII de la *République* de Platon, comme une progression allant du voilé au maximalement dévoilé (*to alethestaton*), en même temps que passage de l'*aletheia* sous le « joug » de l'*idea*.
3. J. Beaufret, *Dialogue avec Heidegger*, t. IV, Les Editions de Minuit, Paris, 1985, p. 93.
4. Cf. E.-R. Curtius, *Essais sur la littérature européenne*, trad. C. David, Paris, Grasset, p. 34-5.

d'être simplement la qualité de ce qui est vrai, « ce qui constitue le vrai comme vrai[1] », pour se transfigurer en splendeur ou éclat du vrai. Ce n'en est pas moins, toutefois, en creusant l'idée même d'accord ou d'adéquation (*Uebereinstimmung*) en direction de ce que celle-ci présuppose, que Heidegger parvient à dégager l'essence de la vérité comme *liberté*, dont l'essence consiste à son tour à s'exposer à l'étant en tant qu'il a le caractère d'être dévoilé. « L'ek-sistence (*Ek-sistenz*) enracinée dans la vérité comme liberté est l'exposition au caractère dévoilé de l'étant comme tel[2]. » En tant que foncièrement libre, l'être humain est toujours déjà dans l'errance, qui n'est pas « comme une tranchée où il lui arriverait à l'occasion de tomber. Tout au contraire, l'errance appartient à la constitution intime du *Dasein* en lequel l'être humain se trouve engagé à la mesure d'une histoire[3]. »

La question de *l'essence de la vérité* trouve son ultime métamorphose dans la question de *la vérité de l'essence*, en même temps que sa réponse, c'est-à-dire ce qui, selon Heidegger, loin de mettre un terme au questionnement, en constitue bien plutôt le point culminant : *das Wesen der Wahrheit ist die Wahrheit des Wesens*[4], mais à ceci près que le terme *Wesen* ne répond plus au latin *essentia*, mais demande à être entendu verbalement comme ce qui se déploie à partir de soi-même, non pas *ce qu'est* une chose, au sens de la *quidditas* ou de la *realitas*, mais la pure irradiation que sa présence a pour foyer, son « aître » (G. Guest). La *Wahrheit des Wesens* ne peut plus dès lors être comprise — métaphysiquement — comme « vérité de l'essence », comme s'il s'agissait d'opérer un renversement dialectique entre l'essence de la vérité et la vérité de l'essence, mais demande bien plutôt à être entendue comme cette trouée de lumière ou cette « clairière » (*Lichtung*) d'où fuse l'être qui brille par son absence en tout étant, cette « éclaircie » qui ne renvoie pas à la tradition métaphysique de la lumière, mais au registre de ce qui désamarre et fait « décoller » de l'étant[5]. La différence ontologique serait ainsi l'ultime présupposé de la conception de la vérité comme adéquation, en même temps que sa condition de possibilité. L'essence de la vérité ne peut advenir que dans la mesure où il est réservé d'*évenir* (selon le mot de Péguy) à ce que nous comprenons tout d'abord métaphysiquement comme la vérité de l'essence. La question de la vérité culmine ainsi, au gré de ses diverses métamorphoses, dans la pensée de l'*Ereignis*, selon le terme qui va constituer à partir de 1936 le *Leitwort* de la pensée de Heidegger[6]. La vérité nous regarde. Mais ce qui nous regarde n'est pas nécessairement ce que nous regardons. Il n'est même pas rare que nous manquions d'égards envers ce qui nous regarde en propre. Ce n'est pas là un accident de parcours ni

---

1. *De l'essence de la vérité*, trad. A. de Wælhens et W. Biemel, in *Questions I*, Paris, Gallimard, 1968, p. 163.
2. *Ibid.*, p. 177.
3. *Ibid.*, p. 186 (traduction modifiée).
4. GA 9, 201. Basée sur le texte paru en 1943 chez Klostermann (Francfort), la traduction française que nous avons citée ne comprend pas la « remarque » conclusive ajoutée dans la deuxième édition de 1949, telle qu'on la trouve dans le tome 9 de la *Gesamtausgabe*, p. 201-2.
5. Cf. *Etre et temps*, § 28, p. 133 (= GA 2, 177) ; GA 15, 262 ; *L'Affaire de la pensée*, trad. A. Schild, Ed. T.E.R., Mauvezin, 1990, p. 27. La *Lichtung* n'a rien à voir avec la lumière (*Licht*), elle se situe plutôt à la charnière de la lumière et de l'obscurité, comme condition de possibilité de l'une et de l'autre.
6. GA 9, 316.

une regrettable défaillance, mais une structure, et c'est à cette structure que la pensée de Heidegger réserve le nom d'*Ereignis* : ce qui nous regarde n'est jamais réductible à ce que nous regardons, mais inversement, nous ne pourrions rien regarder si quelque chose ne nous regardait que nous ne regardons pas, ou alors rarement et fugitivement. La vérité devient dès lors pour ainsi dire une initative de l'être lui-même, au sein de la perspective de l'histoire de l'être en laquelle s'est muée l'ontologie fondamentale, où la logique elle-même se voit approfondie en *sigétique*. C'est dans les *Beiträge zur Philosophie* (*Compléments à la philosophie*) de 1936-38 que va se déployer la pensée de l'*Ereignis*, Heidegger pensant sous ce terme la coappartenance ou corrélation entre la vérité de l'être dans sa relation à l'essence de la pensée et le rapport essentiel de la pensée à la vérité ou à la « clairière » de l'être[1]. Si l'essence de la vérité ne se déploie qu'à la faveur de la « vérité de l'essence », si la « vérité de l'essence » est en ce sens plus haute que l'essence de la vérité, plus haute encore est la corrélation entre l'une et l'autre.

Il n'est pas jusqu'à l'interprétation de l'art qui ne s'inscrive dans ce nouvel horizon, et jusqu'à l'interprétation de l'œuvre d'art comme mise en œuvre de la vérité qui ne se situe sur la lancée de la mutation interne de l'être de la vérité comme vérité de l'être. Cette nouvelle perspective, thématisée par les *Beiträge* (dont il faut rappeler qu'ils ne furent édités qu'en 1989, à l'occasion du centenaire de la naissance du philosophe), commandera tous les écrits ultérieurs de Heidegger, et la conférence *Vom Wesen der Wahrheit* annonce déjà à sa façon le virage qui va s'accomplir de l'ontologie fondamentale à l'histoire de l'être. Sans pouvoir faire droit, dans le cadre limité de ce propos, aux cours, assez nombreux, consacrés à la question de la vérité (nous les indiquons ci-après dans une bibliographie), selon un angle d'attaque chaque fois différent, nous nous contenterons, pour terminer, de prélever dans cette riche moisson le cours du semestre d'hiver 1942/43, intitulé *Parménide*, dont la démarche inattendue consiste, en partant de la « déesse Vérité » nommée par Parménide (et à laquelle se référait déjà, du reste, le § 44 d'*Etre et temps*), à prendre le *faux* pour fil directeur dans la détermination de la vérité.

Vérité et infaillibilité

Si le vrai se détermine comme le contraire du faux, le faux n'est pas pour autant une fausse piste pour tenter de déterminer la nature du vrai. La manière qu'a le faux de n'être pas vrai va au contraire permettre de comprendre la manière qu'a le vrai de n'être pas faux. Qu'est-ce que la fausseté du faux est à même de nous apprendre sur la vérité du vrai ? Qu'est-ce que le faux en vérité ? Le terme même, qui vient du latin *falsum*, et qui a donné *falsch* en allemand, c'est-à-dire, disait Grimm, « un mot qui n'a foncièrement rien d'allemand » (*ein undeutsches Wort*), dérive de *fallere*, « faire tomber ». Le faux se comprend à partir de l'idée de « faux pas ». C'est ce qui se laisse ébranler, vacille, et par là même s'avère n'être pas inexpugnable, le latin *falsum* faisant signe vers une tout autre région de sens que le grec *pseudos*. D'où une certaine conception de la vérité qui sous-tend

---

1. F.-W. von Herrmann, *op.cit.*, p. 383-4.

cette conception du faux — à savoir comme infaillibilité. Le vrai (*verum*) est le non-faux, non l'inverse, autrement dit il se laisse étrangement déterminer, *à partir du faux* ainsi conçu, comme inébranlable, inexpugnable, infaillible. Il y a là une conception *impériale* de la vérité, rattachée par Heidegger à l'essence même de la romanité, et qui se retrouvera dans le dogme romain de l'infaillibilité pontificale. Heidegger traduit le fameux *veni, vidi, vici* de César par « je suis venu, j'ai *supervisé* et j'ai vaincu[1] ». En évoquant, comme un héritage de l'Empire romain, l'Inquisition espagnole dans sa lutte contre la « fausseté » des hérétiques et des infidèles[2], Heidegger fait sans doute plus que suggérer, en ces années-là, que ce qu'il dit de l'*imperium romanum* pourrait bien s'appliquer, *mutatis mutandis*, à ce *tertium imperium* qui s'appelle le Troisième Reich[3]. Comme l'avait noté Simone Weil à la même époque : « Il faut avouer que le mécanisme d'oppression spirituelle et mentale propre aux partis a été introduit dans l'histoire par l'Eglise catholique dans sa lutte contre l'hérésie[4]. » Les *Beiträge* avaient déjà rapproché « propagande » et « apologétique » en soulignant, malgré leur incompatibilité, « l'essence commune » de « la foi politique totale » et de « la foi chrétienne totale[5] ». Il faudra bien un jour prendre la mesure de cette généalogie critique du totalitarisme élaborée par Heidegger, notamment dans les *Beiträge* et le *Parmenides* ainsi que, dans ses cours sur Nietzsche, en rapport avec la question du nihilisme (« Rien n'est vrai... »), comme crispation sur une conception bloquée de la vérité qui n'est plus interrogée quant à sa provenance. Ces analyses montrent l'ampleur des répercussions, sur les faits et gestes de l'homme, de l'idée qu'ils se font de la vérité lorsque, comme on dit éloquemment, ils n'en veulent pas *démordre*.

L'arrière-plan romain et impérial, dans la conception de la vérité comme infaillibilité, ne mène certes pas nécessairement au crime ! Mais, sous divers visages, il continue, le plus souvent à notre insu, à régir notre conception de la vérité, dès lors que s'est accompli, au début des Temps modernes et *comme* leur début, le virage de la vérité en *certitude*, dans lequel Heidegger voit une sorte de téléscopage entre philosophie et christianisme. Toute la *Première Méditation* de Descartes peut se lire, dans sa recherche d'une certitude *inébranlable et indubitable*, comme un document privilégié du recouvrement de l'expérience grecque de l'*aletheia* par l'impérieux besoin romano-chrétien de certitude (*certitudo salutis, Heilsgewissheit*), en sorte que Descartes reprendrait à son insu « tout l'héritage de la foi chrétienne, jusqu'à le radicaliser dans son interprétation de la vérité comme certitude, interprétation qui le place dans un tout autre monde que celui des philosophes grecs[6] ». Heidegger distingue l'essence de la foi au sens catholique, comme « adhésion » ou « tenir-pour-vrai », de la foi au sens

---

1. GA 54, 60.
2. GA 54, 68.
3. Cf. GA 51, 17 [*Concepts fondamentaux*, trad. P. David, Gallimard, Paris, 1981, p. 32], qui évoque (en 1941) « des dominations du monde sciemment planifiées pour des millénaires ».
4. *Ecrits de Londres*, Gallimard, Paris, 1957, p. 141.
5. GA 65, 41.
6. J. Beaufret, *Entretiens avec F. de Towarnicki*, PUF, Paris, 1984, p. 81.

protestant comme « confiance », *fiducia*, *Zuversicht*[1]. L'histoire (en creux) du concept de vérité comporterait ainsi trois étapes majeures :
1- aletheia
2- *veritas*
3- certitude

Au terme de ce parcours, n'est vrai que ce qui est sûr et certain, ou encore fiable. Cette interprétation de la vérité comme certitude va amener Descartes à la promotion des mathématiques (« Je me plaisais surtout aux mathématiques à cause de la certitude et de l'évidence de leurs raisons »), dont le rôle chez Platon n'était pas prototypique mais propédeutique, en donnant sa configuration spécifique à ce qui vaut aujourd'hui comme « vérité scientifique ». A terme, le « scientifiquement prouvé » va finir par devenir en quelque sorte le label de la vérité — fût-ce au prix de la réduction fort peu cartésienne du vrai au vérifiable. Heidegger ne nie pas que les sciences modernes soient porteuses de vérité (le § 44 d'*Etre et temps* renvoie, nous l'avons vu, à Newton), mais à la mesure d'une interprétation elle-même restrictive de la vérité. Les sciences modernes correspondent à une époque de la métaphysique, et par là à la manière dont l'essence de la vérité se destine ou se dispense à cette époque. Elles ne se rapportent pas aux figures antérieures du savoir par une simple différence de degré dans l'optique d'un progrès : « la science moderne n'est pas plus vraie que le savoir antique », écrit en ce sens J. Beaufret, « elle est autrement vraie[2] ». S'il y a vrai et vrai, ce n'est pas toutefois au sens d'une simple juxtaposition de vérités qui seraient en quelque sorte toutes bonnes à prendre, ni d'un éclectisme qui chercherait chaque fois une part de vérité à glaner, mais au fil d'une histoire secrète dont la part d'ombre va s'épaississant à mesure que nous tenons le progrès des sciences pour susceptible de la dissiper.

Non que les Grecs auraient *thématisé* comme telle la dimension de l'*aletheia* qu'ils ont *éprouvée* de manière proprement éblouissante. Mais si « l'épisode essentiel de l'histoire qui commence avec l'*aletheia* des Grecs n'est pas tant sa fixation dans le latin *veritas* que, à l'origine du monde moderne, la mutation cartésienne de la *vérité* en *certitude*[3] », c'est, de façon très ample, le sens même du monde moderne qui en vient à faire question avec cette *mise en abyme* qu'est la mise en perspective de la vérité. Cette histoire, Heidegger ne nous invite au fond à la défaire que pour la mieux comprendre et la ressaisir en un « autre commencement », à la surmonter plutôt qu'à la dépasser, et, en restituant le fil invisible qui toujours relie les faits et gestes des hommes à l'idée qu'ils se font de la vérité ou à la manière dont elle se prodigue à eux, à mieux comprendre qui nous sommes — si toutefois nous sommes[4].

La conception de la vérité comme infaillibilité représente donc la plus extrême méconnaissance de la précarité de l'être-au-monde comme être-dans-la-non-vérité, et par là une contrefaçon de l'essence de la vérité. Sclérosée en infaillibilité, la vérité devient entièrement méconnaissable

---

1. GA 60, 310.
2. *Op. cit.*, p. 63.
3. J. Beaufret, *op. cit.*, p. 79.
4. GA 65, 51.

quant à ce qui constitue son essentielle fragilité et la liberté dans laquelle elle trouve son essence. La pensée de Heidegger a su répondre et correspondre, en préservant la vérité *en question*, à ce qui en est peut-être la plus haute vocation.

Bibliographie

A – Ecrits de Heidegger :

Interprétations phénoménologiques d'Aristote (éd. bilingue), trad. J.-F. Courtine, Mauvezin, Ed. T.E.R., 1992.
Etre et temps, § 44.
De l'essence de la vérité, trad. A. de Wælhens et W. Biemel, in : *Questions I* (p. 161-194), Paris, Ed. Gallimard, 1968.
La doctrine de Platon sur la vérité, trad. A. Préau, in : *Questions II* (p. 121-163), Paris, Ed. Gallimard, 1968.
L'origine de l'œuvre d'art, in : *Chemins qui ne mènent nulle part* (p. 13-98), trad. W. Brokmeier, Paris, Ed. Gallimard, 1962, réed. 1980.
Alètheia, in : *Essais et conférences* (p. 311-341), Paris, Ed. Gallimard, 1958.
Logik - Die Frage nach der Wahrheit (GA 21).
Vom Wesen der Wahrheit (GA 34).
Grundfragen der Philosophie - Ausgewählte « Probleme » der « Logik » (GA 45)
Parmenides (GA 54).
Beiträge zur Philosophie (Vom Ereignis) (GA 65).
Tous les volumes de la *Gesamtausgabe* (GA) sont édités chez Klostermann, à Francfort.

B– Etudes critiques :

J. BEAUFRET, « Martin Heidegger et le problème de la vérité », in : *De l'existentialisme à Heidegger* (p. 77-99).
– *Entretiens avec F. de Towarnicki*, IX (p. 79-86), Paris, Ed. P.U.F., 1984.
H. Helting, A-letheia etymologien vor Heidegger..., in : *Heidegger Studies*, vol. 13 (1997).
K. MALY, « From Truth to Alétheia to Opening and Rapture », in : *Heidegger Studies*, vol. 6 (1990), p. 27-42, Berlin, Ed. Duncker & Humblot.

La vérité en psychanalyse
Colette Soler

> [...] la vérité s'y avère complexe par essence, humble en ses offices et étrangère à la réalité, insoumise au choix du sexe, parente de la mort et, à tout prendre, plutôt inhumaine, Diane peut-être...
> Jacques Lacan, « La chose freudienne », *Ecrits*, Seuil, p. 436.

La question de la vérité est inaugurale dans la psychanalyse, le concept même d'inconscient l'indique déjà suffisamment, mais son statut et sa fonction y sont cependant assez problématiques pour avoir fait l'objet d'élaborations successives dans l'histoire de la psychanalyse, chez Freud d'abord, puis, plus explicitement, chez Lacan.

Pour prendre les choses au départ, il est aisé de constater qu'il n'est pas un seul de ses termes originaux inventés par Freud qui n'engage la référence à la vérité. C'est vrai à l'évidence de l'interprétation freudienne, comme de la technique de déchiffrage sur laquelle elle se fonde : la première prétend la dévoiler, tandis que la seconde la piste en ses détours sur les voies cryptées où elle se dissimule. Ça ne l'est pas moins des concepts forgés pour rendre compte de l'opérativité de cette pratique qui, aussi loin qu'elle est interprétative, est quête supposée de la vérité. L'inconscient réfère à cette vérité en tant que soustraite aux prises du sujet ; le refoulement la situe comme assez odieuse pour être bannie, mais son retour dans les dites formations de l'inconscient, — rêve, lapsus, acte manqué, et symptôme — la révèle toujours déjouant le bâillon, plus retorse en ses ruses que la raison hégélienne et se passant bien de toute conscience de soi ; la répétition l'affirme comme irréductible en son *automaton* ; la pulsion en livre les clés ; le transfert la suppose déposée dans l'Autre, dont l'interprétation est attendue ; le symptôme, enfin, en est l'étrange refuge.

Freud, médecin, cherchant la cause des symptômes que l'on disait nerveux, trouve à sa place rien moins que la vérité, une vérité... en souffrance.

Les implications du procédé

Question de génie sans doute, mais surtout question de méthode. Celle de Freud, dont on sait qu'il était instruit des bizarres performances de la suggestion hypnotique à la Charcot ou à la Bernheim, se prive de tout moyen, autre que celui du dire en ses deux modalités, interprétation et association libre, se limitant à n'opérer, comme Jacques Lacan l'a fait valoir, qu'avec la « fonction de la parole » dans le « champ du langage », hors desquels la notion de vérité n'a aucun sens. La vérité introduite par l'anomalie du symptôme concerne évidemment l'être même du sujet en tant qu'il lui échappe, se manifestant dans les contradictions et les incertitudes de son désir, les ratés de sa volonté, autant que dans les forçages de ses répétitions, mais la psychanalyse ne la traque que par les voies du dire.

Bien plus que l'inconscient, Freud a inventé un procédé nouveau. Il instaure un mode de dialogue et de relation inédits, dont « la cohérence impose des présupposés », selon l'expression de Lacan, et qui est solidaire des traits propres à la vérité qui s'y livre.

La règle analytique connue sous le terme d'association libre exige, de celui que nous appelons l'analysant, de tout dire : éviter toute censure volontaire, passer outre à toutes les réserves et omissions que pourraient inspirer la décence ou la discrétion, l'exigence d'intelligibilité ou de cohérence. Tout dire, c'est dire n'importe quoi, ce qui passe par la tête, bref, dire aussi bien des... bêtises, des signifiants sans queue ni tête. Soulignons le caractère paradoxal de cette voie freudienne vers la vérité, qui prescrit le suspens de « l'ordre des raisons » cartésiennes, selon l'expression de Martial Guéroult, aussi bien que de celui des convenances relationnelles. Encore n'aboutit-elle que dans le cadre du transfert, et pas sans l'interprétation.

On y cherche donc une vérité insue du sujet, mais paradoxalement, on attend quand même de lui qu'il la dise, sans le savoir, ou qu'au moins il la laisse entendre, pour qu'elle fasse « retour » dans sa parole. La question est donc de savoir quel est le statut de cette latence de la vérité, présente incognito, si je puis dire, dans les dits de l'association libre, mais aussi dans toutes les formations dites de l'inconscient, rêve, lapsus, acte manqué, et... symptôme.

Pour répondre à cette question, Freud, nouveau Champollion, opérant par voie d'un déchiffrage, a construit sa théorie du refoulement et du retour du refoulé : il y suppose que la vérité est insue parce que rejetée, et il est fondé à la dire « refoulée » dès lors que c'est par la levée méthodique des censures intentionnelles que l'on en retrouve le fil ; il y démontre que le « rébus » du rêve, l'énigme de l'acte manqué, la surprise du mot d'esprit, autant que le vrai message du sujet en analyse, procèdent par voie de « condensation » et « déplacement ». Jacques Lacan a reconnu dans ce chiffrage la structure langagière elle-même, qui seule, en effet, permet de franchir les limites de l'intention de signification, et de dire plus que ce que l'on croit dire, voire tout autre chose, car la vérité se laisse signifier par métaphore (condensation) et métonymie (déplacement), sans compter bien d'autre effets de rhétorique. Encore faut-il dire pourquoi elle se masque.

Pourquoi ce rejet de la vérité qui devrait intéresser au plus près un être ? Réponse freudienne : si elle en est réduite à se déguiser, c'est que la vérité n'est pas belle à voir. Plutôt déplaît-elle, entrant en conflit avec l'exigence de satisfaction. La chose est plus compliquée sans doute, car c'est à la réalité en tant qu'elle impose ses limitations et ses impératifs que le principe de plaisir se heurte, dans sa visée de la satisfaction inconditionnelle. De ce fait, au dernier terme, en rejetant le déplaisir, on rejette les faits de la réalité qui causent ce déplaisir, mais quoi qu'il en soit, le ressort du refoulement est imputé au principe de plaisir : de la vérité, le sujet s'en défend, et pour préserver ses aises, il n'en veut rien savoir.

Du coup, Freud fait de la vérité une valeur. Du début jusqu'au terme de son œuvre, et notamment jusqu'à *Analyse finie, analyse infinie,* il ne cesse de qualifier éthiquement la quête de la vérité et de la mettre au compte d'un courage spécifique, qui accepte de sacrifier, si je puis dire, au déplaisir. Cet héroïsme de la vérité, rejoint, on le voit, un thème bien commun de la philosophie, au moins depuis le platonisme, celui d'une vérité à conquérir au prix de ses plaisirs — gloriole du philosophe, dont Freud a cru pouvoir prendre le relais.

La différence d'avec le philosophe, c'est que dans le dispositif freudien, la vérité est toujours référée au sexe et à la pulsion — disons, plus généralement, à la jouissance, puisque tel est le terme que l'enseignement de Jacques Lacan a consacré. Parente de l'épistémé, elle n'en est pas moins une vérité qui concerne le monde sensible, et qui, en outre, elle-même se souffre — pathologique au sens de Kant, donc. Pour le psychanalyste, cette vérité se pâtit dans le traumatisme de la rencontre autant que dans les répétitions du symptôme, dénonçant latéralement, par sa seule existence, la neutralité supposée de toute épistémé.

Ecrite dans le symptôme en lettres de souffrance, voilà la vérité en tout cas déchue de toute transcendance, subvertissant l'évidence et défiant toute universalisation : à la fois pâtie, occultée et toujours singulière, elle recouvre les évidences de l'entendement par celles de la douleur, et rabat les prétentions à l'universel sur les singularités d'une subjectivité, car il n'y a que des vérités particulières, à répondre du symptôme, celles-là mêmes que la science forclôt pour s'élever à l'universel. La psychanalyse n'en prétend pas moins se rattacher à l'ambition scientifique, et c'est à juste titre, dès lors que la vérité, si humble et singulière soit-elle, s'inscrit dans une structure d'articulation, où l'indicible lui-même trouve sa place.

Le dire de la vérité

Quels traits la vérité reçoit-elle de la structure de langage qui conditionne toutes ses manifestations ? Dans le texte intitulé « La chose freudiennne », Jacques Lacan a osé faire parler la vérité. Elle dit : « Moi, la vérité, je parle ». Où il faut entendre : je parle par tous les dits du sujet, mais aussi dans toutes les « formations » de son inconscient. Telle est, en effet, l'hypothèse la plus simple : si l'interprétation résout le symptôme en lui restituant son message par voie de déchiffrage, c'est que la vérité y parlait. A plus forte raison parlera-t-elle par la bouche du sujet invité à se dire. « Moi, la vérité je parle » ne dit pas ce qu'elle dit, ni de quoi elle parle, et pas non plus si ce qu'elle dit est vrai. Pas moyen ici de ne pas interroger l'essence du vrai. C'est bien pourquoi la psychanalyse ne peut ignorer les investigations philosophiques et logiques sur le vrai, de Platon et Aristote jusqu'aux élaborations et débats de la logique contemporaine. Peut-être même peut-elle prétendre y mettre son grain de sel pour faire valoir ce qui s'impose de son expérience.

« Moi la vérité je parle », nous place d'emblée hors de la problématique de l'exactitude, puique tel est le terme simple avec lequel Lacan désigne, au fond, les théories référentielles de la vérité, toutes celles pour qui le vrai se définit par *l'adæquatio rei et intellectus*, soit, en d'autres termes, par la correspondance de la proposition et du fait qui lui sert de référence dans le monde, de quelque nature qu'il soit. Une vérité qui parle n'est pas moins en rupture avec les logicismes et tout ce qui, voulant asseoir la vérité sur les certitudes de la démonstration, l'éradique en fait, la réduisant à n'être qu'interne à la proposition et à se confondre avec l'énoncé bien formé selon les règles de cohérence du système qui permet de l'indexer du vrai ou du faux. Mais entre les deux termes de l'alternative « vrai ou faux » applicable à la proposition assertive, la vérité qui parle est convoquée en tiers, comme une dimension propre, opérant au principe même de l'acte d'énonciation, comme ce qui « veut » dire, au sens d'une volonté. Toujours performative donc, pour le dire dans les termes de J.L. Austin, quelque énoncé qu'elle produise. L'articulation langagière, que Lacan a représentée en réduction par une paire unique de signifiants, S1-S2, est son unique moyen, et aussi sa seule matérialisation, tandis que l'entendeur, le bon entendeur, est son partenaire, son Autre, bien plus que le monde qu'il s'agirait de refléter.

Avant que Lacan ne le formalise, Freud avait déjà perçu cet écart d'avec l'exactitude et que le dit de la vérité réfère à l'Autre. On connaît l'histoire juive du voyage à Cracovie, mentionnée dans *Le mot d'esprit et ses rapports avec l'inconscient* : « Tu dis que tu vas à Cracovie pour que je croie que tu vas à Lemberg, alors que tu vas à Cracovie ». Ici, l'exactitude ment, car elle trompe l'Autre, l'entendeur qui lui fait partenaire. — ce pourrait d'ailleurs être l'inverse, et qu'elle se dise en mensonge véridique. Est-ce dire la vérité, demande Freud, « que de présenter les chose telles qu'elles sont, sans se préoccuper de la façon dont l'auditeur entendra ce qu'on dit ? », montrant bien par cette seule remarque, qui inclut la dimension intersubjective, que sa notion de la vérité ne se réduit pas à une définition référentielle.

Je pourrais aussi évoquer le fameux argument du chaudron imputé à l'inconscient. Ce chaudron qui n'a pas été emprunté, qui était déjà percé au moment de l'emprunt et qui d'ailleurs était intact quand il fut rendu, ne prouve pas tant que l'inconscient ignore la contradiction, ce qui n'est pas le cas, mais plutôt témoigne-t-il des voies retorses de la vérité. Concrètement, pour peu que l'on demande si le sujet en analyse dit la vérité, on peut répondre aussi bien qu'il la dit toujours ou qu'il ne la dit jamais : jamais, parce que la question porte sur le désir et la jouissance et que le verbe est toujours inégal à en rejoindre les énigmes et les opacités ; toujours, car, l'un et l'autre plastiques, ils infiltrent tous ses propos. La vérité qui parle ment autant qu'elle dit vrai, mais dans le mensonge même, elle se manifeste... parlante. Pas d'*adæquatio* d'aucune proposition à la vérité, mais, en retour, toute proposition émise la convoque.

Encore faut-il qu'intervienne ici l'interprétation du bon entendeur qui profite de ce que le mensonge du signifiant trahisse la vérité, au double sens du terme : il lui fait défaut, certes, mais il la dévoile aussi bien. Pour le psychanalyste, le « je mens » n'est pas un paradoxe, car la sémantique de l'énoncé et le sens de l'énonciation diffèrent, se répartissant en deux plans distincts, où le mensonge de l'un n'exclut pas la vérité de l'autre. A celui qui ment, l'interprète peut toujours répondre : tu dis la vérité, à charge pour lui d'en faire apparaître ce qui pour être hors des prises du sujet n'en est pas moins là sous forme cryptée. Il y plus pourtant, un mensonge plus radical, qui tient à ceci qu'entre « ce » qui parle et ce qui est dit, l'hiatus est irréductible, la seule structure du langage étant là à incriminer.

La vérité, en tant qu'elle ment, est identique à ce que nous appelons le sujet. La proposition ne représente aucun autre fait que ce sujet qui lui est supposé : « le signifiant représente le sujet pour un autre signifiant ». A dire tout et n'importe quoi, ce sujet ne rejoint jamais son être. Que ses dits soient vrais ou faux, c'est ce dont on ne peut trancher, inconsistance donc, mais quoi qu'il en soit, ils ne le manifestent pas moins comme une présence latente dans la chaîne associative, *Da sein* d'un signifié irréductible qui, pour être indéterminé du fait de l'inconsistance de ses dits, n'en est pas moins insistant. Structuralement, il est identique à la récurrence du signifiant qui manque à la chaîne, valant comme moins-un dans l'ensemble des dits, dès lors qu'il ne peut qu'être représenté — d'ou l'écriture S barré, $, qu'on lui réserve. Cliniquement, il est assimilable au vide du désir, en tant que le désir, dans son ambiguïté, à la fois veut et ne veut pas, ne se maintenant que du rapport à un objet qui manque, et se spécifiant d'exclure la... possession à laquelle il prétend aspirer, d'un objet qui l'anéantirait.

« Moi, la vérité je parle » sont « mots intolérables », qui devraient être entendus et prononcés « dans l'horreur », dit Lacan. Pourquoi, si ce n'est que ce qui là parle, qu'on l'appelle la vérité, ou la chose, ou le sujet va à « l'être de langage », être toujours tronqué, faute d'aucun métalangage qui dirait « le vrai sur le vrai » ? *Urverdrängung*, refoulement originaire, disait Freud, castration épistémique si l'on veut, qui nécessite le champ infini des effets de rhétorique où la vérité se faufile, bavarde impénitente, menteuse et... toujours « mi-dite ». Impossible de dire toute la vérité, pour cause de structure signifiante : les mots y manquent, on n'en saisit donc jamais qu'un bout — c'est un réel, au sens d'une butée sur un impossible.

Ce qui ne ment pas

Le « sans foi » de la vérité miroitant en fausses prises n'est pas le dernier mot de la psychanalyse. C'est qu'avec tous ses mensonges, elle dit toujours la même chose. L'association libre ne porte, en effet, à conséquence dans la psychanalyse, que parce qu'elle est impossible : « impossible de dire n'importe quoi », dit Lacan, du moins au sens d'une pulvérulence aléatoire, et cet impossible signe le joint de la vérité avec le réel. De fait, les associations de l'analysant s'avèrent n'être pas si libres qu'il puisse espérer prendre la clé des champs. Ce trait est frappant dans l'expérience : le sujet invité à s'émanciper du carcan reçu de l'Autre, et qui peut-être s'attend à « changer de disque », comme on dit, rencontre une toute autre contrainte, une polarisation diabolique de ses propos qui, le ramenant toujours dans le même sillon, lui laisse bien peu de marge. Il constate alors que le furet insaisissable du désir dans son infinitude, tourne finalement dans un cercle fort limité, comme aspiré par une inertie sans remède. La vérité qui parle ment, je l'ai dit, mais elle ne cesse de se répéter, et l'inconsistance de ses énoncés trouve sa limite dans la fixité des signifiants primordiaux du sujet et dans la constance d'une énonciation qui insiste.

Il faut donc interroger le statut de la vérité dans la persistance du symptôme. Retour de refoulé selon Freud, le symptôme est retour de la vérité bannie. Quand il s'adresse au psychanalyste il s'impose d'abord comme souffrance, mais par la grâce de Freud, il s'avère être une bien curieuse incarnation du logos car, dès lors qu'il cède au déchiffrage, comment ne pas le postuler chiffré, langage donc, fait du même bois que la vérité. Inventant la psychanalyse, Freud aura démontré que le symptôme est son gîte de prédilection : proscrite par le refoulement, elle y triomphe dans l'évidence de la souffrance symptomatique où elle reste fixée, et comme en attente de déchifrage. Pour le dire en termes de langage, il faut donc bien l'y supposer... *écrite*, avant, qu'à trouver son déchiffreur, elle ne reprenne voix. La référence à la vérité écrite s'impose dans la psychanalyse, dès lors qu'il faut rendre compte de sa permanence muette dans le symptôme, avant que son message ne lui soit restitué.

Il suffit du symptôme pour indiquer que la vérité refoulée ne reste pas lettre morte, qu'industrieuse, elle le fomente : le symptôme « a la vérité pour cause », dit Lacan dans son texte « La science et la vérité ». De cette cause, la psychanalyse en accentue d'abord l'aspect « de cause matérielle ». C'est le terme d'Aristote, mais à condition de reconnaître ici comme matière le signifiant lui-même, en tant que séparé de sa signification — autre façon d'évoquer l'écrit. Freud parlait, au demeurant, de matériel, Lacan dit, quelque part, « motériel », pour désigner ce qui s'en dépose dans la cure. La communication analytique en dépend, car sans l'articulation de cette matière, l'interprétation ne serait qu'abus d'entendeur canaille.

Le corps fait parfois table de jeu pour localiser la permanence de cette vérité matérialisée. Telle la pierre recevant les hiéroglyphes, muets d'être illisibles, le corps, son anatomie et ses fonctions, se prêtent à inscrire sur la chair ses signes discrets. Ils ne sont pas nécessairement d'essence verbale : les mots marquent le corps sans doute, mais aussi les images, les représentations qui ne sont pas moins des signifiants dès lors qu'elles en ont la structure d'opposition différentielle, laquelle ne s'applique pas aux seuls éléments du dictionnaire. Autre façon de le dire : je parle avec mon corps, ou bien, si on appelle savoir un ensemble coordonné de signifiants, aussi réduit soit-il, on peut dire que dans le symptôme, la vérité s'écrit... comme un savoir. Savoir et vérité, ça fait deux, sans doute, mais dans la psychanalyse on fait répondre la vérité comme un savoir.

De cette articulation dans les termes d'un savoir, on peut dire qu'elle donne forme à la vérité du symptôme — « enveloppe formelle », non pas au sens de l'image mais du formalisme —, et y rend raison de sa permanence. Mais que ce savoir affecte et s'impose comme anomalie, dans la souffrance des désordres somatiques, des forçages de la pensée, des compulsions de l'action, des inhibitions de la fonction, des répétitions amoureuses, suffit à indiquer qu'il touche à un autre registre. La encore la thèse est d'origine : par sa structure, le symptôme est vérité, mais il a substance de jouissance, car la pulsion qui ne renonce jamais est son secret. Ce qui est refoulé selon Freud, ce sont les « représentants » originaires où la pulsion s'est d'abord fixée, autrement dit ses signifiants, et c'est à se déplacer sur d'autres représentants qu'elle fait retour dans le symptôme où elle ne se satisfait pas moins. Telle est la thèse constante de Freud : le symptôme est un avatar de la pulsion, autrement dit, une fixation d'un mode de jouissance. Il est donc un mixte : par l'articulation signifiante, sa cause matérielle, il est vérité, mais par la souffrance qu'il comporte, il participe aussi de la jouissance, son vrai secret. Autrement dit, la jouissance est... sa vérité, non sous les espèces de la cause matérielle cette fois, mais plutôt de la cause... substantielle, plus efficiente qu'aucune autre.

Ce qui insiste

« Moi, la vérité je parle » connotait déjà un dynamisme dont il faut rendre compte. Le « je parle », implique sans doute la structure de langage, mais dans l'implicite, et ça dit tout autant et bien plus clairement : je me manifeste, j'insiste, je provoque, allumeuse autant que Diane et ne renonçant jamais à m'affirmer. Là, la question ne porte pas sur ce qu'elle dit, vrai ou faux et avec quels signifiants, c'est égal, la question porte sur le moteur de cette obstination à parler. Qu'est-ce qui fait parler la vérité ?

Une indication peut être trouvée dans le fait que les dits variables et inconsistants d'un sujet portent un dire insistant. Dans cette gravitation, la fixité d'un fantasme s'indique, dont la phrase inamovible opère comme fondement occulte de tous les énoncés de vérité, dans un statut logique analogue à celui d'un postulat.

Freud dès le départ a perçu cette conjonction de dits inconsistants avec une vérité unique et réduite. On en a le témoignage lorsqu'il souligne que dans l'absolu, toutes les productions associatives, ce qui veut dire langagières, d'un sujet, donc tous les rêves, tous les dits d'une analyse, quelle que soit leur dispersion, ne comportent en fait qu'une seule interprétation — à la limite, celle d'une vie ! Cette gravitation indique la présence de ce qui, dans la structure, n'est pas de l'ordre du langage, à savoir la jouissance que le fantasme agence en scénario où ordonne en phrase. Freud en a donné l'illustration dans son exemple princeps, « un enfant est battu », dont la phrase commande à l'érotisme autant qu'à la position vitale de certains sujets. Ici la vérité ne se révèle pas moins parente de la jouissance que dans le symptôme.

Voilà qui nous ramène au problème du référent, et oblige à interroger la vérité sur ce qu'elle vise, en tant que sa visée se distingue de ses sentences, vraies ou fausses. Or, la chercher, cette vérité, n'est-ce pas toujours tenter de saisir dans les mouvances d'une parole et les équivoques d'un texte, ce qui « y fait fonction de réel », indubitable ? En ce sens, la vérité vise le réel, mais ce n'est pas n'importe lequel. C'est un réel interne au champ du langage ou topologiquement raccordé à lui. Il est donc double : l'impossible ou le nécessaire peuvent être dits réels, je l'ai signalé, car ces modalités font butée aux mensonges de la vérité qui parle. Qu'elle mente tant qu'elle voudra, rien ne fera qu'elle puisse dire tout ou qu'elle cesse de dire toujours la même chose d'où le sujet sera interprétable. Mais nous appelons aussi réel, dans ce champ, ce qui n'est pas langage, l'élément qu'un psychanalyste ne saurait oublier dès lors qu'il a affaire au sujet qui souffre, à savoir la jouissance. Ce réel, lui, ne ment pas, pour la bonne raison qu'il ne parle pas, et qu'il est même par excellence ce qui fait parler. On cite volontiers la phrase du *Tractatus* de Wittgenstein, disant que ce qui ne peut pas se dire il faut le taire. Pour le psychanalyste, qui tient au précepte inverse, c'est consentir trop vite à l'ineffable, car ce qui ne peut pas se dire est cependant articulé. L'analysant en quête de vérité vise précisément la jouissance : celle à laquelle il aspire, — *re-petitio* — qui est forcément celle qui lui manque et qui fait la cause de son désir, autant que celle qui lui échoit sans remède, et qui, se répétant dans le symptôme ou dans la constance du fantasme, ne cesse pas de s'imposer, et aussi... d'insatisfaire.

Vérité et jouissance

Revenons donc au fait que la vérité dérange. Son joint avec le déplaisir, Freud le place à l'origine, dans la rencontre avec le fait du sexe et le moment d'une expérience décisive où le sujet appréhende ce qu'il a désigné du terme de castration. La découverte dans la stupeur et l'horreur du manque de pénis de la mère et la crainte qui s'y greffe, en est l'élément crucial. Est-ce à dire que ce soit le fait anatomique, saisi dans l'espace de l'image, qui soit ici déterminant, comme le vocabulaire freudien le suggère parfois ? Sûrement pas : dès lors qu'il ne prend sa portée que d'être aperçu chez l'Autre comme l'objet prévalent, la mère, il suppose toute la conjoncture d'une inter-subjectivité que le symbolique conditionne, et il ne vaut, au-delà du pas-de-pénis, que comme révélateur d'un à manque à jouir qui vient d'ailleurs, à savoir de l'effet négativant du langage sur le vivant.

Cet effet peut être qualifié d'effet-sujet dans la mesure où le manque du désir s'y origine, et où il ne laisse subsister de la jouissance que ces chutes morcelées et partielles que sont les objets de la pulsion, le sein, l'excrément, la voix et le regard, comme autant de plus de jouir compensatoires du manque de la castration. Pour désigner cette dénaturation, Lacan a forgé le terme de « parlêtre », l'hypothèse étant, on le voit, que le langage, si souvent supposé être au service de la communication ou de l'expression, est bien plutôt un opérateur, fauteur de castration, mais aussi véhicule de ce qui reste de la tendance blessée.

On sait que Freud a encouru le reproche de pansexualisme quand, cherchant la vérité qui se dit, il trouve, dans tous les cas, le sens dit sexuel. Encore faudrait-il ne pas oublier que, dans la découverte de Freud, le sexe tient en deux termes : castration et pulsion. Le sujet, en effet, interrogé sur ce qu'il veut sexuellement, ne peut que décliner le manque phallique et les montages par lesquels la pulsion, via le fantasme ou le symptôme, se satisfait d'un plus de jouir oral, anal, scopique ou invoquant. Le sens, est partout dans les productions de l'inconscient, mais plutôt... asexuel, car le sexe n'y est nulle part. Nulle part au sens où il se spécifierait d'inscrire un rapport de deux jouissances distinctes, n'y étant représenté que par la différence phallique. Une seule libido, disait Freud, un seul signifiant, le Phallus, disait Lacan, pour situer ces impasses de la sexuation chez le parlêtre. Ce que Lacan a fini par traduire en une phrase fameuse, apparemment énigmatique : « Il n'y a pas de rapport sexuel ».

Aussi loin que s'étend la prise du langage règne donc l'empire de la castration, et des diverses impuissances qu'elle implique. La vérité ne saurait la contourner. Elle ne parle, en effet, que parce qu'elle puise à la source d'une insatisfaction foncière, constituant premier du psychisme selon Freud, et dont il a cru pouvoir rendre compte par son idée d'un objet originairement perdu comme nom du manque à jouir générique. En outre, pour dire le désir et la jouissance que la psychanalyse monte en question, elle ne peut faire moins, la vérité, que de convoquer la castration. On le constate : le sujet interrogé sur ce qu'il veut, au double sens de la jouissance qui lui manque et de celle qui l'assiège, décline les pertes originelles, les premières rencontres traumatiques, autant que leurs séquelles répercutées dans les figures de son impuissance et dans les forçages répétifs de ses symptômes. Enfin, la vérité ne se contente pas de référer à la jouissance mortifiée : elle la mobilise, dès lors qu'elle ne va jamais elle-même au-delà du mi-dire. C'est bien l'expérience de l'analysant, Actéon impuissant à rejoindre la déesse, et qui ne commence à dire que pour ne pas y arriver... à la saisir toute, cette fugitive.

Ainsi, vérité et castration sont-elles intriquées de façon triple : le manque à jouir fait parler, il est moteur ; référent aussi, car c'est de lui que l'on parle ; à quoi s'ajoute qu'à en parler, on le fait passer à l'effectuation. Telle est la clé du « je n'en veux rien savoir », évoqué plus haut. Cette parenté de la vérité et de l'impuissance n'a d'ailleurs pas échappé à la réflexion philosophique. Elle y a même été largement idéalisée, avant que Nietzsche n'osât mettre en question la valeur de la vérité elle-même. La figure de Socrate, héros de la vérité au prix de son organe d'abord — cf. le témoignage d'Alcibiade dans *Le Banquet* de Platon —, de la mort ensuite, comme castration suprême, reste comme le paradigme de cette idéalisation !

Que la castration soit ce qu'il y a de plus vrai n'en fait pourtant pas la clé unique. Le psychanalyste ne peut ignorer qu'elle inspire l'horreur et fait détourner le regard, mais il ne sait pas moins que la vérité, sa quête, son attente, son approche, satisfait aussi bien. L'exaltation qui accompagne certaines entrées en analyse, mais aussi et surtout les complaisances que le sujet en analyse met à « se dire » et à se redire, en témoignent. C'est que, en dépit de l'impuissance, à laisser parler la vérité, le gain du plus de jouir est bel et bien là. La castration donne la vérité de la jouissance sous la forme de son amputation : manque à jouir inévitable pour le parlêtre, mais ce n'est là qu'un pan de la structure, car il y a aussi le plus de jouir, toujours là, que Freud a approché avec sa doctrine des pulsions et dont la satisfaction est assurée en tous les cas, aussi nécessairement que l'insatisfaction première. Pour cause de structure signifiante, la quête de la vérité est en impasse, mi-dire, mais du coup, toute consistance de vérité n'est que consistance fantasmatique, sans autre fondement que la jouissance qui s'y abrite. Au dernier terme donc, pas d'autre vrai sur le vrai que la jouissance qui, si elle ne parle pas, fait parler, et vaut comme autre moitié du mi-dire de la vérité.

Disons-le : se plaire à la vérité, c'est se plaire à son fantasme. Et dans l'analyse plus qu'ailleurs, puisqu'elle s'y décline au singulier, dans les images et les termes dérivés de la phrase inconsciente qui leste l'ensemble de ses dires aussi bien que de sa vie. Jouissance et manque à jouir ne s'opposent pas de façon binaire, car, paradoxalement, la première se glisse fort bien dans la seconde, en une jouissance spécifique de l'impuissance et du manque à jouir. Dès lors, d'ailleurs, on comprend que la passion de la vérité puisse avoir valeur de symptôme, soit qu'elle méconnaisse la limite du mi-dire en la saturant par une signification fantasmatique dont le sujet peut aller jusqu'à se faire une cause — c'est l'imposture qui lui fait confondre *sa* vérité avec *la* vérité ; soit qu'elle s'en régale, de cette limite, la montant en un scepticisme de complaisance dont la tolérance n'est qu'accommodement de la castration.

Le transfert

Le dispositif analytique est à cet égard un lieu d'élection, car il soumet le sujet à la question du désir (*che vuoi* ?) et, interrogeant le plus de jouir qui en est la cause, il l'engage dans une recherche de sa vérité. Encore ne s'ouvre-t-elle à lui que par la vertu du transfert qui, seul, semble apte à contrer son « je n'en veux rien savoir » et à lui insuffler comme un ersatz de désir de savoir. Sa manifestation la plus visisble est l'amour, on le sait depuis Freud, mais ce n'est là qu'un effet, car il se définit par la mise en fonction de la dimension du sujet supposé savoir. Entre l'analysant et l'analyste, celle-ci installe en tiers une double supposition : celle d'un savoir articulé et donc déchiffrable dans l'inconscient, et celle d'un sujet de ce savoir, que l'on pourra dire sujet de l'inconscient, et qui est toute l'énigme de l'affaire.

A l'analyste attendu comme interprète, l'analysant prête évidemment d'en détenir les clés, l'investissant de tous ses espoirs, et tout spécialement de l'attente de sa propre vérité. D'où l'amour idéalisant et aussi parfois... la haine et le rejet, comme passions surgies de la vérité quand elle se dérobe — Eurydice. Et comment ne se déroberait-elle pas, au moins... à demi ? Ce n'est pas qu'elle ne réponde pas, et même en termes de savoir, je l'ai indiqué, en des dits dont on ne peut se dédire, et par le biais de signifiants irrécusables. En leur matérialité objective, ils sont déjà un recours à l'égard des tromperies de la vérité et des obstacles qu'elles opposent au dialogue, mais s'ils portent la vérité, c'est sans l'épuiser : représentant le sujet ils ne font que le couvrir, le laissant indéterminé sous leur réseau, condamné à n'émerger qu'en achoppements et discontinuités, comme un vide assez impossible à réduire pour qu'on le dise réel. Et d'ailleurs, le sujet supposé savoir lui-même, est-il seulement supposé savoir... la vérité ? Il n'en est que l'accoucheur, pas supposé mais bien effectif, qui doit savoir y faire avec elle pour qu'elle se manifeste — et il y faut, outre un désir spécifique, un autre savoir.

Il y eut un débat dans l'histoire de la psychanalyse quant à la valeur de l'amour de transfert. Freud le premier en a posé la question : est-ce un amour véritable, celui qui surgit dans le dispositif de façon si automatique, si indépendante des personnes en présence, qu'à l'évidence il ne doit rien aux grâces propres de l'analyste ? A cet amour-là, on ne pourrait jamais lui faire dire « parce que c'était lui, parce que c'était moi », lui qui se suffit d'un analyste... quelconque — au sens du : un entre autres. La réponse de Freud est catégorique. Cet amour est pourtant un amour vrai, aussi vrai qu'aucun autre. Loin d'être simplement la pâle réédition des amours œdipiennes du passé, actuel et bien réel, il révèle même les ressorts de l'amour commun. Je n'entre pas dans la démonstration de ce point, car il suffit ici de saisir d'où lui vient sa force. C'est qu'à investir l'autre, l'analyste, de sa vérité insue, à le faire dépositaire de sa propre énigme, à lui adresser donc une demande de savoir, l'analysant, pour peu qu'il rencontre en retour la question du désir de l'analyste, ne peut faire moins que de convoquer son fantasme et d'en mettre l'objet en jeu.

Ainsi, le propre du transfert est-il de nouer la dimension épistémique de la déclinaison de la vérité et cette dimension hétérogène qui se manifeste dans les affects de satisfaction et d'insatisfaction. Sur ce versant, il est « mise en acte » de la pulsion, seule réalité sexuelle de l'inconscient, solidaire de la castration, et que le fantasme agence de façon voilée. On conçoit que cette vérité-jouie fasse question pour ce qui est de la fin de l'analyse, à tous les sens du terme. L'analyse, en chaque cure autant que dans l'histoire de son mouvement, ne cesse d'avancer entre deux écueils : le rejet de la vérité de la jouissance et le jouir de la vérité. Entre une défense qui fait obstacle aussi bien à l'entrée dans l'élaboration de transfert et une délectation qui ajourne la conclusion de façon plus problématique encore.

Que vaut la vérité ?

Alors, que vaut la vérité ? La philosophie l'a idéalisée assez pour en faire une valeur, au nom de laquelle sacrifier les satisfactions vivantes. Mais que vaut-elle pour le psychanalyste ? Freud l'exalte, je l'ai dit, et invite à passer outre au déplaisir, pour regarder en face cette jouissance, toujours tronquée mais irréductible, sur les deux versants de la castration et des dissidences de la pulsion. Lacan, lui, a commencé, dans le même fil, par un éloge de la vérité et de ses servants, Freud et aussi le névrosé. Puis il en est venu à la déprécier toujours plus, au point d'ironiser sur Freud et ses « amours avec la vérité », et de poser que l'acte analytique exclut toute « collusion » avec la vérité. La logique de ce mouvement de rebroussement tient évidemment à ses avancées successives quant à la fonction de la vérité au regard de la jouissance et du réel.

Le discrédit de la vérité peut trouver un fondement épistémique dans l'impasse du mi-dire et les incertitudes qu'elle engage, la question étant de savoir si la psychanalyse peut passer au-delà.

La solution de la science est indicative à cet égard. Son savoir, opérant dans le réel, est d'autant plus assuré qu'elle élimine la dimension propre de la vérité et, avec elle, celle du sujet. La psychanalyse, comme en retour de cette forclusion, et en tous cas conditionnée par elle, a réintroduit la considération de la vérité : peut-elle, dès lors, atteindre un réel qui lui soit propre, et rejoindre par d'autres voies la certitude qu'elle envie à la science ? C'est en tout cas au regard de cette ambition que Lacan a pu jeter quelque discrédit sur la vérité. Mais pourquoi dénoncer, pour l'analyste, le risque d'une collusion avec la vérité ? Là où Freud exaltait la vérité, Lacan a plutôt valorisé le savoir du psychanalyste, qui n'est pas savoir de la vérité, à vrai dire exclu, mais savoir de la structure où la vérité se place, toute la question étant d'en approcher le réel, ou au moins ce qui peut s'en dire, de ce réel.

Cherchant ce qui peut faire limite au mi-dire, on peut observer que le discours analytique, aussi loin qu'il est un procès de mise à l'épreuve du dire de la vérité, témoigne d'une impossibilité de la dire toute. C'est là une butée irréductible : manque le terme qui réduirait le vide du sujet, autant que les opacités de la jouissance. Il y a une vérité qui ne se dit jamais, c'est celle de la jouissance en tant qu'elle serait sexuelle, qu'elle entrerait en rapport avec la jouissance du partenaire autre du couple. La seule qui se dise est la jouissance dite phallique, celle qui tombe sous le coup des partialités du signifiant — castration —, qui toujours objecte à l'effusion, et laisse le sujet à sa solitude.

Ces deux limites correspondent aux deux modalités logiques du réel, l'impossible et le nécessaire : ce qui ne cesse pas de ne pas dire, de ne pas s'écrire, ou aussi bien de ne pas se jouir, le rapport sexuel, et ce qui ne cesse pas de s'écrire, les fixations de la jouissance phallique qui y suppléent dans le symptôme. Ainsi la vérité menteuse n'est-elle pas sans tenir au réel, à charge pour l'analysant de la pousser jusqu'à ce joint.

Wittgenstein et la vérité des interprétations freudiennes
Renée Bouveresse-Quilliot

L'attitude de Wittgenstein à l'égard de Freud est ambivalente : à la fois et également admirative et critique. D'un côté, Wittgenstein, se désignant lui-même comme un « disciple de Freud » et « un sectateur de Freud[1] », affirme que ce dernier « avait quelque chose à dire même quand il errait[2] » et le considère comme « l'un des rares auteurs dignes d'être lus ». D'un autre côté il ne parle pourtant presque jamais de lui que pour le critiquer. L'énorme influence de la psychanalyse en Amérique et en Europe lui paraît de fait inquiétante, elle constitue un signe d'affaiblissement de l'esprit critique, et une menace pour lui. Mais il n'est pourtant pas question d'assimiler la théorie psychanalytique d'une quelconque manière à un charlatanisme : même trompeuse, elle est intelligente et originale, elle est impressionnante par « l'énorme éventail de faits psychiques » qu'elle ordonne et par la découverte « de phénomènes et de connexions qui n'étaient pas connus auparavant[3] » et c'est pourquoi « il se passera de longues années avant que nous ne perdions notre servilité à son égard ».

Quand il affirme sa parenté avec Freud, Wittgenstein semble se référer d'abord bien sûr à l'intention thérapeutique qui inspire sa propre démarche philosophique : il s'agit pour lui aussi de guérir les maladies de l'esprit, de dénouer des nœuds dans lesquels la raison s'est empêtrée, en lui faisant prendre conscience — progressivement car « il importe que la guérison soit lente » — d'un certain nombre de choses qu'elle n'est pas capable de percevoir. La différence est sans doute ici seulement que le dévoilement libérateur doit porter à ses yeux non sur une réalité refoulée, mais au contraire sur une réalité dissimulée par sa seule évidence, celle de nos pratiques linguistiques effectives. Mais les similitudes qu'il perçoit entre Freud et lui-même peuvent être aussi d'un autre type. Elles peuvent, par exemple, résider, de façon surprenante, dans le type de créativité qui leur est propre à tous deux : « Mon originalité (si c'est là le mot juste) est, à ce que je crois, une originalité du terrain, non de la semence. (Peut-être n'ai-je aucune semence qui me soit propre). Jette une semence sur mon terrain, et elle croîtra autrement que sur n'importe quel autre terrain. L'originalité de Freud, à mon avis, était du même genre. J'ai toujours cru — sans savoir pourquoi — que le germe authentique de la psychanalyse provenait de Breuer, non de Freud. La graine provenant de Breuer peut, bien entendu,

---

1. *Conversations sur Freud*, Gallimard, p. 88.
2. *Ibid.*
3. G.E. Moore, *Wittgenstein Lectures*, in *Philosophical Papers*, Londres : Allen et Unwin, p. 316.

avoir été minuscule[1] ». On notera ici que l'intérêt pour Breuer tient sans doute aussi à ce que ce dernier a reculé devant la forme la plus audacieuse de la théorie freudienne, et qu'il incarne une sorte de version minimale de la psychanalyse. En tous cas, Wittgenstein, qui de son côté a été inspiré par Boltzmann, Herz, Schopenhauer, Frege, Russell, Kraus, Loos, Weininger, Spengler et Straffa, dit clairement de lui-même : « Je crois que je n'ai jamais inventé un chemin de pensée, mais qu'il m'a toujours été donné par quelqu'un d'autre. Tout ce que j'ai fait, c'est de m'en emparer immédiatement avec passion pour mon travail de clarification[2] ». Son originalité, à ses propres yeux, n'est donc pas dans le contenu strict de ses idées, mais dans le fait qu'il tente d'obliger son interlocuteur à voir différemment ce qui est sous ses yeux, à restructurer sa perception, à modifier, selon sa propre expression, son « style de pensée » : « Changer le style de pensée, c'est ce qui compte dans ce que nous faisons. Changer le style de pensée, c'est ce qui compte dans ce que je fais, et persuader les gens de changer leur style de pensée, c'est ce qui compte dans ce que je fais[3] ». Mais n'est-ce pas aussi ce que tente à sa manière de faire Freud, dont Wittgenstein écrit précisément que les personnes qui sont enclines à accepter les « spéculations » freudiennes « ont renoncé à une façon de penser et en ont adopté une autre[4] ».

De façon plus précise enfin, il semble que Wittgenstein ait été convaincu de la validité de l'approche freudienne des troubles psychiques : la névrose n'est pas un pur désordre, ses symptômes ont un sens qu'il faut apprendre à décrypter, elle constitue un langage de substitution, palliant l'absence d'une symbolisation explicite. En termes plus imagés, l'idée de Freud est que : « dans la folie, la serrure n'est pas brisée, elle est seulement changée ; la vieille clef ne peut plus l'ouvrir mais une clef qui aurait une tout autre forme le pourrait[5] ». — Wittgenstein considérait que « la maladie mentale doit toujours être pour vous un sujet de perplexité. La chose que je redouterais le plus, si j'étais atteint de maladie mentale, serait que vous adoptiez une attitude de sens commun, que vous considériez comme acquis que je suis victime d'hallucinations[6] ». Il se demandait si le concept même de maladie convenait et s'il n'était pas urgent de considérer la folie autrement que nous ne le faisons : « Il est grand temps que nous comparions ces phénomènes avec quelque chose d'*autre*[7] ». Et il écrivait « On n'est pas *obligé* de considérer la folie comme une maladie. Pourquoi pas comme un changement soudain — plus ou moins soudain — de caractère ? »

Ceci dit, les remarques dans lesquelles le philosophe affirme sa proximité à Freud sont bien moins nombreuses que celles où il exprime ses réticences. Parmi celles-ci, les plus simples concernent la prétention de la psychanalyse à se situer parmi les sciences objectives : « Freud revendique constamment la qualité de scientifique, mais ce sont des spéculations qu'il nous donne

---

1. *Remarques mêlées*, p. 48.
2. *Ibid.*, p. 28.
3. *Leçons sur l'esthétique*, Gallimard, p. 65.
4. *Conversations sur Freud*, p. 93.
5. *Remarques mêlées*, p. 45.
6. Drury, *Conversations with Wittgenstein* p. 166.
7. *Ibid.*

— nous en restons à un stade qui n'est pas même celui de la formation d'une hypothèse[1] ». L'explication psychanalytique n'a aucune dimension prédictive et se réfère toujours au passé du sujet. Or, « une des choses les plus importantes pour une explication (en physique), c'est qu'elle doit marcher, elle doit nous rendre capable de prévoir (avec succès). La physique est liée à l'art de l'ingénieur. Le pont ne doit pas s'effondrer[2] ». C'est à tort que Freud range la psychanalyse parmi les sciences de la nature : si un « traitement scientifique » du rêve était possible, voici en quoi il consisterait : « en lisant le récit du rêve, on serait à même de prédire que le rêveur peut être amené à se remémorer tel ou tel souvenir. Et une telle hypothèse serait susceptible d'être ou non vérifiée[3] ».

A vrai dire, l'idée de la non-scientificité de la psychanalyse n'est pas originale. Karl Kraus affirmait déjà que « la psychanalyse n'est pas une science mais une religion, la foi d'une génération incapable de toute autre foi ». Et par la suite, c'est surtout Popper qui soulignera le caractère irréfutable des interprétations et des théories psychanalytiques, qu'aucun événement concevable ne peut jamais mettre en danger, et qui parviennent à s'adapter à toutes les situations possibles. Mais alors que Popper en conclut simplement que la psychanalyse doit être considérée comme une pseudo-science, comme une intéressante psychologie métaphysique ou mieux un « programme de recherche métaphysique » à la manière du darwinisme, Wittgenstein, qui rapproche lui aussi Freud de Darwin, aboutit à une position plus nuancée. La psychanalyse n'a tout simplement pas, selon lui, à être jugée à l'aune de la science : ce n'est pas une pseudo-science, c'est une démarche qui relève de l'explication esthétique.

En fait, Freud « n'a pas donné une explication scientifique du mythe antique. Il a proposé un mythe nouveau, voilà ce qu'il a fait. Par exemple, l'idée selon laquelle toute anxiété est une répétition de l'anxiété à laquelle a donné lieu le traumatisme de la naissance a un caractère attrayant qui est précisément le même que celui qu'a une mythologie ». « C'est presque comme s'il se référait à un totem[4] ». Et encore : « Il est probable que l'analyse n'est pas sans effets nocifs. Et cela — nonobstant le fait qu'on peut découvrir certaines choses sur soi-même en cours d'analyse — parce qu'on doit être doué d'un sens critique à la fois très fort, très aigu et d'une grande constance pour reconnaître et percer à jour la mythologie qu'elle offre et qu'elle impose. La tentation est grande, de dire : "Oui, bien sûr, il doit en être ainsi". Une mythologie d'un grand pouvoir ». L'idée, introduite ici, d'effets nocifs possibles de l'analyse se retrouve dans les *Remarques mêlées* : « Se faire psychanalyser, c'est un peu comme manger de l'arbre de la connaissance. La connaissance ainsi acquise nous pose des problèmes éthiques (nouveaux) : mais elle n'apporte rien à leur résolution[5] ». Pourtant, l'auteur des *Conversations sur Freud* suggère qu'il y a quelque chose d'apaisant pour l'esprit dans le fait d'être capable d'interpréter ou de symboliser un problème en fonction d'un archétype tragique intemporel : le

---

1. *Conversations sur Freud*, p. 93.
2. *Leçons sur l'esthétique*, p. 59.
3. *Conversations sur Freud*, p. 96.
4. *Leçons sur l'esthétique*, p. 61.
5. *Remarques mêlées*, p. 193.

psychanalyste possède une certaine « efficacité symbolique » comparable, comme le dirait Lévi-Strauss à celle dont fait preuve le shaman qui donne par le récit d'un mythe un sens à une angoisse et permet de la calmer : « Il y a de nombreuses personnes qui, à un moment de leur vie, éprouvent des troubles sérieux — si sérieux qu'ils peuvent conduire à des idées de suicide. Une telle situation est susceptible d'apparaître à l'intéressé comme quelque chose de néfaste, quelque chose de trop odieux pour faire le thème d'une tragédie. Et il peut ressentir un immense soulagement si on est en mesure de lui montrer que sa vie a plutôt l'allure d'une tragédie — qu'elle est l'accomplissement tragique et la répétition d'un canevas qui a été déterminé par la scène primitive[1] ».

On sent évidemment en lisant ces lignes que Wittgenstein, qui a vécu toute son existence dans l'inquiétude et le tourment (souvent obsédé, de son propre aveu, par l'idée de suicide), se sent personnellement concerné par l'approche psychanalytique. On pourrait même à la limite se demander si l'intensité de ses troubles personnels lui permet de prendre à son égard le neutralité nécessaire à un jugement objectif. Comme l'écrit Jacques Bouveresse, « Le cas Wittgenstein relève de façon évidente de la psychanalyse qu'on ne peut pas ne pas considérer *a priori* avec quelque suspicion à la fois ce que Wittgenstein dit de la psychanalyse et ce que la psychanalyse pourrait dire de Wittgenstein[2] ».

Parmi tous les thèmes psychanalytiques, Wittgenstein s'est particulièrement intéressé à l'interprétation des rêves. Il semble même qu'il ait cherché à savoir, par l'intermédiaire de sa sœur, ce que Freud pouvait avoir à dire de ses propres songes. W. W. Bartley nous rapporte le récit de deux rêves faits par Wittgenstein en 1919 et 1920, au moment où il découvre Freud et éprouve en le lisant une sorte d'illumination[3]. Voici le premier : « Il faisait nuit, j'étais à l'extérieur d'une maison dont les fenêtres resplendissaient de lumière. Je me dirigeai vers une fenêtre pour regarder l'intérieur. Là, sur le plancher, je remarquai un tapis de prière d'une beauté exquise que j'eus immédiatement le désir d'examiner. J'essayai d'ouvrir la porte de devant, mais un serpent s'élança pour m'empêcher d'entrer. J'essayai une autre porte, mais là aussi un serpent s'élança pour me barrer la route. Des serpents apparurent également aux fenêtres et s'opposèrent à toute tentative d'atteindre le tapis de prière ». Le second rêve, beau également, n'est pas sans point commun avec le premier : « J'étais prêtre. Dans la pièce de devant de ma maison, il y avait un autel. A droite de l'autel partait un escalier. C'était un grand escalier tapissé de rouge. Au pied de l'autel, et le recouvrant partiellement, il y avait un tapis oriental. D'autres objets religieux et ornementaux étaient placés sur l'autel et à côté de celui-ci. L'un d'eux était un bâton en métal précieux ». Le tapis se révèle être un tapis de prière et le bâton est volé. Selon Bartley (qui soutient la thèse, contestée, d'une homosexualité du penseur autrichien contre laquelle ce dernier luttait), Wittgenstein interprétait alors de façon strictement freudienne la thématique phallique de ces rêves.

---

1. *Conversations sur Freud*, p. 105.
2. *Wittgenstein, la rime et la raison*, p. 192.
3. *Wittgenstein, une vie*, p. 28.

Vingt-six ans plus tard, l'enthousiasme pour Freud a fait place à la réserve et, en 1946, quelques années après la mort de Freud (que le philosophe n'a jamais rencontré), Wittgenstein déclare : « Je viens de voir de près avec H. *L'Interprétation des rêves* de Freud. Cette lecture m'a fait sentir combien cette façon de penser dans son ensemble demande à être combattue ». Kraus écrivait déjà : « C'est à Freud que revient le mérite d'avoir donné une constitution à l'anarchie des rêves. Mais tout s'y passe comme en Autriche ». (Il voulait dire que tout y est aussi déréglé que dans l'Autriche de 1908). Ce que Wittgenstein pour sa part conteste en premier lieu, c'est l'affirmation freudienne selon laquelle tout rêve est réalisation de désir : « Il y a des rêves qui sont de toute évidence la satisfaction de désirs, tels les rêves sexuels des adultes par exemple. Mais il semble qu'on soit en pleine confusion quand on dit que tous les rêves sont la satisfaction d'un désir sous la forme d'une hallucination ». Et « Il est probable qu'il y a de nombreuses formes différentes de rêves et qu'il n'y a pas qu'un seul type d'explication qui s'applique à eux tous ». De plus « la majorité des rêves que Freud examine doivent être regardés comme des satisfactions *camouflées* du désir ; et dans ce cas, tout bonnement, ils ne satisfont pas le désir. C'est *ex hypothesi* qu'il n'est pas permis au désir de se satisfaire et que quelque chose d'autre devient, en compensation, le lieu d'une hallucination. Si le désir est ainsi dupé, on peut difficilement dire du rêve qu'il en est la satisfaction. Il devient également impossible de dire si c'est le désir ou le censeur qui est dupé. Tous deux le sont apparemment, avec ce résultat qu'aucun n'est satisfait[1] ».

Or Freud, dont Wittgenstein remarque qu'il ne donne pas un seul exemple de rêve franchement sexuel, ne saurait se contenter d'un accord partiel avec sa théorie du rêve : « Il aurait écarté toute idée qui aurait tendu à suggérer qu'il pourrait avoir raison partiellement, sans avoir raison absolument. Etre partiellement dans l'erreur, cela aurait signifié pour lui qu'il se trompait du tout au tout — qu'il n'aurait pas trouvé réellement *l'essence* du rêve ». En fait, c'est bien ici que réside l'erreur de Freud : dans l'essentialisme qui commande sa recherche : « Freud a été influencé par l'idée de dynamique propre au dix-neuvième siècle — cette idée qui a influencé dans son ensemble la façon de traiter la psychologie. Il voulait trouver une explication unitaire qui montrerait ce que c'est que rêver. Il voulait trouver l'essence du rêve[2] ».

Aux yeux de Wittgenstein, ce sont au fond les idéaux intellectuels, les postulats épistémologiques de la psychanalyse qui sont à démystifier : le postulat par exemple, selon lequel la multiplicité doit laisser la place à l'unité, celui selon lequel la contingence doit laisser la place à la nécessité. Par contraste, l'effort de Wittgenstein est de nous apprendre à supporter une certaine frustration : à renoncer à la tentation de l'explication complète comme à la tentation (si typique du freudisme) de la profondeur : « La philosophie place seulement toute chose devant nous, et n'explique ni ne déduit rien. — Puisque tout est étalé sous nos yeux, il n'y a rien à expliquer. Car ce qui est caché, par exemple, ne nous intéresse pas[3] ».

---

1. *Conversations sur Freud*, p. 98.
2. *Ibid.*, p. 93.
3. *Recherches philosophiques*, Paragraphe 126.

Revenons au rêve. Incapable, selon Wittgenstein (comme d'après Popper), de prouver rationnellement que le rêve est toujours la réalisation d'un désir, Freud tente de nous « persuader » en proposant une innovation en matière de langage : appeler « satisfaction déguisée d'un désir » quelque chose que nous ne voyions pas auparavant de cette façon. Face à cette habile stratégie, Wittgenstein semble à certains moments perplexe : « Pourquoi ne dois-je pas employer d'expressions à l'encontre de leur usage originel ? N'est-ce pas ce que fait, par exemple Freud quand il nomme "rêve de désir" même un rêve d'anxiété ? » Malgré tout, son jugement est le plus souvent négatif : « Pour dire ce qu'il dit, Freud a des raisons très intelligentes, une grande imagination, et des préconceptions colossales, des présomptions qui ont toutes les chances d'induire les gens en erreur[1] ».

La conviction de l'auteur du *Tractatus* est que Freud remplace la démonstration rationnelle par une démarche reposant uniquement sur la séduction. A propos d'une interprétation du rêve, il déclare : « Les liaisons que (Freud) établit intéressent extrêmement les gens. Elles ont un charme. C'est un charme (pour certaines gens) de détruire les préjugés[2] ». Alors que Freud insiste sur les résistances qu'il suscite, Wittgenstein retourne l'argument et constate à l'inverse que les explications psychanalytiques « exercent une attraction irrésistible ». « A un moment donné, l'attraction d'un certain type d'explication est plus grand que tout ce que vous pouvez concevoir. En particulier une explication du type "Ceci, c'est en réalité cela". En conséquence, si vous êtes amené par la psychanalyse à dire que réellement vous avez pensé de telle ou telle façon, ou que réellement le motif que vous aviez était tel ou tel, ce n'est pas une affaire de découverte, mais de persuasion. Sous une présentation différente vous auriez pu être persuadé de quelque chose de différent[3] ». Même s'il y a succès thérapeutique, nous sommes dans le registre non de la science mais de la persuasion : « Naturellement, si la psychanalyse guérit votre bégaiement, elle le guérit, et c'est un succès. On pense de certains résultats de la psychanalyse qu'ils sont une découverte que Freud a faite, indépendants de quelque chose dont votre psychanalyste vous a persuadé, et mon intention est de dire que ce n'est pas le cas[4] ». Ce qui séduit dans la psychanalyse, c'est le vertige des profondeurs : « Les gens y trouvent un dédale dans lequel s'égarer. Il y a une masse de choses que l'on est prêt à croire parce qu'elles sont mystérieuses... L'image selon laquelle les gens ont des pensées subconscientes a un charme ; l'idée d'un monde souterrain, d'un caveau secret. Quelque chose de caché, d'inquiétant ». Et il arrive que ce qui est repoussant exerce la plus grande séduction. « Peut-être bien est-ce le fait que l'explication soit extrêmement repoussante qui nous conduit à l'adopter[5] ».

Une autre objection de Wittgenstein à l'explication freudienne du rêve tient à ce que (comme le souligne également Jung) l'on peut partir de n'importe quoi d'autre que le rêve pour, en pratiquant la méthode de

---

1. *Leçons sur l'esthétique*, p. 57.
2. *Ibid.*
3. *Ibid.*, p. 62.
4. *Ibid.*
5. *Ibid.*, p. 58.

l'association libre, arriver au même résultat que celui où nous conduit cette méthode appliquée aux rêves. Ce qui à la fois explique la plausibilité de l'interprétation du rêve et en même temps laisse l'originalité du rêve inexpliquée : « Le fait est que chaque fois que quelque chose vous préoccupe, des soucis, un problème qui importe beaucoup dans votre vie — tel le problème sexuel — peu importe ce dont vous partez, vous serez finalement et inévitablement ramené à ce thème constant ». Freud remarque à quel point le rêve paraît logique, une fois analysé. « Bien sûr, il paraît logique... Il se peut qu'en pratiquant cette sorte de libre association on soit en mesure de découvrir certaines choses sur soi-même, mais cela n'explique pas pourquoi il y a eu rêve[1] ».

Par ailleurs, (comme Popper qui affirme que des théories différentes peuvent s'adapter aussi bien les unes que les autres aux puzzles qu'elles sont destinées à expliquer), Wittgenstein semble réticent devant l'idée freudienne selon laquelle « si l'on parvient à ordonner ce tas désordonné de plaquettes de bois, dont chacune porte un dessin incompréhensible, de sorte que le dessin prenne un sens, qu'il ne reste nulle part un manque dans les emboîtements, et que le tout remplisse complètement le cadre, si toutes ces conditions sont remplies, on sait qu'on a trouvé la solution du puzzle et qu'il n'en existe pas d'autres[2] ». Wittgenstein, qui transcrit à propos du rêve et en ses propres termes cet argument freudien, paraît le mettre en question dans le passage suivant : « Il semble que Freud ait certaines idées préconçues concernant les circonstances où une interprétation peut être considérée comme complète — et aussi celles où elle demande encore à être complétée, où il y a besoin d'une interprétation plus poussée. Supposez un homme qui ignore tout de la tradition qu'observent les sculpteurs quand ils font des bustes. S'il se trouvait en face d'un buste une fois terminé, il pourrait dire que de toute évidence ce n'est qu'un fragment, et qu'il doit exister d'autres morceaux qui se rapportent à ce buste et le complètent pour constituer un corps complet[3] ».

Se pose aussi la question de savoir si le rêve est vraiment un langage. Wittgenstein est certes prêt à reconnaître qu'« il semble qu'il existe dans les images du rêve quelque chose qui a une certaine ressemblance avec les signes du langage[4] ». Mais de toute évidence aussi, il y a des cas où le sens est une apparence illusoire, où nous avons le sentiment que des coïncidences veulent signifier quelque chose alors qu'elles ne signifient rien : « Il y a à Moscou une cathédrale à cinq clochers. Sur chacun de ceux-ci, la configuration des spires est différente. On a la vive impression que ces formes et arrangements différents doivent signifier quelque chose[5] ».

De toute façon la pratique de l'interprétation — des rêves, mais aussi des actes manqués ou des symptômes névrotiques — impose de poser la question des critères de sa validation : et ici la réponse de Freud est en fait hésitante : « Freud ne montre jamais comment il sait où s'arrêter, il ne montre jamais comment il sait où est la solution correcte. Il dit parfois que la

---

1. *Conversations sur Freud*, p. 103-104.
2. Cité par Popper dans *Realism and the Aim of Science*, p. 171.
3. *Conversations sur Freud*, p. 100-101.
4. *Ibid.*, p. 94.
5. *Ibid.*

solution ou l'analyse correcte est celle qui satisfait le patient. Parfois il dit que le docteur sait quelle est la solution ou l'analyse correcte du rêve, alors que le patient ne le sait pas : le docteur peut dire que le patient se trompe. La raison qu'il donne pour dire d'une analyse qu'elle est l'analyse correcte ne paraît pas donner matière à preuve ; non plus que cette proposition selon laquelle les hallucinations et donc les rêves sont satisfaction d'un désir[1] ».

Qu'en est-il maintenant de l'idée d'inconscient ? Sous sa forme substantive (« l'inconscient »), Wittgenstein ne semble pas le prendre au sérieux. En revanche, l'idée d'un inconscient conçu comme adjectif ou adverbe, l'idée d'une motivation inconsciente, lui paraît parfaitement acceptable à titre de description possible d'un comportement. Dans le *Cahier bleu*, il écrit : « Nous avions mal aux dents sans le savoir. C'est exactement dans ce sens-là que la psychanalyse parle de pensée inconsciente ». Il faut éviter cependant de lui donner une portée plus grande que celle qui est réellement la sienne, au risque de provoquer des disputes inutiles : « L'idée qu'il y a des pensées inconscientes a révolté bien des gens. D'autres encore ont dit que ces derniers avaient tort en supposant qu'il ne pouvait y avoir que des pensées conscientes, et que la psychanalyse en avait découvert qui sont inconscientes. Ceux qui avaient des objections contre la pensée inconsciente n'ont pas vu qu'ils n'étaient pas en train de formuler des objections contre les réactions psychologiques nouvellement découvertes, mais contre la manière dont elles étaient décrites. Les psychanalystes, d'un autre côté, ont été induits en erreur par leur propre mode d'expression, qui les a amenés à croire qu'ils avaient fait plus que découvrir des réactions psychologiques nouvelles ; qu'ils avaient, en un certain sens, découvert des pensées conscientes qui étaient inconscientes[2]. »

Au total, on voit que l'originalité de la démarche wittgensteinienne ne consiste pas à contester les prétentions de la psychanalyse à constituer une science rigoureuse : après les examens critiques de Nagel, Popper et Grunbaum, il n'y a plus guère de discussion sur ce point. Elle est plutôt d'obliger à s'interroger sur la validité réelle du préjugé si répandu selon lequel le trait distinctif de la vérité serait d'être difficile à supporter et de se dissimuler : ce qui impliquerait que plus l'allure d'un discours serait agressive et démystificatrice, et plus il serait proche du vrai — idée qui est certes attirante, mais qui ne repose précisément que sur un effet de séduction esthétique. Pour autant, Wittgenstein n'oppose nullement le « sérieux » d'une psychologie scientifique à l'arbitraire supposé des interprétations psychanalytiques. Sa démarche tend plutôt à mettre en doute la légitimité des concepts de vérité et de fausseté quand il s'agit de décrire nos sentiments ou nos motivations. Il y a différentes façons de décrire la vie psychologique : certaines peuvent être éventuellement plus commodes, plus intéressantes, plus fines, plus expressives, plus attirantes que d'autres — c'est en fonction de ces critères qu'on doit juger la psychanalyse. Mais il n'en existe pas qui soit absolument vraie.

---

1. *Conversations sur Freud*, p. 90.
2. *Cahier bleu*, Gallimard, p. 104.

Rationalisme critique et vérité
Roland Quilliot

I — Le problème dont part Popper est, on le sait, celui de la justification empirique des propositions universelles. Hume, constatant que l'expérience ne peut justifier des conclusions qui la dépassent, avait affirmé que puisque notre savoir repose à tout moment sur un tel dépassement, il est en fait irrationnel. Popper pense pouvoir relever le défi sceptique de Hume, à partir de l'idée simple que l'expérience a bien le pouvoir de tester une théorie universelle, mais de façon uniquement négative : elle peut la réfuter, non la vérifier. Pour considérer notre savoir comme rationnel, il faut donc :

1/ Renoncer au rêve d'une vérification empirique définitive des théories (toute théorie est une conjecture, qui ne peut jamais être acceptée qu'à titre provisoire), et comprendre qu'une telle vérification est inutile. Pour considérer notre savoir comme rationnel, nous avons simplement besoin de pouvoir choisir la meilleure des théories disponibles, en nous appuyant sur les tests qu'elles ont passé — plus les tests auxquels une théorie a résisté ont été nombreux et sévères, et plus la théorie a de valeur : mais ces tests ne garantissent en rien qu'elle ne sera pas un jour réfutée. Et nous pouvons améliorer indéfiniment notre connaissance sans jamais en considérer l'une des parties comme définitivement établie.

2/ Comprendre que la formation de conjectures générales ne se fait pas inductivement à partir de l'expérience : l'expérience vient après coup, et sa fonction essentielle est de tester une théorie qui lui préexiste et qui n'a pas nécessairement besoin d'elle pour se former. La connaissance ne commence pas par l'observation mais par la rencontre de problèmes (c'est-à-dire d'événements non conformes à nos attentes préalables), que nous essayons de résoudre en proposant, par un effort d'imagination, diverses hypothèses explicatives, que nous essayons ensuite de départager — en éliminant celles qui sont inadéquates. Popper est donc d'accord avec Kant pour souligner que notre savoir se constitue largement *a priori* : il diffère de lui en revanche en ce qu'il conteste qu'il soit *a priori* valide[1].

3/ Admettre enfin que puisque le seul verdict que puisse rendre l'expérience sur nos théories est un verdict négatif, nous ne pouvons rien apprendre si nous fuyons *a priori* la possibilité d'un tel verdict. Nous devons donc formuler nos théories de façon à ce qu'elles excluent certains

---

1. *La Connaissance objective*, trad. J.J. Rosat, Aubier, p. 16.

événements possibles (le critère de scientificité que propose Popper est, on le sait, la réfutabilité empirique). Et si nous sommes vraiment exigeants intellectuellement, nous devons à la limite soumettre nous-mêmes nos hypothèses (y compris celles qui nous ont demandé le plus de peine et qui nous paraissent les plus convaincantes) aux tests critiques les plus rigoureux au lieu de chercher à les défendre par tous les moyens. Si elles ne réussissent pas à les passer, nous ne devons pas éprouver un sentiment d'échec (nous avons tout de même appris quelque chose), mais en formuler de nouvelles sans nous décourager.

D'une façon générale, le premier principe de la philosophie popperienne est le faillibilisme : c'est-à-dire la conviction qu'il est normal de commettre des erreurs, et qu'il n'est aucune méthode sûre nous permettant de les éviter. L'erreur n'est pas, comme l'a cru la philosophie classique, le signe d'un manque de rigueur ou d'attention : il n'y a aucune raison pour que l'esprit devine *a priori* quelle est la structure de la nature. Ce que nous pouvons faire en revanche, c'est prendre conscience de notre faillibilité et apprendre à l'utiliser positivement : c'est-à-dire chercher systématiquement à détecter nos erreurs (nous disposons pour cela d'un critère relativement sûr : toute contradiction est signe d'erreur) et à les éliminer. L'animal et l'homme la plupart du temps apprennent par essais et erreurs mais de façon passive et aléatoire ; mais l'homme a, lui, la possibilité d'apprendre aussi de façon rationnelle et méthodique : en formant des conjectures explicatives audacieuses, et en les soumettant lui-même à un examen critique rigoureux : c'est-à-dire en mettant au point des tests qui sont de véritables tentatives de réfutation, et qui portent sur leurs conséquences les moins probables. On objectera peut-être ici qu'on ne peut critiquer une idée que sur la base d'un savoir préalable tenu pour acquis[1]. Mais en fait ce savoir lui-même n'est admis que sous réserve : nous pouvons accroître nos connaissances, et de façon générale améliorer indéfiniment notre système de croyances, par confrontation critique incessante de chacune de ses parties les unes aux autres, sans que jamais l'une d'elles soit considérée ni comme première ni comme définitivement établie.

En insistant sur le caractère conjectural de tout savoir, et sur le fait qu'il ne peut se constituer que négativement par élimination (accidentelle ou méthodique) de l'erreur, le rationalisme critique popperien s'oppose bien entendu au « rationalisme absolu » des classiques. Rappelons ici que face à question de la vérité les philosophes classiques se divisent en deux groupes. Il y a d'un côté les sceptiques, qui soutiennent qu'en raison de sa faillibilité intrinsèque et du caractère relatif de toute démonstration (toute justification d'une proposition par une autre nous conduit soit à une régression à l'infini, soit à un cercle vicieux soit à des postulats arbitraires), l'esprit humain ne peut jamais accéder au savoir et qu'il est condamné à errer dans l'incertitude : leurs arguments sont souvent repris par les anti-intellectualistes (penseurs politiques conservateurs et surtout penseurs religieux), qui affirment que la faiblesse de la raison nous impose de n'accorder foi qu'aux mythes révélés, de faire confiance aux traditions, et de limiter

---

1. *La Connaissance objective*, op. cit., p. 86.

fortement l'exercice de l'esprit critique. Face à eux, progressistes et rationalistes « absolus » croient qu'il est impossible de douter de tout, et contradictoire de prétendre qu'il n'y a pas de vérité : l'esprit a pour vocation naturelle d'atteindre le vrai, à condition de s'imposer une discipline suffisante, et de résister aux forces négatives qui l'égarent, et le principal objectif que doit s'assigner la philosophie est de déterminer la juste méthode pour y parvenir. Deux grandes tentatives ont été faites en ce sens : les intellectualistes (par exemple les cartésiens, dont Popper critique « l'optimisme épistémologique ») ont soutenu qu'une idée absolument évidente à l'intuition intellectuelle ne peut être fausse, et que nous nous trompons seulement lorsque nous puisons à de mauvaises « sources » de connaissance (la sensation, l'imagination) qui engendrent en nous des idées confuses. Ils se sont cependant heurtés très vite à à une double objection : non seulement il n'y a pas, comme le faisait déjà remarquer Leibniz, de critère de l'évidence autre que subjectif, mais à supposer, ce qui est loin d'être acquis, que le sentiment d'évidence intellectuelle soit (en dernier ressort, et une fois la démonstration vérifiée dans chacun de ses maillons) un signe de vérité dans l'ordre logico-mathématique, il ne peut pas en être un dès qu'il s'agit de connaître le monde extérieur, sur lequel nous ne pouvons acquérir d'informations que par l'expérience. Précisément les empiristes ont affirmé de leur côté que la juste méthode pour échapper à l'erreur dans la connaissance de la nature est de partir de l'expérience sensible et de la décrire le plus fidèlement et le plus exactement possible, en évitant de laisser les préjugés ou le langage altérer les données pures, immédiates et certaines qu'elle nous fournit. Cette idée s'est elle aussi vu opposer des objections décisives : la première étant qu'il n'y a précisément pas de données immédiates. Décrire les données sensibles, c'est toujours les conceptualiser, donc les interpréter, et une telle interprétation est toujours conjecturale (les énoncés empiriques sont donc faillibles comme les autres, ils ne sont selon Popper acceptés qu'à la suite d'un verdict conventionnel). Par ailleurs, on l'a vu, l'expérience ne peut ni rendre compte de l'élaboration de nos hypothèses, qui par nature vont toujours au-delà des simples données, ni *a fortiori* les vérifier. Il est clair que dans ce débat Popper donne en partie raison aux sceptiques. Il n'y a selon lui ni « source » sûre de connaissance, ni critère du vrai : même quand nous atteignons le vrai, ce qui nous arrive probablement souvent, nous ne pouvons pas, comme l'affirmait déjà Xénophane, le savoir[1]. Mais il ne tire pas du constat que nous ne pouvons être « absolument » certains de rien les conséquences désastreuses et invivables que ceux-ci en dérivaient : c'est précisément la conviction que nous avons un besoin absolu de certitude qui constitue selon lui l'illusion commune dont sont victimes sceptiques et rationalistes absolus.

Cette vaine quête de la certitude à laquelle s'est adonnée la philosophie classique, convaincue à tort que « l'épistémé » doit être différente en nature

---

1. Popper traduit ainsi les vers de Xénophane : « Les dieux ne nous ont pas d'emblée révélé toutes choses. Mais, avec le temps, en cherchant, nous pouvons apprendre et mieux connaître les choses [...] mais quant à la vérité certaine aucun homme ne l'a connue ni ne la connaitra [...] et même si par hasard il devait prononcer la vérité définitive il ne le saurait pas lui-même car tout n'est qu'un tissu tissé de conjectures », *Conjectures et réfutations*, trad. Irène de Brudny et Marc de Launay, p. 231.

de la « doxa », est d'ailleurs responsable aux yeux de Popper d'une autre de ses tendances les plus contestables, celle qui la pousse à chercher des vérités premières, plus certaines que les autres, sur lesquelles pourrait s'édifier le savoir, et à croire les trouver dans les données de l'expérience subjective : d'où son virage en direction de l'idéalisme au nom du postulat que le monde est moins certain que l'expérience que j'en ai. Descartes est ici l'initiateur, dont Popper conteste le cogito : la certitude du « je pense donc je suis » n'est pas supérieure selon lui à celle de bien d'autres affirmations (à celle par exemple que 2 + 2 = 4 ou que « j'écris actuellement sur mon bureau ») : il est sans doute déraisonnable de douter que j'existe, mais ce n'est à la limite pas totalement absurde (il suffit de se rappeler les nombreuses philosophies qui ont nié la substantialité, l'indépendance ou même la réalité du moi). En tout cas prétendre faire reposer sur cette « base si étroite » l'ensemble du savoir est manifestement présomptueux[1]. Le résultat le plus durable de la démarche cartésienne a été en fait de faire naître chez nombre de philosophes (qu'ils se réclament de l'empirisme phénoméniste ou de la phénoménologie) l'idée que les données de l'expérience subjective étaient le seul « point de départ » valable en philosophie. C'est là un postulat que Popper (pour une fois d'accord avec son rival austrobritannique Wittgenstein) conteste absolument : les descriptions que je tente de mes vécus sont au moins aussi hasardeuses (pour autant que les catégories de vrai et de faux puissent s'y appliquer) que les affirmations que j'avance à propos des faits du monde (que je ne puis mettre globalement en doute sans rendre l'ensemble du langage inutilisable). Le fait qu'être une subjectivité implique avoir un rapport privilégié à soi-même (« s'éprouver soi-même » comme sujet et à la limite se vivre comme le centre du monde, voire sa condition d'apparition) n'implique en rien que les énoncés portant sur les états subjectifs aient un quelconque privilège épistémologique. En fait c'est l'idée même selon laquelle le savoir (et au-delà, l'ensemble de nos croyances) devrait reposer sur un fondement sûr qu'il faut abandonner : notre connaissance peut être assimilée à une construction sur pilotis édifiée sur un terrain meuble : elle est utilisable sans être vraiment solide — cette métaphore est à rapprocher de celle de Neurath qui considère de son côté que le savoir est comparable à un navire qu'il faudrait sans cesse transformer de l'intérieur, sans jamais pouvoir prendre appui sur un quai stable.

Peut-être faut-il, pour rendre plus intelligible le renoncement à la certitude que nous demande Popper, distinguer clairement entre la connaissance subjective (faite de croyances inhérentes au sujet et de force variable) et la connaissance objective (faite de théories énoncées linguistiquement, dont la valeur épistémique est indépendante de l'adhésion que nous leur accordons). La certitude a un sens au niveau subjectif — peut-être ne pouvons en pratique vivre sans elle —, mais d'une façon qui varie selon les situations où nous nous trouvons placés : les choses qui nous semblent les plus certaines nous paraîtront peut-être mériter une vérification supplémentaire si l'on nous dit que notre vie en dépend[2]. De

---

1. *La Connaissance objective, op. cit.*, p. 88.
2. *Ibid.*, p. 142-146.

toute façon, la force de nos croyances n'a pas grand intérêt pour le progrès de notre savoir objectif (on fait fausse route quand on se donne pour but de trouver des propositions qui entrainent une adhésion subjective absolue). En revanche au niveau de la connaissance objective, rien n'est certain, à l'exception des domaines où une démonstration rigoureuse est possible — c'est-à-dire les mathématiques : encore faut-il tenir compte depuis Gödel de l'existence des énoncés indécidables, par exemple d'énoncés à la fois vrais et improuvables. Dira-t-on au moins de nos théories empiriques qu'elles sont rendues de plus en plus « probables » par l'accumulation des « vérifications » ? Popper est franchement méfiant à l'égard de cette formulation : la corroboration croissante d'une hypothèse à portée universelle par des tests toujours plus nombreux justifie assurément que nous l'utilisions, que nous nous appuyons sur elle, et même que nous lui accordions subjectivement notre confiance, mais ne la garantit en rien contre le risque d'une éventuelle réfutation future.

II — Nombre de lecteurs de Popper ont jugé sa position paradoxale et proche du scepticisme : l'idée que rien n'est établi définitivement, et que la science ne progresse qu'en creux, par élimination du faux, leur est apparue outrée[1]. Leurs critiques ont été de plusieurs sortes. Certains pensent par exemple que le philosophe autrichien (qui voit le savoir progresser par rectification et approfondissement) surestime l'importance des ruptures dans une évolution de la connaissance qu'ils continuent pour leur part à concevoir de façon cumulative, et soulignent que les cas de réfutations spectaculaires sont en fait rares : quand une loi rencontre des contrexemples n'est-il pas aussi naturel d'en restreindre la validité au domaine où elle n'en rencontre pas que de la considérer comme réfutée ? Faut-il vraiment considérer par exemple que la découverte de l'eau lourde a montré la fausseté de la chimie traditionnelle de l'eau, ou se contenter plus simplement d'affirmer qu'elle l'a complétée et enrichie ? D'autres soulignent[2] que dans beaucoup de situations de recherche concrète le nombre des hypothèses explicatives concevables est en fait très restreint (alors que Popper selon eux postule trop vite que toute théorie scientifique se trouve en concurrence avec un ensemble ouvert d'autres théories) : les tests qui éliminent les unes vérifient donc bien positivement celle qui reste. Enfin nombreux sont ceux qui font valoir que parmi les facteurs qui témoignent de la valeur d'une théorie scientifique (et qui emportent la conviction des chercheurs) certains sont sans rapport avec son degré de confirmation empirique : la puissance opératoire d'une théorie (qu'on pense au rôle du calcul infinitésimal dans le developpement de la physique), son degré de mathématisation, le pouvoir explicatif de ses hypothèses, son aptitude à intégrer les phénomènes dans un système de concepts, et à proposer de nouveaux problèmes à résoudre sont au moins aussi importants. A cette dernière critique Popper répondrait sans doute simplement qu'il n'a pas voulu proposer une théorie complète de la science mais qu'il s'est intéressé seulement au problème de sa rationalité empirique

---

1. Voir par exemple Stove : *Popper and After, Four Modern Irrationalists*, Pergamon press 1982.
2. R. Boudon, *L'Art de se persuader (des idées douteuses ou fausses)*, Fayard, 1995, p. 129-164.

— l'existence des autres aspects qu'on vient d'invoquer témoignant peut-être, comme Kant l'avait suggéré, du fait qu'il y a des éléments dans le savoir humain qui relèvent d'une validité synthétique *a priori*. Pour ce qui est de l'objection précédente, en un sens plus importante à ses yeux, il soulignerait sans doute que son approche du problème de la connaissance est dynamique et non statique (il s'intéresse à la façon dont la connaissance évolue, et aux conditions de possibilités logiques de cette évolution), et que si on prend en compte non les hypothèses concevables aujourd'hui mais celles qui pourront l'être à l'avenir, la liste des solutions théoriques est nécessairement ouverte — ce qui veut dire que les mieux établies d'entre elles risquent toujours de voir un jour surgir des rivales, comme ce fut le cas pour la mécanique newtonienne quand la mécanique relativiste est apparue. Même si l'on peut considérer que son insistance sur le caractère conjectural de toutes nos connaissances relève d'un certain parti-pris de dramatisation, il est difficile de toute façon de contester le fait qu'aucune partie du savoir acquis ne peut être en droit considérée comme à l'abri d'une possible remise en question : Popper va d'ailleurs sur ce point plutôt moins loin que son contemporain Quine qui considère que même les mathématiques et la logique pourraient être révisées sous la pression de l'expérience.

Il faut d'ailleurs reconnaître aussi que derrière l'apparent pessimisme épistémologique qui a frappé beaucoup de ses lecteurs, se cache en fait une foi solide dans la puissance de l'esprit humain. Les théories que ce dernier élabore sur le monde extérieur ne sont jamais certaines, mais presque jamais non plus complètement inintéressantes ou dépourvues d'un minimum de « contenu de vérité » (il y a toujours des observations qui les confirment) : et en les multipliant on a en tout cas des chances d'en trouver toujours de meilleures. Quant à nos organes sensoriels ou aux structures de notre fonctionnement mental, ils ne sont pas infaillibles, mais leur valeur n'en est pas moins incontestable : si nos sens ne nous donnaient pas le plus souvent des informations utiles, si notre logique était sans rapport aucun avec les mécanismes de la nature, nous aurions disparu depuis longtemps. Il y a donc bien aussi chez Popper une esquisse discrète de fondation positive du savoir, qui s'appuie en définitive sur des arguments de type darwiniens.

Face à ceux qui lui reprochent d'être exagérément sceptique il y a en tout cas ceux qui reprochent à Popper d'être un rationaliste naïf, et contestent à la fois sa conviction que l'expérience permet de départager les théories que nous élaborons sur la nature, et l'éloge qu'il propose de la démarche critique qui permet un tel partage. Ce qui mérite d'abord d'être remarqué, c'est qu'ils s'appuient en fait souvent sur des idées qu'il a lui-même proposées. D'une façon qui peut paraître au premier abord aller à contre-courant de ses propres exhortations méthodologiques, il y a de fait chez Popper des indications qui montrent qu'il est conscient de la difficulté de mettre ces dernières en pratique. On le voit notamment souligner lui-même dès le départ : 1/ que les énoncés d'observation, qui sont supposés tester nos hypothèses théoriques, sont eux-mêmes imprégnés de théorie ; 2/ que même si l'on peut être certain, quand ils entrent en conflit avec elles, que nous sommes quelque part dans l'erreur, nous ne pouvons savoir où réside celle-ci. Popper ne conteste pas les arguments holistes de Duhem et de Quine (pour lequel « nos énoncés sur la réalité extérieure affrontent le tribunal de l'expérience sensible non individuellement mais comme un corps organisé »), même s'il pense (comme eux d'ailleurs au fond) que des raisons pragmatiques nous incitent naturellement à considérer chaque partie de notre savoir comme si elle était indépendante et à effectuer telle révision possible avant telle autre ; 3/ que les hypothèses que nous élaborons doivent parfois être défendues de façon dogmatique contre des réfutations trop rapides — l'utilisation d'hypothèses défensives est parfois nécessaire, et même s'il faut en principe éviter les hypothèses ad hoc, celles-ci s'avèrent parfois utiles —, et que le savoir n'a aucune chance de progresser s'il est miné par une frénésie d'autocritique ; 4/ que lorsque des hypothèses rivales s'affrontent il n'est en tout cas pas toujours possible de décider à court terme de la meilleure, et de celle qui s'accorde le mieux avec les données de l'expérience. De telles nuances semblent réduire le falsificationnisme (dont on voit qu'il n'a plus rien de naïf) à l'affirmation peu contestable que si elle ne choisit pas par principe de remanier au moins par moments certaines de ses théories lorsqu'elles entrent en conflit avec l'expérience, la communauté scientifique n'a guère de chances de voir sa compréhension du monde s'accroître.

Si minimaliste qu'elle soit, cette affirmation n'est cependant pas acceptée par tous et l'on a vu dans les années 70 un certain nombre de relativistes tenter de saper l'image selon eux trop idéalisée que le rationalisme propose du savoir, en combinant les arguments logiques qu'on vient de citer avec d'autres arguments plus factuels, empruntés surtout à l'histoire des sciences[1]. Ils ont notamment souligné : 1/ qu'à chaque époque les chercheurs de chaque discipline ont tenu pour acquis un certain nombre de postulats, en eux-mêmes pas nécessairement évidents et dont l'origine socio-culturelle est même souvent manifeste, les prenant pour un *a priori* qu'il était inutile et absurde de tester ; 2/ que nombre de mutations théoriques se réalisent historiquement d'une façon qui échappe à toute justification rationnelle, et qui est largement intuitive : les changements de paradigmes notamment ressemblent beaucoup selon Kuhn à des changements brutaux de « gestalten » perceptives : ils redéfinissent les phénomènes d'une façon qui semble plus commode et plus évidente, sans qu'une comparaison minutieuse de l'ancien cadre théorique et du nouveau soit vraiment esquissée — et sans même qu'elle soit réellement possible, du fait de leur « incommensurabilité » ; 3/ que beaucoup de scientifiques parmi les plus célèbres (Galilée défendant la théorie copernicienne par exemple) ont fréquemment adopté une attitude dogmatique, indifférente à certaines objections évidentes, d'une façon qui s'est finalement avérée payante. Cela ne prouve-t-il pas en définitive que le savoir scientifique se transforme en fonction de facteurs avant tout psychologiques (du sentiment d'évidence intellectuelle qu'il suscite dans la communauté des chercheurs, et des perspectives de recherche qu'ils ont l'impression de voir s'ouvrir à eux), sans qu'on puisse affirmer ni que ses résultats sont réellement « corroborés » par l'expérience, ni que ceux qui s'y consacrent fassent preuve d'un sens de l'autocritique particulièrement développé ? Ne faut-il pas reconnaître que sa

---

1. Feyerabend a certainement été le plus incisif de ces relativistes. Voir, pour une introduction au débat : Chalmers : *Qu'est-ce que la science ?* Ed. La découverte, 1987.

valeur ne tient pas, comme on le croit naïvement, à l'exigence de justification et de contrôle qui est à sa source, mais simplement au consensus de fait qui se réalise autour de lui chez les « spécialistes » qui s'y consacrent ?

Un tel scepticisme est cependant loin d'emporter une totale conviction. Ceux qui s'y opposent ne manquent pas de contre-arguments. Ils font d'abord par exemple valoir que les « relativistes » ne croient pas complètement ce qu'ils feignent d'affirmer : s'ils continuent à parler de la « science », en la distinguant du mythe, c'est bien parce qu'ils croient, même s'ils ne veulent pas l'avouer, qu'un certain nombre de ses « résultats » sont valables, et fondés sur des arguments expérimentaux solides. Ils soulignent aussi que si l'adoption d'une théorie nouvelle se fait souvent à court terme sur des bases fragiles et apparemment contestables, le degré de confirmation de ces théories croit avec le temps — Galilée avait peut-être des arguments faibles pour défendre l'héliocentrisme, mais depuis nous en avons trouvé d'autres, meilleurs et plus nombreux —, et que la plupart des controverses scientifiques, dans lesquelles effectivement s'affrontent des arguments dont la valeur semble au départ égale, finissent par s'éteindre, parce que les raisons données par les uns parviennent au bout d'un moment par apparaitre convaincantes à tous. Ils rappellent également, ce qui est essentiel, que justifier une théorie n'est absolument pas en justifier toutes les parties — il y a nécessairement dans notre savoir, on l'a dit, un bon nombre de postulats non justifiés, ou simplement de concepts empruntés au sens commun — mais simplement expliquer pourquoi on la préfère à ses rivales : sa valeur est différentielle[1]. Enfin, même d'un point de vue historique, la description kuhnienne de l'évolution du savoir — avec domination incontestée de paradigmes ouvrant un large espace à la réalisation de « puzzles », et révolutions brutales —, peut être contestée : aussi séduisante soit elle, elle est aussi stylisée qu'une description de type rationaliste, qui peut elle aussi invoquer bien des exemples en sa faveur — les rivalités de paradigmes ne sont pas rares, les débats critiques et les réfutations spectaculaires d'hypothèses largement acceptées non plus —, et qui au total rend compte de façon au moins aussi satisfaisante de l'évolution du savoir.

Le rationalisme est donc loin d'avoir perdu la partie. Comment pourrions nous d'ailleurs vivre et penser sans critères pour distinguer ce qui est valable (intellectuellement et pratiquement) et ce qui ne l'est pas ? Reste que si on s'intéresse à ce type d'activité culturelle complexe que l'on appelle « les sciences » la description que semble en donner Popper ne peut pas ne pas paraître quelque peu simpliste, tandis que l'utilité de ses exhortations méthodologiques, justifiables à l'époque où il a commencé à travailler, du fait du poids qu'avaient alors les idéologies, semble aujourd'hui plus douteuse. C'est que Popper n'est pas au fond un « épistémologue », visant à décrire le fonctionnement des sciences dans sa réalité factuelle : mais plutôt un philosophe de la connaissance au sens large, qui cherche à en mettre en évidence la structure logique du progrès du savoir humain (la « logique de sa situation »), en postulant que sa réalité de fait ne peut être en

---

1. Voir : Boudon, *L'Art de se persuader*, Boudon : *Le juste et le vrai* ; Boudon et Clavelin : *Le relativisme est-il résistible*, PUF, 1994.

contradiction avec elle. Plus fondamentalement encore, il est le penseur moderne de la rationalité humaine, considérée à la fois dans sa normativité et dans son unité (c'est le seul philosophe à la penser aussi bien dans l'ordre politique et éthique que dans l'ordre technique et scientifique). Et sa thèse première est précisément que nous ne pouvons nous passer de pensée normative, et que nous avons beoin d'établir clairement les possibilités et les limites de toute justification de nos croyances : ni le scepticisme ni l'accumulation de pures descriptions factuelles ne sont vraiment vivables. Si l'on admet cette priorité (ou au moins cette indépendance) du droit par rapport au fait, la réponse popperienne liant la rationalité humaine à la volonté de discussion et à l'esprit critique (au souci de multiplier les idées puis de les soumettre à un examen argumenté) garde toute sa force.

III — Il faut souligner en tous cas que la dénonciation du rêve de certitude n'implique chez Popper aucun abandon de la norme de vérité. Au contraire l'auteur de la *Connaissance objective* fait partie de ceux qui croient que l'originalité de l'être humain est d'être capable de se représenter, de façon plus ou moins fidèle, le monde dans lequel il vit : capacité qu'il doit pour une part à la maîtrise des fonctions supérieures du langage — descriptive et argumentative — dont les animaux, qui n'ont que les fonctions expressives et communicatives, sont privés. Ce « représentationalisme » est solidaire d'un franc réalisme, c'est-à-dire de la conviction que le point de vue du sens commun selon laquelle il existe une réalité indépendante de notre pensée, à laquelle nous appartenons (même si subjectivement nous tendons à croire qu'elle ne peut exister sans nous), n'est pas si naïf que le prétendent la plupart des philosophies. Plusieurs arguments peuvent, à défaut de preuves strictes, être avancés en sa faveur : par exemple, on l'a vu, que la principale des motivations de l'idéalisme subjectiviste est la vaine recherche de données certaines. Ensuite qu'un tel idéalisme n'est guère compatible avec le fait que la nature du langage est essentiellement descriptive, nos énoncés visant toujours à représenter des faits extérieurs à nous (quelle que soit la nature de ces faits) ; et enfin qu'il n'est pas conciliable non plus avec la démarche et avec les résultats de la connaissance scientifique, qui vise toujours à comprendre l'esprit humain en le situant à l'intérieur du monde objectif (et ne considère donc pas que le premier soit condition de possibilité transcendantale de la constitution du second).

D'un point de vue épistémologique en tout cas, Popper polémique vigoureusement contre la thèse selon laquelle les théories scientifiques seraient réductibles à des instruments permettant de relier de façon élégante et économique nos expériences sensorielles et d'effectuer des prédictions utilisables pratiquement. L'instrumentalisme est défendu on le sait, par toute une tradition, qui part d'Osiander, le préfacier de Copernic — lequel affirmait des hypothèses coperniciennes qu'« il n'est pas nécessaire qu'elles soient vraies, ou même qu'elles ressemblent le moins du monde à la vérité ; une seule chose leur suffit en revanche : c'est qu'elles produisent un calcul qui s'accorde avec les observations » —, passe par Berkeley qui ne voyait lui aussi dans le newtonisme qu'une hypothèse mathématique commode, et refusait que des concepts comme ceux de force renvoient à une réalité extérieure, pour aboutir à Mach, ou au premier Wittgenstein qui réduisait les lois scientifiques à des règles permettant d'inférer un phénomène à partir d'un autre. Popper maintient au contraire (après Einstein, Meyerson, Planck, etc.) que la science vise à « produire une description vraie du monde, ou de certains de ses aspects, et à expliquer ses aspects observables ». Une théorie est foncièrement différente d'un instrument (même si elle est aussi un instrument) : d'abord évidemment parce qu'elle est réfutable, justiciable du faux et donc du vrai (alors qu'un instrument est simplement utilisable, dans des domaines d'application plus ou moins larges). Ensuite, parce que loin de s'en tenir à la description des phénomènes, elle cherche toujours à les expliquer à partir d'entités « invisibles » situées « derrière eux ». Enfin parce qu'elle ne se contente pas de coordonner des phénomènes d'un type déjà connu mais permet parfois de prédire des événements d'un type radicalement nouveau (qu'on songe à la prédiction des ondes hertziennes, de l'énergie subsistant au zéro absolu, ou de nouveaux éléments qu'on ne trouvait pas auparavant dans la nature) : ce qui est incompréhensible si elle se réduit à un instrument de coordination. Au total « parce qu'il sousestime la réfutation et met l'accent sur l'application, l'instrumentalisme se révèle être une doctrine obscurantiste, son attitude est celle de la facilité qui se satisfait de la réussite des applications. La science théorique n'est pas une application technique[1] ». Il faut tout de même préciser que le réalisme que défend Popper n'est pas essentialiste : il n'y a pas de niveau fondamental de réalité auquel les autres se réduiraient ; ou en d'autres termes pas d'explications ultimes (ce qui implique le refus d'affirmations comme : « l'essence de la matière c'est l'étendue, ou l'attraction « ; « le fondement de la vie sociale c'est l'économie » etc.) Ce par quoi on explique peut toujours être à son tour expliqué, ce qui implique que tous les niveaux de la réalité sont également réels : il n'y a pas d'apparences et de réalité ultime. L'idée par exemple que si le cérébral est réel le psychique n'est qu'une apparence, ou celle que la prise en compte des qualités premières implique la dévalorisation des qualités secondes — alors que « ces qualités là, les couleurs par exemple, ont autant de réalité que les qualités premières » — relèvent d'un réductionnisme qui à la fois décourage la recherche et mutile le monde.

Popper pense donc que l'idée de vérité comme correspondance à la réalité a bien un sens, et qu'elle doit être réhabilitée sous sa forme forte. A vrai dire il avoue avoir longtemps éprouvé de la méfiance à son égard : « tenter de se représenter clairement cette notion étrangement évanescente qu'est la correspondance entre un énoncé et un fait m'apparaissait une entreprise désespérée[2] ». Hostile aussi bien au pragmatisme (pour des raisons intellectuelles et morales proches de celles de Russell) qu'à l'idée de vérité -cohérence — de nombreux systèmes d'idées peuvent être cohérents, mais ils ne peuvent être tous vrais —, il était malgré tout découragé par l'échec de tentatives comme celles du *Tractatus*, qui avait tenté de penser la relation du langage au monde en termes d'homologie structurale — ce qui se heurte à l'objection triviale que le même fait peut être décrit par des phrases de

---

1. *Conjectures et réfutations*, p. 173 ; voir aussi *Le Réalisme et la science*, p. 131-165.
2. *Conjectures et réfutations*, p. 330.

structure très différentes. La lumière lui vint de la découverte de la théorie « sémantique » de Tarski, qui lui fit comprendre que la vérité était un concept métalinguistique, c'est-à-dire que : « pour parler de correspondance avec les faits, il faut recourir à un métalangage qui permet de parler de deux choses : des énoncés et des réalités auxquels il renvoie ». Certes Popper n'ignore pas que de cette théorie technique de logique mathématique, conçue au départ pour éviter certains paradoxes, Tarski lui-même affirmait qu'elle était « épistémologiquement neutre », et que par ailleurs présentée hors de son contexte technique, elle semble passablement triviale, puisque elle cherche à définir les conditions qui permettent par exemple d'affirmer « qu'un énoncé français comme « la neige est blanche » correspond aux faits si et seulement si la neige est effectivement blanche ». L'importance qu'il lui accorde tient en fait pour une part à ce qu'elle lui permet de donner un sens à l'idée de vérité en contournant l'insoluble problème de la relation du langage au réel (la capacité pour un énoncé de décrire un fait est considérée comme une donnée première) ; et pour une autre part à ce qu'elle présente à ses yeux le double avantage d'être objective (la vérité d'un énoncé est indépendante du fait que nous y croyons et des raisons pour lesquelles nous y croyons : il peut être vrai même si personne n'y croit), et de dissocier clairement définition de la vérité et proposition d'un critère de vérité — en fait non seulement elle ne donne pas de tel critère, mais elle démontre qu'il ne peut y en avoir.

Non seulement la vérité est la valeur qui régit notre connaissance du monde, mais on peut décrire positivement le progrès de cette connaissance comme un mouvement effectif vers toujours plus de vérité (même s'il faut être aussi conscient que nous n'avons pas tant besoin de vérité brute que de vérité intéressante, et aussi d'intelligibilité). C'est pour préciser cette idée d'approximation croissante de la vérité que Popper a essayé de formaliser l'idée d'une « vérisimilitude » croissante de nos théories : quand le contenu de vérité d'une théorie (la classe de toutes ses conséquences vraies) est supérieur à celui d'une autre sans que son contenu de fausseté le soit aussi, sa vérisimilitude augmente : elle reste une approximation imparfaite, mais plus proche de la réalité que sa rivale. En fait cette tentative pour proposer une mesure objective de l'approximation de la vérité s'est avérée d'un point de vue technique, et de l'aveu même de son auteur, un échec. Il ne faut pas de toute façon croire que son acharnement à continuer à penser la connaissance en fonction de la catégorie de représentation vraie fasse de Popper un réaliste absolument naïf. Très conscient, conformément à la tradition kantienne, du rôle actif de l'esprit dans l'élaboration de la connaissance, il souligne au contraire à plusieurs reprises que les théories ne sont en rien des copies de la réalité. Il déclare par exemple : « je conçois les théories scientifiques comme autant d'inventions humaines — comme des filets créés par nous et destinés à capturer le monde. Elles diffèrent certes des inventions des poètes et même des inventions des techniciens. Une théorie n'est pas seulement un instrument : ce que nous recherchons c'est la vérité. [Mais] ces filets rationnels créés par nous ne doivent pas être confondus avec une représentation complète du monde réel. [...] Par exemple si une phrase de forme sujet-prédicat est vraie on ne doit pas en conclure que le monde est composé de sujets et de prédicats[1] »... Et de même le fait qu'une théorie soit de forme déterministe la rend certes intéressante scientifiquement parce qu'elle est du coup plus simple à tester : mais elle ne prouve en aucun cas que le monde lui-même soit de nature déterministe.

Ces concessions sont de toute façon largement insuffisantes pour la plupart des philosophes contemporains, aux yeux desquels il faut bien reconnaître que le réalisme popperien apparait imprégné d'un scientisme (puisque la science a vocation à dire le vrai, et qu'il n'est sur le monde qu'une seule vérité possible) et d'une naïveté « métaphysique » aujourd'hui inacceptables. Parmi les purs épistémologues, même ceux qui refusent l'instrumentalisme jugent également problématique la continuité que le réalisme représentatif semble postuler entre les énoncés empiriques simples, pour lesquels la notion de correspondance peut à la rigueur être acceptée, et les constructions théoriques hautement complexes de la science — dont les lois ne décrivent pas des événements localisés mais des propriétés ou des relations « transfactuelles », qui peuvent elles-mêmes souvent être décrites ou modélisées de plusieurs façons alternatives — : la validité de la théorie des quarks peut-elle être exactement du même ordre que celle de l'affirmation selon « le chat est actuellement sur la table » ? Nombreux sont ceux qui en doutent : un auteur comme Alan Chalmers par exemple se déclare partisan d'un « réalisme non figuratif » faisant l'économie de la problématique notion de vérité-correspondance. « Le réaliste non figuratif ne suppose pas que nos théories décrivent des entités dans le monde à la manière dont le sens commun comprend que notre langage décrit les chats et les tables. Nous pouvons évaluer nos théories selon le critère de leur degré de réussite à saisir un aspect du monde, mais nous ne pouvons pas aller au-delà et évaluer le degré auquel elles parviennent à décrire le monde tel qu'il est réellement, pour la bonne raison que nous n'avons pas accès au monde indépendamment de nos théories d'une façon qui nous permettrait de juger l'adéquation de ces descriptions[2] ».

On retrouve une attitude semblable, mais exprimée de façon plus systématique, chez l'un des auteurs majeurs de la philosophie analytique contemporaine — l'un de ceux qui ont contribué le plus systématiquement à la rupture avec l'empirisme logique —, H. Putnam, qui lui aussi juge intenable la vérité-correspondance, à la fois parce qu'elle présuppose une impossible confrontation à la réalité extralinguistique, et parce qu'elle laisse croire naïvement que les « faits du monde », supposés exister de façon totalement indépendante du langage au moyen duquel nous les appréhendons, nous imposent la manière dont nous les décrivons. « L'esprit, affirme-t-il, ne se contente pas de copier un monde qui ne peut être décrit que par la seule et unique théorie vraie ». Il n'y a donc pas d'énoncés vrais indépendants des langages ou des versions du monde que nous utilisons : « nous avons de multiples manières de parler qui sont irréductiblement différentes et toutes légitimes avec dans chacune des énoncés d'existence qui sont vrais ». Tout en refusant l'idée qu'il existerait

---

1. *L'Univers irrésolu*, trad. R. Bouveresse, Hermann, p. 36.
2. *Qu'est-ce que la science ?*, p. 258.

un point de vue de Dieu duquel on pourrait évaluer la validité de nos théories Putnam n'en essaie pas moins aussi d'éviter l'écueil du relativisme, qui manifestement selon lui s'autoréfute. Exprimée positivement, la conception de la vérité qu'implique son « réalisme interne » se formule en définitive dans les deux thèses suivantes : 1/ La vérité se ramène à l'acceptabilité rationnelle (« le seul critère pour être un fait est d'être rationnellement acceptable »), mais idéalisée (pour rendre compte du caractère révisable de nos croyances rationnelles actuelles). 2/ L'esprit ne copie pas le monde mais il ne l'invente pas non plus. « Si l'on doit parler en termes métaphoriques, que la métaphore soit la suivante : "l'esprit et le monde construisent conjointement l'esprit et le monde[1]" ».

Encore un pas dans la contestation de la foi rationaliste, et l'on arrive aux thèses de Richard Rorty : exemplaire représentant d'un scepticisme « postmoderne », auquel les convictions de cet *aufklärer* qu'est Popper paraissent éminemment « métaphysiques » et qu'elles remplissent d'ironie. Prenant le contrepied de la démarche qui à conduit l'homme à privilégier, pour se situer dans le monde, la connaissance objective de la nature, Rorty juge que la science doit être considérée comme un art plus que comme un dévoilement, qu'elle est « l'invention de nouvelles descriptions qui s'avèrent utiles, mais qu'elle ne donne pas une description exacte de ce qu'est le monde en soi » : le fait par exemple que « le vocabulaire de Newton nous permette de prédire le monde plus facilement que celui d'Aristote ne signifie pas que le monde soit newtonien. Le monde ne parle pas, nous sommes seuls à le faire[2] ». Il y a certes une évolution du savoir qui voit certaines descriptions en supplanter parfois d'autres, mais loin de considérer qu'elle témoigne d'une convergence vers la « vérité » — dont on pourrait à la limite imaginer qu'elle serait un jour complète et définitive —, il faut simplement considérer qu'elle permet le développement de langages plus « commodes » et plus « intéressants » que les précédents. D'une façon générale, « la science n'est qu'une activité de plus au lieu d'être le lieu où l'homme se confronte à une réalité non humaine ». Conformément à la tradition pragmatiste dont il se réclame, Rorty pense donc qu'on a intérêt à faire l'économie de la notion de correspondance au réel : « vrai » est seulement un terme de recommandation pour les énoncés que nous estimons actuellement justifié d'accepter (ou qui sont « avantageux pour notre pensée pour des raisons définies et assignables », à condition de préciser encore qu'une telle justification ne renvoie à aucune « rationalité transculturelle », mais seulement aux normes intellectuelles de notre culture), sans renoncer pour autant à l'espoir d'améliorer sans cesse nos croyances. Sa position est résolument anthropocentriste et même anti-universaliste (il n'y a pas de « bonne façon » de penser qui devrait s'imposer à toute culture), et il ne se cache pas de placer donc le souci de solidarité avant celui d'objectivité, d'affirmer la priorité de « l'espoir sur le savoir », du souci éthique (fondé non seulement comme la défense de la liberté et de la diversité, mais sur le désir « d'élargir l'entente intersubjective ») sur celui du vrai : « notre explication de la valeur de la recherche repose sur une base

---

1. Putnam, *Raison vérité histoire*, p. 8-9.
2. Rorty, *Contingence, ironie et solidarité*, p. 25 sq. Voir aussi *Objectivisme, relativisme et vérité*.

exclusivement éthique, nullement sur une philosophie de la connaissance ou une métaphysique ». Renoncer à l'idée qu'il y aurait une « manière d'être objective des choses », ou que nos pensées et nos actions pourraient être régies par une rationalité intemporelle, c'est se défaire d'idoles métaphysiques nous donnant l'illusion que nos pensées peuvent avoir une valeur absolue, et reconnaître leur contingence indépassable, ce qui est la seule libération dont nous ayons aujourd'hui besoin.

L'opposition entre un rationaliste comme Popper et un relativiste comme Rorty renvoie bien entendu à l'opposition d'une époque menacée par les idéologies et par la tentation totalitaire (celle de l'entre deux guerres, où la défense de la vérité était une priorité incontestable) et d'une époque (la nôtre) qui se croit menacée par le scientisme, et la domination d'un type unique de discours et de culture. On remarquera cependant qu'il serait particulièrement abusif d'accuser Popper d'avoir une conception intolérante du rationalisme, puisqu'il est au contraire l'un des premiers à avoir fait la théorie d'une société (la société ouverte) caractérisée par le pluralisme des visions du monde, l'esprit de critique et de discussion, l'acceptation de règles minimales permettant le respect des libertés. Il n'est par ailleurs pas sûr que l'idée de correspondance au réel, que tant de philosophes prétendent obsolète puisse être jamais totalement éliminée de notre univers mental, tant elle tend à nous paraître évidente dans les cas les plus simples, et tant il reste douteux qu'un discours puisse jamais se poser lui-même comme autre chose qu'un dévoilement sans distance de son objet. Ce qu'il faut souligner surtout pour finir, c'est que le privilège que lui accorde Popper est en partie lié à l'allure franchement réaliste de sa dernière philosophie : qui se présente, on le sait, comme une « cosmologie », dont le but est pour une large part de comprendre l'apparition de la connaissance dans le monde physique et dans le monde du vivant, et plus particulièrement de déterminer les conséquences qu'on peut tirer de son appartenance à la réalité qu'elle décrit. Ces conséquences sont, très sommairement, de deux types : d'une part le savoir humain est selon Popper en droit « incomplétable », puisque il ne peut s'inclure lui-même complètement dans la description qu'il donne du monde[1] : au fur et à mesure qu'il progresse, il contribue à créer une réalité nouvelle, qui appelle à son tour sa description, et ceci à l'infini — la connaissance, dont nous savons déjà par l'expérience commune qu'elle engendre de nouveaux problèmes chaque fois qu'elle en résout, peut donc croître sans redouter de jamais se clore, et c'est là évidemment une bonne nouvelle.

Par ailleurs, le fait qu'aient pu apparaitre dans le monde physique non seulement des organismes vivants engagés dans une activité de résolution de problèmes, mais des êtres capables de décrire linguistiquement le monde, et de sélectionner après discussion les descriptions qui correspondent le mieux à la réalité, témoigne que ce monde est un monde « ouvert », en évolution créatrice, et plus précisément, qu'il n'est ni purement matériel ni rigidement déterministe : comme le disait Haldane, « si le matérialisme est vrai, il est impossible que l'on sache qu'il est vrai », ce que Popper commente ainsi : « si mes opinions sont le résultat de

---

1. *L'Univers irrésolu, op. cit.*, p. 106, et p. 109-147.

processus chimiques ayant lieu dans mon cerveau elles sont déterminées non par les lois de la logique mais par celles de la chimie. Toute philosophie qui maintient la fermeture causale du monde physique est autodestructrice dans la mesure où elle rend illusoire la rationalité[1] ». Penser positivement la possibilité de la vérité suppose donc d'abord faire une place, dans un univers que Popper se représente comme constitué de « propensions », à des niveaux de réalité émergents, partiellement autonomes, qui ont une logique et une action causales propres : notamment celui des états mentaux (monde 2), et surtout celui des produits objectifs de l'esprit humain (monde 3) qui rétroagissent sur l'esprit qui les a conçus. C'est ensuite admettre que nos idées, même si elles subissent de nombreuses actions causales, ne sont pas rigidement déterminées par elles. Dire qu'une idée peut être vraie, n'est-ce pas en définitive indiquer simplement qu'une fois que le psychologue, le sociologue, le neurobiologiste etc., ont tenté d'en rendre compte, il subsiste un résidu : en dernière instance c'est par son contenu qu'elle s'explique, par son adéquation éventuelle à l'objet qu'elle a visé et qu'elle a la capacité mystérieuse d'atteindre ou de manquer ?

---

1. *L'Univers irrésolu, op. cit.*, p. 70-71.

Vérités mathématiques, vérités empiriques

Gilles-Gaston Granger

Je commencerai par avancer quatre remarques préliminaires touchant les vérités scientifiques.

1/ Il convient tout d'abord de ne pas perdre de vue que toute vérité scientifique se produit dans un *symbolisme*, langue naturelle ou idéographie spécifique, mais je voudrais souligner tout aussi fortement qu'elle ne saurait être simplement produite *par* un symbolisme, même dans le cas des mathématiques.

2/ En second lieu, il s'agira de distinguer des *modes de vérification* plutôt que des espèces de vérité, des états statiques de vérité. Mais ceci ne signifie aucunement que les vérités scientifiques soient en tout et pour tout des artefacts et des productions de la pensée.

3/ En troisième lieu, nous retiendrons comme caractère des vérités scientifiques en général qu'elles sont *contrôlables* collectivement, et par conséquent *révisables* ; et qu'elles sont toujours relatives à ce que j'appelle un *référentiel*, c'est-à-dire un cadre de description opératoire d'un système d'objets, qu'il s'agisse d'objets constitués dans l'empirie ou d'objets mathématiques.

4/ Enfin, la distinction entre vérités mathématiques et vérités empiriques, même si elle se traduit par des différences de *degré de certitude*, repose plus profondément sur des différences de *détermination des référentiels*. Dans les mathématiques, l'abstraction permet une détermination complète possible des référentiels ; dans les sciences de l'empirie, ces référentiels ne sont que partiellement déterminés, et à la limite, dans une connaissance historique, ils deviennent presque totalement indéterminés. Finalement, ces distinctions se ramènent à des différences de rapport entre des *systèmes opératoires et des systèmes d'objets*. Ce sera là finalement notre principe de distinction fondamental entre les modes de vérification.

Le statut de l'opératoire et les vérités en mathématique

1/ Les axiomes, en mathématique, sont des vérités en ce qu'ils sont des expressions de l'*opératoire* déterminant de façon suffisante des objets. Vérifier n'est pas ici contrôler les propriétés d'objets, mais *effectuer sans obstacles les opérations*. L'intuition sensible peut être un guide, mais les axiomatiques lui substituent des règles de *construction* et de *démonstration* déterminant des objets *virtuels*. (c'est-à-dire sans référence à une actualisation éventuelle dans l'expérience).

Même les axiomes d'Euclide I, qui peuvent paraître décrire des objets, expriment essentiellement de l'opératoire : les définitions mêmes comportent souvent des prescriptions opératoires ; par exemple : 8 (angle plan), 15 (cercle), 23 (parallèles).

Quant aux axiomatiques modernes, elles déterminent clairement des objets *virtuels* par de l'opératoire : par exemple les axiomes de Peano (*Arithmetices principia*, 1889). L'univers des objets est alors nommé N, mais son référentiel est uniquement constitué par les 9 axiomes : *opérations* à effectuer sur les *objets* indéterminés (sauf en ce qu'ils rendent ces opérations possibles), et sur les *énoncés* portant sur ces objets.
Ex. (6) : $a \in N \supset a + 1 \in N$; (2) : $a \in N \supset a = a$

2/ La corrélation des opérations et des objets dépend des *moyens d'expression* du symbolisme. Différence entre le langage du 1er ordre (prédicats et individus, sans pouvoir quantifier sur les prédicats) et langages d'ordre supérieur.
Exemple : le concept de groupe abélien est entièrement déterminable dans un langage du 1er ordre, par les axiomes :

$\forall x, y, z \, (x + (y + z)) = (x + y) + z$
$\forall x \, \forall y \, (x + y) = (y + x)$
$\forall x \, (x + 0) = x$
$\forall x \, \exists y \, (x + y) = 0$

Au contraire, la notion de groupe abélien « sans torsion », demande un nouvel axiome :
$\forall n \geq 1 \, \forall x \, (x \neq 0 \supset nx \neq 0)$
De même le groupe abélien avec torsion :
$\forall x \, \exists n \geq 1 \, (nx = 0)$
Les groupes abéliens avec ou sans torsion ne sont pas définissables au premier ordre : l'ensemble des *énoncés du 1er ordre* vrais pour tout groupe abélien de torsion est vrai pour quelques groupes abéliens sans torsion. (La raison : il y a quantifications sur les objets n, qui ne sont pas des individus mais des classes).

Autre exemple : le corps ordonné des réels <R, +, x, <, 0, 1> n'est pas caractérisable par des axiomes du 1er ordre. Les mêmes énoncés du 1er ordre sont satisfaits par les nombres ordinaires, mais aussi par un ensemble d'objets non-archimédiens (modèles non-standard).

3/ La vérité des théorèmes, est établie par démonstrations (l'un des aspects de l'opératoire). Mais qu'en est-il de *l'idée de la « vérité » globale du système* des théorèmes ? Peut-elle être établie par *métadémonstration*.
Hilbert formule deux conditions d'une métadémonstration :
  A. restriction du système opératoire, appliqué aux symboles comme objets de 2° espèce : ramener les démonstrations au constat de résultats d'opérations élémentaires.
  B. effectivité : se limiter aux suites finies d'opérations.

Montrer ainsi qu'aucun enchaînement d'opérations constructives ou déductives ne se heurte à des incompatibilités ni à l'établissement de deux énoncés contradictoires.

L'idée intuitionniste procède au fond de la même motivation : maîtriser la finitude des processus opératoires, « exhiber » effectivement les objets.

Deux objections à ces tentatives :
A — Wittgenstein — Le sens des énoncés mathématiques est seulement donné par les processus démonstratifs, *libres* sous les règles logiques élémentaires. Une rencontre d'obstacles est jusqu'à un certain point inoffensive : n'invalide pas les procédures antérieures ; on changera les règles pour poursuivre. Cette rencontre étant imprévisible, le projet d'une méta-démonstration de non-contradiction est dépourvue de sens. Au reste il n'y a pas, pour Wittgenstein, de métamathématique distincte de la mathématique.

Mais une telle conception me paraît entraîner une dissolution de la notion d'*objets* mathématiques, et une relativisation radicale de la notion de *vérité* mathématique.

B — Gödel — Les ressources *opératoires démonstratives* d'un système mathématique raisonnablement riche sont débordées par les propriétés des *objets construits* comme modèles des axiomes de la théorie. Il y aura donc des propriétés d'objets formulées dans des énoncés vrais (vérifiables sur des modèles de la théorie) qui ne soient ni démontrables ni réfutables. Et il est impossible d'établir dans un système sa propre non-contradiction

4/ Vérités et « contenus formels ».

Les théorèmes gödeliens de limitation montrent qu'il y a un *excès* du sémantique *objectal* sur le syntaxique *opératoire*. Le *logique stricto sensu* constituerait à cet égard le degré zéro des contenus formels : objets sans qualités, autre que la présence ou l'absence. Appliqué aux énoncés ou aux objets riches des théories mathématiques, cette théorie de l'objet en général, qui est en même temps théorie de la manipulation des énoncés, guide minimalement le cheminement du symbolisme comme *démonstration* et *construction*.

Les « faits » mathématiques : propriétés des objets virtuels, éventuellement ramifiées en différents modèles.

Le progrès mathématique consiste dans le *raffinement* des définitions, la *modification* des axiomes, la *réadaptation* des systèmes opératoires aux systèmes d'objets. Il en résulte :
- la création de domaines d'objets plus abstraits, enveloppant les objets antérieurs qui en sont des cas spécifiques. (groupes, anneaux...)
- la création de virtualités d'espèces nouvelles (l'invention des « Idéaux » de Kummer et Dedekind)

Qu'est-ce qu'une *erreur* en mathématique ?
- un paralogisme : accidents personnels.
- une analyse insuffisante des virtualités : exemple Kummer croit avoir démontré le grand théorème de Fermat, parce qu'il utilise une propriété

d'unicité de la décomposition en facteurs premiers dans les corps d'entiers cyclotomiques. Mais de telles erreurs sont fécondes : Dirichlet signale l'erreur et Kummer construit une théorie des « nombres idéaux ».

On voit en quel sens les vérités mathématiques sont :
1°. Définitives.
2°. Relatives à des référentiels déterminant des systèmes de *virtualités.*
3°. Impossibles à justifier dans leur ensemble.

Les vérités empiriques et les faits virtuels de la science

1/ Les vérités des sciences empiriques sont à base de constats de résultats d'opérations, comme les vérités mathématiques.

Elles portent sur des faits *virtuels,* c'est-à-dire *complètement déterminés* dans des référentiels. Les lois empiriques sont des relations entre faits virtuels, *posées* ou *démontrées* dans le référentiel.

Mais ces constats font intervenir en dernier ressort des faits *actuels,* c'est-à-dire expérimentés dans le sensible. Ces faits actuels sont *surdéterminés* par rapport aux faits virtuels donc incomplètement déterminés dans les référentiels.

2/ Référentiels : pas seulement au sens premier de cadres spatio-temporels de description. Plus généralement, ce sont des grilles de détermination d'une *information.*

Comme métaréférentiels, les *catégories,* ou métaconcepts scientifiques délimitent (provisoirement) le champ de l'investigation : constituent l'*objet.* Elles sont corrélatives d'*opérations,* conceptuelles ou matérielles, qui les distinguent des simples « idées » ou « thèmes » de Holton. Elles sont associées à des procédures d'*approximation* plus ou moins précises.

Le cas des faits, ou évènements, *historiques* mérite une observation : les référentiels de description sont alors trop incertains, ou trop arbitraires (c'est-à-dire trop dépendants de la condition concrète individuelle du descripteur). Les sociologues, psychologues et ethnologues tentent de construire des référentiels plus adéquats mais en acceptant de perdre partiellement le caractère historique de singularité des faits.

Le progrès des connaissances dans les sciences de l'empirie c'est le perfectionnement des énoncés vrais c'est-à-dire :
- Une *évolution pertinente des référentiels* (exemple : la relativité ; la génétique et l'idée de « gènes » ; la linguistique et le concept de système et de phonème). Une question a pu être posée (Quine) : le référentiel fondamental constitué par *le logique,* peut-il être lui-même révisé ? Ma réponse est négative, car il constitue un véritable métaréférentiel déterminant la notion d'objet en général, ce sont les référentiels particuliers aux différentes sciences de l'empirie qui caractérisent leurs objets propres et sont révisables (physique quantique...)
- Une amélioration des systèmes opératoires de détermination des *informations tirées des faits actuels.*

3/ Si les sciences de l'empirie concernent d'abord des faits virtuels, quel est le sens du critère poppérien ? Double sens :

A — Un énoncé scientifique doit pouvoir être nié *dans son référentiel*, le fait virtuel ne doit *pas être une pure tautologie*.

B — Un fait virtuel *hors référentiel* doit pouvoir être imaginé. Mais la confrontation avec les faits actuels, incomplètement déterminés dans le référentiel, ne peut être qu'un *indice* conduisant ou non à changer le référentiel. Exemple : l'expérience de Michelson Morley n'était pas *suffisante* pour inventer la relativité restreinte.

Le sens profond du critère poppérien : le référentiel avec ses procédures d'approximation doit permettre une détermination suffisante des faits actuels relativement aux faits virtuels. Cette suffisance étant fonction de l'état de la science.

4/ Dans cette perspective, deux types particuliers d'énoncés appellent des remarques : les *principes* et les énoncés *probabilistes*.

A — Principes : ce sont des méta-énoncés *décrivant le référentiel*. Exemple : le principe d'inertie, posant que la position et la vitesse d'un point matériels suffisent à décrire son mouvement ; le principe de minimisation de l'action, en mécanique. Donc, non confrontables à des faits *actuels*. Néanmoins, le cas B du § précédent peut amener à réviser un principe.

D'autre part, des formulations différentes des principes peuvent correspondre à des référentiels équivalents. Mais c'est alors une propriété *mathématique* des référentiels (exemple : le principe de constance d'une grandeur en mécanique, énergie, impulsion, etc. et le principe variationnel de minimisation d'une intégrale le long d'un chemin virtuel : démontrés équivalents par le théorème de Nœther).

B — Les ensembles virtuels sur lesquels portent les énoncés probabilistes ne sont pas directement confrontables avec des faits actuels : *tout fait actuel* et même toute série de faits actuels est *compatible avec* un énoncé probabiliste.

Une probabilité est définie axiomatiquement comme une valeur réelle entre 0 et 1 attribuée à un ensemble abstrait dans un treillis. Le calcul des probabilités, théorie purement mathématique, explore des *suites de faits virtuels*, et des *suites de suites* de faits virtuels assimilées à de tels ensembles.

Le calcul permet seulement d'itérer sur elle-même la notion abstraite de probabilité dans des suites virtuelles : probabilité dans une suite de suites (du second ordre) qu'une probabilité (du premier ordre) appartienne à une occurrence dans une suite du premier ordre. Les lois dites de grands nombres sont des théorèmes donnant les conditions mathématiques pour que des probabilités d'écarts fixés par rapport à des probabilités d'*évènements virtuels* soient bornées. Par exemple : le lemme fondamental de Bienaymé-Tchebychev (probabilité d'un écart supérieur à t fois l'écart type est inférieure ou égale à $1/t_2$).

Le passage à l'actuel : probabilité d'une occurrence de fait actuel = valeur moyenne de sa *fréquence* relative dans les différentes suites, considérées comme des occurrences de second niveau (définition de Von Weiszäcker). Seules sont observables des fréquences, et dans des ensembles *finis* d'occurrences de faits ou de suites de faits, ou de suites de suites de faits... La confrontation avec les faits actuels suppose finalement une *décision* de considérer des fréquences actuelles, *à un certain niveau*, comme représentant des fréquences virtuelles, assimilées alors à des probabilités abstraites auxquelles s'applique le calcul. *Ce postulat correspond à une propriété empirique du monde*, ou plus exactement c'est une application particulière du postulat selon lequel le virtuel peut fournir des représentations de l'actuel, *si l'on superpose suffisamment de niveaux de virtualités*.

Dans les deux types de science, la vérité d'un énoncé signifie un certain degré d'*adéquation d'un système opératoire à un système d'objets*. La vérité qualifie l'*information* obtenue au moyen de l'énoncé, soit dans un univers purement virtuel, soit dans l'univers actuel auquel le virtuel fournit un référentiel de description.

En mathématiques, l'information concerne des *contenus formels*, en sciences de l'empirie des *contenus empiriques*. Dans les deux cas, l'évolution, le progrès des vérités scientifiques *dépend d'abord des choix de référentiels* constituant les objets comme systèmes virtuels au moyen de systèmes d'opérations. Pour les sciences de l'empirie, l'amélioration des instruments de production et de constat des faits *actuels* joue évidemment un rôle capital, mais pourtant second, car la science est d'abord dans tout domaine exploration du virtuel.

La théorie physique est-elle vraie ?
Miguel Espinoza

Les physiciens du XXe siècle, traumatisés par les profonds changements introduits par les deux théories de la relativité et par la mécanique quantique dans notre vision du temps et de l'espace, de la causalité, de l'objet physique et de la connaissance objective, prennent mille précautions avant de parler de vérité. Ils préfèrent se rabattre sur l'ombre de la vérité — d'où les discours sur l'approximation à la vérité, la probabilité, la réfutation, la falsifiabilité, la vraisemblance, la justification rationnelle, la vérité manufacturée et le consensus. Le problème de la vérité selon la physique récente est donc celui de la description et de la compréhension d'un idéal qui traverse une période hostile.

Le discours scientifique est composé d'énoncés dont le degré d'abstraction est différent. Commençons par classer ces énoncés d'après leur distance de la perception sensible en examinant le problème de la vérité à chaque stade.

La vérification des énoncés d'observation

Il y a des comptes rendus de l'expérience sensible exprimés par des propositions du type : « je visualise sur l'écran de l'oscilloscope tel mouvement d'électrons dans un circuit fermé », « je vois que le témoin est allumé », « je constate que tel type d'ondes arrive au laboratoire ». Il s'agit d'énoncés exprimés à la première personne du singulier qui enregistrent et interprètent les données, c'est-à-dire les stimuli qui viennent frapper nos terminaisons sensorielles. Ces énoncés paraissent évidents parce que dans nos constatations nous ne distinguons pas nettement un phénomène externe d'une part et une représentation de ce qui arrive, verbale ou autre, d'autre part. Il y a un seul acte de perception. Le scientifique ne fait pas grand cas des doutes sceptiques concernant la perception sensible tels que : il se peut que je sois en train de rêver, que je sois l'objet d'une illusion, qu'un malin génie fasse de son mieux pour me tromper, et ainsi de suite.

Une des caractéristiques de la physique moderne est la recherche de vérification, l'accord de la théorie avec les données sensorielles. Cela explique le souci de connecter logiquement les idées et les lois, aussi abstraites soient-elles, aux énoncés proches de l'expérience sensible. Une théorie non vérifiée aurait du mal à nous persuader de son bien fondé et on serait tenté de penser qu'au lieu de décrire le monde réel, elle construit un univers fictif. Puisque la vérification a affaire à des cas particuliers, au concret, elle est à la base de l'induction (nous y reviendrons).

En philosophie des mathématiques la vérification, la capacité de suivre avec les yeux de l'esprit le contenu d'une proposition, est exigée par les intuitionnistes. Ils trouvent qu'il est absurde de parler des êtres, des faits ou des lois mathématiques sans tenir compte de la capacité humaine de les connaître ; ils considèrent qu'il n'y a pas de vérité qui ne soit pas donnée à l'expérience et que les objets mathématiques surgissent de l'intuition du temps.

A moins d'être sceptique comme les poppériens — pour qui la vérité en acte n'existe pas puisque tout énoncé tenu pour vrai peut un jour ou l'autre être réfuté par les faits —, on croit que la vérification ou la corroboration augmente la probabilité de ce qui est affirmé. La théorie de la relativité générale est plus probable aujourd'hui, après tant de vérifications, qu'en 1916. Il s'agit de l'aspect positif de l'exigence de perception ou d'intuition, tandis que d'un point de vue négatif, l'avis du positiviste est que la vérification permet de laisser sans signification cognitive (sans valeur de vérité) tout énoncé incapable d'être ramené, au moins en principe, directement ou indirectement à d'autres énoncés proches de l'expérience. Le positivisme et l'opérationnalisme en physique, ainsi que l'intuitionnisme en mathématiques, nient la valeur de connaissance d'une grande partie du discours scientifique, et la vérification est devenue, entre leurs mains, critère de scientificité. L'énoncé non vérifié est non-scientifique ou pseudo-scientifique, ou encore métaphysique ou absurde.

De l'observation à la chose observée

Le deuxième type d'énoncé par ordre d'abstraction qui compose le discours en physique décrit des objets et des phénomènes ; il se situe du côté de la chose. Ce stade du discours scientifique est plus éloigné de l'évidence sensible que le précédent et possède un degré plus élevé d'abstraction, d'objectivité et d'universalité. Sa raison d'être est de rendre compte de l'apparition des données sensorielles. Ce sont des énoncés où l'expression « il y a telle ou telle chose » remplace « j'observe tel ou tel phénomène ». Si je vois telle structure précise au microscope c'est parce que, par exemple, il y a des cellules qui ont un noyau à l'intérieur duquel il y a des chromosomes ; si une irradiation de 100 rem rend l'appareil génital de l'homme stérile, c'est, entre autres, parce qu'il existe le phénomène de la radioactivité, une transformation des noyaux d'atomes accompagnée d'émission de corpuscules.

Nous trouvons à ce stade une des controverses paradigmatiques entre la vision positiviste et la vision réaliste de la connaissance et de la vérité. Postuler qu'il y a des objets et des phénomènes qui se manifestent à la sensation et à la perception est une marque de réalisme, que ce soit celui du sens commun ou celui de la science. C'est la stabilité des objets et des phénomènes qui explique la répétition des sensations, c'est elle qui nous permet de concentrer le regard sur une partie du réel, de la considérer comme un objet et de lui donner un nom. Si le critère de réalité est la stabilité (existe ce qui reste identique à soi-même), on comprend que les données sensorielles, fugaces et changeantes d'une personne à une autre, ou même pour la même personne en des moments différents, soient conçues comme ayant un degré de réalité inférieur à celui des objets et des phénomènes stables et universels.

Par contre, un positiviste comme Ernest Mach est d'avis que le monde est constitué de sensations (semblables aux « idées » et aux « impressions sensorielles » des empiristes classiques), le monde équivaudrait donc à la perception que nous en avons. Ainsi l'objectif de la physique et de la mécanique en particulier est de donner un compte rendu économique des sensations, de les organiser de la façon la plus simple possible. Quiconque parle d'un arbre ou d'un atome comme s'ils étaient des objets indépendants de nos facultés sensibles fait de la métaphysique car ils ne sont rien d'autre que des ensembles de sensations. On peut tolérer que de telles séries de sensations soient traitées comme des objets indépendants à condition qu'elles soient utiles à la simplification théorique et qu'elles soient des astuces, des abréviations utiles à la prédiction. La théorie ne peut être un discours vrai et explicatif concernant des objets et des phénomènes réels, et ce qu'on peut attendre d'elle est, au mieux, une description adéquate des sensations et une prédiction correcte.

La vérité pratique de la loi fonctionnelle

Le troisième type d'énoncé par ordre d'abstraction est la loi, l'un des éléments essentiels et distinctifs de l'explication scientifique. Il y a lieu de distinguer l'explication et la compréhension. La première est un argument, un arrangement logique ou raisonnable de propositions où la conclusion est une description de l'objet ou du phénomène à expliquer (par exemple, l'arc-en-ciel), et les prémisses contiennent à la fois des lois pertinentes à la production ou à l'évolution des phénomènes (les lois de réflexion et de réfraction de la lumière) et les circonstances particulières de la production de l'objet ou du phénomène (les caractéristiques des gouttes de pluie, de bruine ou de brouillard qui se comportent comme une multitude de prismes, la position de l'observateur qui dans certains cas et d'un point élevé peut observer tout le cercle, etc.)

Pour des raisons qui restent énigmatiques (intuition géniale, inspiration), les modernes ont découvert des lois fonctionnelles de longue portée et très utiles pour la prévision et le contrôle des phénomènes ; elles sont exprimés en termes de certaines grandeurs telles que la distance, la charge électrique, la masse, etc. La plus simple, élégante et universelle de ces propositions est sans doute la loi de la gravitation universelle établie par Newton dans les *Principes de la philosophie naturelle*, paru en 1687 : la force attractive entre deux corps est directement proportionnelle au produit de leur masse et inversement proportionnelle au carré de la distance qui les sépare. Les physiciens modernes ont su profiter de la découverte et du développement mathématique de la notion de fonction. (Une fonction f est une relation qui, à tout nombre x contenu dans le domaine de définition, associe un nombre $y = f(x)$).

L'utilité et la sûreté de ce type de lois qui décrivent des rapports entre les choses ou les phénomènes, la façon dont ces lois heureuses et obtenues le plus souvent sans méthode se connectent et s'emboîtent les unes dans les autres pour former des domaines cognitifs cohérents, des îlots intelligibles, tout cela a encouragé les physiciens à se contenter de ces vérités fonctionnelles et à abandonner à la métaphysique la question concernant la nature de la substance, de la causalité et de la vérité-correspondance. La loi fonctionnelle devient la limite supérieure de la science, le critère de démarcation entre la vérité scientifique et la spéculation métaphysique. La physique est conçue comme une activité positive, consacrée à la description de l'observable et à sa prévision grâce aux lois fonctionnelles. La chute des corps et le mouvement des astres sont décrits par la loi de la gravitation, mais on ne cherche pas à comprendre la force de gravitation car cela nous mènerait au-delà de la physique. Le scientifique moderne s'interdit de donner libre cours à son désir de connaître le fond de la nature et de tirer les conséquences ultimes des lois physiques.

La métaphysique est du coup conçue comme le domaine de la controverse où, par exemple, aucune théorie sur la nature de la matière ne fait l'unanimité. On peut penser que la matière est une puissance, la possibilité d'adopter une forme (l'hylémorphisme), ou bien qu'elle est faite de particules impénétrables (atomisme), ou bien encore qu'elle est étendue (cartésianisme), ou une série de champs, etc.

Les énoncés théoriques sont-ils vrais ?

Le quatrième type d'énoncé qui peut faire partie d'une théorie est l'énoncé métaphysique, malgré l'effort du physicien, souvent infructueux, pour l'éviter. Son rôle est de donner une explication des lois fonctionnelles en faisant appel à des objets, à des propriétés ou à des relations inobservables qui peuvent être envisagés comme des entités physiques ou non-physiques. Une caractéristique de l'explication en physique est la recherche de facteurs inobservables susceptibles de rendre compte des phénomènes. L'hypothèse atomique de Leucippe-Démocrite fait appel à des atomes inobservables, l'hylé aristotélicienne est inobservable. Plus tard, chez les modernes, on reconnaîtra par exemple que les forces qui animent la nature sont inobservables, qu'il est impossible de voir les électrons se déplacer. En ce sens, les idées plus récentes d'électron ou de quark ne font que continuer cette ancienne tendance de la raison qui consiste à trouver l'explication de l'observable dans l'inobservable. Entre les mains du physicien d'hier et d'aujourd'hui la véritable matière n'est pas, paradoxalement, ce que nous touchons, mais une inconnue qui se cache derrière le perceptible.

On peut classer les inobservables en trois groupes : (i) Les entités physiques, des êtres qui pourraient être observés, au moins en principe, si nos moyens d'enregistrement étaient considérablement améliorés dans l'espace et dans le temps (par exemple, les électrons, les gènes, etc.) (ii) Les êtres ou les propriétés mathématiques devenus indispensables aux théories les plus développées, par exemple le tenseur en relativité générale ou les nombres complexes en mécanique quantique. (iii) Les propriétés ou les tendances générales de la nature, souvent qualifiées de métaphysiques, qui servent de grandes hypothèses dans la recherche de nouvelles lois. Un exemple est le Principe de moindre action, idée ancienne selon laquelle la nature suit les voies les plus aisées, les plus simples ou les plus économiques. Une étude approfondie de la vérité des énoncés qui font appel à des inobservables exigerait que l'on tienne compte de ces distinctions. Pour l'instant je propose de traiter ces énoncés globalement en tant que propositions métaphysiques susceptibles d'entrer dans la composition d'une théorie physique.

Etant donné que les théories physiques d'aujourd'hui sont très abstraites et qu'elles sont abondamment composées d'inobservables, le problème de la vérité de la théorie physique coïncide assez largement avec celui de la vérité des énoncés abstraits ; il ne sera donc pas étonnant de le trouver au cœur des questions disputées qui suivent.

Le holisme

Jusqu'ici nous avons adopté une vision analytique de la vérité en physique, l'idée qu'il est possible de décomposer le discours en énoncés proches ou éloignés de l'expérience et que la vérité de chaque énoncé peut être établie de façon indépendante. Tout autre est l'avis de ceux qui, comme Pierre Duhem, ont défendu la thèse holiste. Le montage d'une expérience, sa réalisation et son interprétation présupposent le contexte global d'une théorie. L'unité de signification, ce qui sera comparé au réel, n'est ni le terme ni la proposition, mais le tout de la théorie. Même quand on fait une affirmation simple du type « ce morceau de craie est blanc », on identifie, on classe, on interprète, et toute la charge sémantique ou sociale d'un concept ne peut être réductible aux données sensorielles. Il n'y a pas d'observation sans interprétation théorique, c'est pourquoi les hypothèses ne peuvent pas être vérifiées isolément, elles sont mutuellement solidaires et seul un groupe d'hypothèses peut être contrôlé expérimentalement. On comprend donc que d'après le holiste il n'y ait pas d'expérience cruciale.

Beaucoup de scientifiques n'ont pas de goût pour le holisme car il n'est pas commode de traiter un ensemble d'hypothèses à la fois, le progrès dans la recherche de vérité semble exiger l'examen partiel des théories, le cheminement point par point. De plus, il y a, dans l'histoire des sciences, des exemples d'expériencies cruciales telles que l'expérience de Foucault qui devait lui permettre de choisir entre deux conceptions rivales de la nature de la lumière.

Il serait maladroit d'accepter en bloc ou de rejeter en bloc le holisme. Techniquement, le problème est celui des rapports logiques entre les composants des théories, il s'agit de savoir quels énoncés sont impliqués par quels énoncés et lesquels sont logiquement indépendants. Rien n'empêche donc qu'en principe, étant donné des énoncés logiquement indépendants, la fausseté de l'un d'entre eux n'entraîne pas la fausseté d'un autre, ou bien que la vérification d'un énoncé n'implique rien sur la vérité d'un autre. Mais l'établissement de la dépendance ou de l'indépendance logique entre énoncés n'est pas chose aisée car cela exige que la théorie soit formalisée et axiomatisée et ces cas, en physique, sont rares et souvent controversés. Cela veut dire que le plus souvent le physicien ne possède pas de méthode, de procédure sûre et mécanique pour savoir, quand il croit vérifier ou réfuter une idée, quelles sont les parties de la théorie qu'il peut garder ou rejeter ; il ne lui reste d'autre option que de se fier à son intuition. Reconnaissons finalement que la controverse concernant ce qui est prouvé ou réfuté lors d'une observation ou d'une expérience contribue à clarifier le contenu et la portée d'une théorie.

La conception inductiviste

Il y a un côté empiriste dans la conception pragmatique de la vérité, celui souligné par l'instrumentalisme, l'opérationnalisme et le positivisme. On y considère que la vérité s'obtient par induction, par un ensemble de procédures qui nous permettent de passer du connu à l'inconnu. L'inductiviste ne voit pas pourquoi il devrait tenir pour vrai seulement ce qu'il peut constater individuellement à un moment donné et s'interdire le recours à la mémoire individuelle, au témoignage d'autres personnes, à la mémoire de la société. Sans cette confiance, la science est impossible. Le nombre de choses que nous connaissons par notre expérience personnelle directe est infime par rapport au nombre de choses que nous connaissons.

Mais il faut prendre garde à l'inductivisme exagéré, à l'idée que toute recherche doit commencer par l'accumulation de données et continuer par des procédures de généralisation pour former des lois et des théories. Sans imagination, sans hypothèse préconçue, comment distinguer déjà les données des autres éléments sans pertinence ? Les anti-inductivistes font valoir que ce sont les hypothèses et les théories, librement conçues, qui permettent de repérer les données et qui donnent un sens à la recherche. De façon plus forte encore, ils affirment qu'aucune idée ne peut venir de l'observation ou de l'expérience. Les poppériens sont d'accord pour reconnaître un rôle négatif à l'expérience, elle peut nous montrer que nous nous sommes trompés, mais curieusement elle n'aurait jamais le pouvoir symétrique et positif de nous montrer que nous sommes dans le vrai. Le faillibilisme exagéré est aussi invraisemblable que l'inductivisme exagéré.

Il faut distinguer l'aspect logique et l'aspect temporel de l'induction ; le premier consiste à généraliser, à appliquer à tous les éléments d'une classe ce qu'on a constaté pour quelques-uns, le deuxième est l'application au passé et au futur de vérités trouvées dans le présent. Le problème principal de la conception inductiviste de la vérité est l'impossibilité épistémologique et logique de justifier la généralisation et l'extension temporelle. Seules des croyances métaphysiques du type : « l'esprit peut se mêler des choses car il est, lui aussi, une entité naturelle » ; « la nature tend à la causalité et à l'uniformité » peuvent venir à la rescousse. La conclusion est que le physicien n'a pas d'autre option sauf de s'engager métaphysiquement. Il est condamné à choisir entre le scepticisme et la métaphysique réaliste.

Le positivisme, l'instrumentalisme et l'opérationnalisme

Ces doctrines partagent la croyance qu'il est possible de distinguer les énoncés d'observation des énoncés théoriques (ceux qui sont censés faire référence à des inobservables), et que le statut d'énoncé épistémologiquement privilégié revient aux propositions d'observation. L'observation ou l'expérience, dûment contrôlées, servent de critère de vérité pour les énoncés d'observation, mais les énoncés théoriques ne peuvent prétendre ni à la référence ni à la vérité : ils n'ont pas de portée ontologique.

Le progrès scientifique consiste en l'accumulation de vérités vérifiées. Lorsqu'on passe d'une théorie à une autre couvrant le même domaine, quelque chose peut rester, la description des découvertes vérifiées. Celles-ci constituent la colonne vertébrale d'une physique qui est dépourvue des illusions qui peuvent se cacher derrière les énoncés théoriques. Les parties théoriques ne sont autre chose que des astuces pour la découverte ou la prévision de quelque chose d'observable. Par exemple, l'un des rares points solides à retenir de la théorie de la relativité générale serait la découverte de la courbure de l'espace-temps, mais rien n'oblige à croire en la vérité de ses parties spéculatives.

L'instrumentalisme traite les énoncés théoriques comme des outils de calcul qui permettent le passage de ce qui a déjà été observé aux observations futures. Tant que ces énoncés permettent la prévision, ils sont gardés. L'opérationnalisme stipule que la signification des termes est l'acte de mesure, ou l'ensemble de manipulations que l'on peut faire sur un objet. Enfin un point commun aux diverses facettes du positivisme est l'impossibilité de la métaphysique, l'idée que la nature en soi n'est pas connaissable et que la pensée ne peut atteindre que des relations et des lois concernant l'expérience.

Parmi les critiques de ces doctrines on trouve les suivantes : l'explication n'est pas une fin en soi mais un moyen de compréhension. La compréhension est un processus psychologique dans lequel participent non seulement l'organisation logique de l'explication mais aussi les caractéristiques de la personne (son éducation, ses connaissances, son talent, en somme, son appareil psychique). C'est pourquoi toutes les explications ne sont pas également satisfaisantes du point de vue de la compréhension. Par exemple, pour certains la compréhension exige des lois intuitives capables de susciter un sentiment de sympathie dirigé vers le phénomène compris, une sorte de connaissance d'intérieur à intérieur. En ce sens, les lois mécaniques nous semblent satisfaisantes parce que notre propre corps les incarne. Le point de ces observations est que le positiviste, dans son refus de chercher une vérité métaphysique, commet une erreur d'appréciation car la finalité de la recherche n'est pas l'obtention de lois mais la compréhension, et celle-ci exige — tel est l'enseignement de l'histoire des sciences — qu'on aille au-delà de l'observable et de la loi fonctionnelle pour atteindre la profondeur métaphysique.

On a fait remarquer contre l'opérationnalisme que la volonté de rendre la signfication identique à nos opérations ou manipulations revient à multiplier sans nécessité les concepts. Nous avons, par exemple, un concept de distance et une multiplicité de façons de la mesurer ou de la calculer (translation d'une tige rigide, durée de propagation de signaux sonores, utilisation d'un microscope électronique, triangulation optique, appréciation de la brillance apparente d'une certaine étoile, etc.) L'opérationnalisme ne contribue pas à la simplicité théorique et une théorie complexe perd une partie de son utilité. De plus, l'opération peut être de nature différente (manuelle, intellectuelle, symbolique) ce qui rend obscur et multivoque le concept central de signification.

On voit, en somme, que ces doctrines, selon les circonstances, peuvent être valables et contribuer à la vérité, mais que menées jusqu'aux ultimes conséquences, ou présentées comme des méthodes exclusives pour la recherche de vérité, elles finissent par secréter des absurdités.

Le pragmatisme ou la vérité manufacturée

La découverte de lois fonctionnelles marque le tournant pragmatique de la physique. A partir de ce moment-là, le concept de science devient systématiquement ambigu : d'une part, son contenu est la recherche d'intelligibilité liée à des préoccupations philosophiques ou métaphysiques ; d'autre part, la science est la recherche de prévision et de contrôle de l'environnement, une technique liée à des préoccupations pragmatiques. Cette scission donne naissance à une bifurcation dans le concept de vérité : il sera métaphysique ou pragmatique. Dans le premier cas, l'énoncé vrai décrit une situation objective, intemporelle et indépendante de notre volonté ou de nos préoccupations. Dans le deuxième, l'énoncé vrai ne décrit pas de l'extérieur une réalité intemporelle déjà faite mais construit ou manufacture la vérité en fonction de notre volonté et de nos projets. Dans cette optique, il n'y a pas de vérité qui ne soit pas connue ou vérifiée par nous, et ici la dimension temporelle est inéliminable. Un énoncé est vrai à partir du moment où il est vérifié ou démontré ; avant cela, sa valeur était inconnue. Il serait donc erroné de croire à l'universalité d'une logique bivaluée selon laquelle tout énoncé est soit vrai soit faux. Trois valeurs se révèlent indispensables, le vrai, le faux et le non-déterminé, ou bien encore, à la place du non-déterminé, le probable, le plus ou moins vrai, le vraisemblable, etc.

Parmi les responsables du scepticisme actuel on compte ceux qui ont développé la mécanique quantique. Cette théorie est trop éloignée des catégories de notre perception naturelle et parfois même en contradiction avec elles. Par exemple, le Principe de complémentarité qui affirme que la théorie corpusculaire et la théorie ondulatoire ne sont pas contradictoires mais complémentaires, ne signifie pas que les aspects dits complémentaires soient mutuellement compatibles comme nous le pensons naturellement. La recheche de succès au sens pragmatique (développement d'un formalisme qui marche, bien qu'il reste par endroits incompréhensible) a presque enterré la recherche d'intelligibilité. Dans une telle théorie, l'évidence est très indirecte ou inexistante — alors la vérité devient manufacturée. Le montage expérimental, devenu critère d'existence, de vérité et de communication, produit sa vérité. La vérité n'est plus une situation qui pré-existe à la manipulation, mais elle reflète notre manière de percevoir et de penser. Les conditions de la connaissance déterminent les conditions de l'existence, alors que dans le réalisme on obtient la situation inverse : l'intellect connaissant se plie devant l'existence.

En mécanique quantique, l'expérimentateur ne trouve pas une vérité réelle mais impose sa façon de faire. En 1922, A.H. Compton démontra expérimentalement que la lumière était une série de particules, et six ans après, C.J. Davisson et L.H. Germer démontrèrent le caractère ondulatoire des particules, et dans ces démonstrations les conditions et caractéristiques du montage expérimental n'étaient nullement indifférentes aux résultats. Un des axiomes de von Neumann affirme que l'acte de mesure met le système mesuré dans un état nouveau et ce de façon discontinue. Rien d'étonnant que la philosophie kantienne et la mécanique quantique semblent réciproquement si adéquates : le monde, chaotique, informe, s'organise grâce à notre intervention. Le kantisme apporte le côté idéaliste de la conception pragmatique de la vérité ; le vrai, l'objectif en science ne serait autre chose que l'universalité du subjectif.

Pour le pragmatique, la vérité est le consensus au-delà de l'erreur. Toute pensée humaine, dit le pragmatique, toute opinion contient un élément d'erreur — comme dans une mesure — dû à ce qu'il y a d'arbitraire, d'accidentel, de limité, de circonstantiel chez un homme, mais à la longue les opinions tendent à se stabiliser, et cette opinion stabilisée est la vérité. Les observations suivantes montrent à quel point cette idée est difficile à accepter.

Premièrement, l'opinion stabilisée n'est pas la vérité car la première peut changer grâce à de nouvelles évidences (ici nous présupposons l'affirmation platonicienne qu'il n'y a pas de vérité sans la saisie d'un morceau d'éternité). Deuxièmement, aucun pragmatique n'a été capable d'expliquer, en tant que pragmatique, pourquoi les opinions peuvent se stabiliser, pourquoi les avis, à un moment donné, peuvent converger. Le réaliste, par contre, a une réponse : les opinions, les recherches, sont guidées par la réalité connaissable. De son côté le kantien dira (et ceci est plus proche de l'esprit pragmatique) que les opinions peuvent converger dans la mesure où l'entendement individuel rejoint la subjectivité universelle. Finalement, on conçoit que le pragmatisme soit parfois juste dans des domaines qui dépendent en grande partie de notre volonté, on pense à la psychologie, à la politique, à la religion, mais on voit mal sa pertinence dans les sciences « dures » comme les mathématiques ou la physique où nous pouvons distinguer assez nettement a) les théorèmes et les découvertes éternellement vrais, b) des efforts et des contingences humaines en vue de les obtenir.

Le vrai par convention

Le conventionnaliste considère que les principes de la science sont des conventions. Si la vérité des énoncés de la théorie physique était évidente, ou bien si ces énoncés étaient des généralisations expérimentales ou des hypothèses en attente de vérification, il n'y aurait pas de place pour des conventions. Les conventions sont libres bien qu'elles doivent éviter la contradiction.

Y a-t-il une géométrie qui ait à la fois un sens mathématique et physique, valable pour toutes les régions de l'univers ? Avant la découverte des géométries non-euclidiennes on répondait par l'affirmative, et l'avis de Kant était que la nécessité de l'espace euclidien avec ses trois dimensions et sa courbure nulle a comme origine la structure mentale humaine. Mais la découverte des géométries non-euclidiennes a persuadé les philosophes et les savants contemporains de Poincaré du mal fondé de l'apriorisme kantien.

La multiplicité des géométries possibles peut être vue comme une multiplicité de l'*a priori*, ce qui équivaut au conventionnalisme. Du coup, il s'établit une différence entre les espaces mathématiques et l'espace physique. Gauss, Riemann, Helmholtz et d'autres mathématiciens pensent qu'il est impossible de fixer *a priori* la géométrie de l'espace physique et que l'information doit venir de l'expérience (des observations astronomiques, des mesures géodésiques). Tandis que la plupart de ceux qui ont critiqué Kant sont devenus des empiristes, Poincaré a élaboré un nouvel ensemble d'idées, le conventionnalisme, qui inclut des éléments de l'apriorisme et de l'empirisme.

A la base du conventionnalisme géométrique est l'idée que l'espace physique est une multiplicité continue sans dimension intrinsèque et métriquement amorphe. Le nombre de dimensions et la métrique sont donc imposés extrinsèquement, et il y a plusieurs façons d'organiser l'espace : il y a place pour des éléments subjectifs, des décisions, des choix, des conventions. Supposons que nous ayons choisi d'utiliser pour mesurer une tige rigide ; les mesures spatiales seront ainsi le résultat des relations entre la tige rigide et les objets, qu'on suppose rigides. La tige doit être transportée, reste-t-elle invariante ? Voilà une question dont la réponse ne relève pas de l'expérience mais d'une convention. Dans des situations pareilles, on ne peut pas dire que telle ou telle géométrie soit vraie, vérifiée ou réfutée par l'expérience : une géométrie s'accommode mieux qu'une autre, s'applique mieux. (Là où le conventionnaliste voit une commodité, un réaliste comme Aristote verrait une vérité).

Une autre source du conventionnalisme est la distinction entre les composants théoriques et les composants empiriques des théories ; d'un côté le langage, la mathématique, de l'autre, l'expérience sensible. On comprend ainsi comment les conventionnalistes de la fin du XIXe siècle ont pu précéder les empiristes logiques du XXe siècle dans leurs problèmes concernant la nature des théories, car pour ces derniers, ce qui ne relève ni de l'expérience sensible ni du domaine formel ou symbolique, n'a pas de signification cognitive.

Une fois qu'on a tracé la distinction langage/expérience, on comprend qu'il soit possible pour deux théories d'être empiriquement équivalentes et pourtant de ne pas l'être théoriquement ou linguistiquement. D'où un choix à faire parmi les composants linguistiques des théories. Dans la mesure où les théories sont incommensurables (intraduisibles ; logiquement et empiriquement incomparables), on peut concevoir que le projet réaliste d'élaborer une théorie qui soit l'explication d'un univers soit mal fondé. Mais il y a des concepts de la physique qui sont mathématiquement constitués : comment distinguer, dans les énoncés qui les contiennent, la partie sensible de la partie mathématique ?

L'un des arguments les plus forts contre le conventionnalisme est le suivant : si dans l'explication d'un ensemble de phénomènes on cherche une mathématique simple et puissante — contrainte formelle — qui soit juste par rapport aux données — contrainte expérimentale — il n'y a guère de place pour des conventions. La convention refléterait moins l'état objectif d'une situation incontournable que notre ignorance, mathématique ou expérimentale. Dans ces conditions, le triste destin de la convention c'est de reculer à mesure que notre connaissance progresse.

L'idéalisme et la vérité-cohérence

Le holisme, le pragmatisme et le conventionnalisme sont autant de pas faits en philosophie des sciences vers la conception idéaliste de la vérité la plus répandue, la vérité-cohérence. Le scientifique tient à ce que ses énoncés soient vérifiés, mais la vérification peut être holistique. Affirmer qu'un énoncé est vrai, c'est affirmer sa consistance et son harmonie avec un système d'autres énoncés ; c'est reconnaître que l'énoncé en question appartient à un système dont les propositions sont liées par une implication logique, comme les éléments d'un système de mathématiques pures. La version scientifique de la vérité-cohérence fait appel au tout de la science et non seulement à la série de propositions d'observation, et c'est dans ce sens que la vérité-cohérence a été renouvelée récemment par des néopositivistes et par d'autres non-réalistes.

Parmi les thèses principales de la vérité-cohérence il y a la croyance qu'il est impossible de sortir d'un système d'énoncés pour comparer ce que l'on affirme à une réalité extra-conceptuelle. On peut comparer un concept à un concept, une image à une image, un jugement à un jugement, mais on ne peut sortir de cet ordre subjectif pour atteindre la chose externe à la pensée. Il n'y a pas de faits capables de nous orienter dans la recherche de vérité, ou de nous corriger.

Voici quelques objections. Supposons que les systèmes mathématiques soient *a priori* et qu'ils n'aient pas la prétention de décrire quoi que ce soit d'externe. Il est donc vraisemblable que la vérité-correspondance soit sans pertinence puisqu'on ne cherche pas à comparer le système conceptuel avec autre chose ; comme il arrive aux œuvres d'art, la multiplicité des théories serait l'expression d'une richesse spirituelle. Mais cette situation n'est pas du tout celle de la physique qui se donne comme objectif la description d'un monde physique unique. Or il est possible d'imaginer que deux théories cohérentes aient la prétention de décrire ce même monde, laquelle est vraie ? La question n'est pas absurde et pourtant il n'y a pas de réponse à l'intérieur du cohérentisme. Il reste la possibilité de rejeter le présupposé d'un monde unique, mais alors le cohérentisme mène au relativisme, qui nie la valeur de la recherche de vérité. Il s'ensuit que le cohérentisme en physique ne peut être une théorie de la vérité.

Une autre critique, moins courante, montre que la cohérence ne peut être une théorie de la vérité car la cohérence présuppose la vérité, il y a donc circularité. Un système est cohérent ou consistant s'il est possible que tous les énoncés qui le composent soient vrais ensemble. Le cohérentiste, adoptant une attitude formaliste, pourrait se rabattre sur la syntaxe, ce qui veut dire que la seule chose qu'on demanderait aux énoncés est d'être bien formés selon les règles de la logique et syntactiquement consistants, mais la théorie physique a un contenu non formel, une sémantique, une référence : le monde physique. Une fois de plus, la vérité-cohérence se révèle incompatible avec la physique.

La conception réaliste

Il existe trois formes de réalisme, le réalisme du sens commun, le réalisme scientifique et le réalisme métaphysique. Souvent le réalisme scientifique prolonge et améliore le sens commun, mais l'idée que le premier et le dernier mot sur le réel et la vérité soit donné par une théorie physique est irrecevable par ceux d'entre nous qui ne croyons pas à sa toute puissance. Le réalisme scientifique n'est qu'un autre nom pour le matérialisme et il incarne donc une métaphysique. C'est pourquoi dans ce qui suit je décrirai le réalisme globalement. Le réalisme métaphysique est la limite vers laquelle tendent toutes les autres sortes une fois que leurs idées de base sont dûment déployées.

Les constantes des différentes versions du réalisme incluent les thèses suivantes : Il existe un monde, indépendant de nos facultés (aspect ontologique) et connaissable (aspect épistémologique). Ce monde a une matière et une organisation qui pré-existent à l'application de nos catégories, à notre façon de percevoir et de penser. Ce qui existe, et la façon dont cela existe, est établi par les théories dans leurs versions les plus récentes ou les mieux justifiées. Toute interprétation réaliste de la physique présuppose une version ou une autre de la vérité-correspondance. Dans la vérité, c'est l'intellect ou la théorie qui s'adaptent à la façon dont le monde se déploie.

Nous avons vu que la vérité des énoncés proches de l'expérience sensible se détermine par une sorte de vérification, mais comment vérifie-t-on les énoncés qui contiennent des termes qui nomment des inobservables ? Par une nécessité rationnelle, par déduction, par une inférence explicative. Il faut que l'électron existe avec la masse et la charge que nous connaissons, autrement nous ne comprendrions pas le comportement de l'atome, et sans cette compréhension, nous ne compréhendrions pas le comportement de tout ce qui est fait d'atomes et qui existe à notre échelle. Nous ne comprendrions pas l'origine des caractères héréditaires de chaque individu ni leur transmission de génération en génération à moins de postuler que les gènes existent.

Le réalisme au niveau de l'inobservable signifie une confiance en la raison : existe ce que les pouvoirs génératifs de nos systèmes de symboles (le langage naturel, les mathématiques) postulent comme nécessaires à l'explication et à la compréhension du monde. La justification ultime du réalisme doit être l'idée métaphysique que les catégories fondamentales de la connaissance ne se sont pas développées par hasard mais grâce à des contraintes physiques et biologiques sous-jacentes à l'activité intellectuelle consciente. On se rappelle de la confiance faite aux mathématiques par Platon et au langage naturel par Aristote.

La conception réaliste et métaphysique de la vérité ne trouve pas la faveur des scientifiques ni des philosophes d'aujourd'hui qui, dans certains cas, prennent refuge dans des doctrines pseudo-réalistes telles que le « réalisme interne » de Hilary Putnam ou la thèse du « réel voilé » de Bernard d'Espagnat, ou bien pensent, comme Stephen Hawking, que la théorie est un modèle qui existe seulement dans notre esprit et ne possède aucune autre réalité. Parmi les arguments donnés contre la conception réaliste de la vérité on trouve les suivants : 1/ les difficultés de connaître les choses telles qu'elles sont, 2/ le changement de théorie, 3/ la difficulté qu'il y a à accorder le statut de connaissance au symbolisme et 4/ l'existence de l'erreur.

Le réaliste affirme que la vérité pré-existe à notre connaissance et que celle-ci se dérive de l'existence ; que la nature possède une structure et des formes indépendantes de notre façon de voir et de penser. Or comment savoir exactement quelles sont ces formes ou structures, quelles sont les caractéristiques de la chose en soi ? Le livre de la nature est peut être écrit en caractères mathématiques, mais lesquels ? Les meilleurs candidats à donner des réponses sont les théories physiques dont les concepts sont parfois mathématiquement constitués. Or il se trouve qu'un même ensemble de phénomènes peut recevoir des interprétations théoriques différentes, comme le rappelle le conventionnaliste : comment pouvons-nous décider ?

De plus (nous passons au deuxième argument), l'histoire montre que les théories se succèdent, que les croyances que l'on tenait pour vraies doivent être modifiées, corrigées, amputées et parfois complètement abandonnées. Ce serait faire preuve d'insensibilité historique que de tenir les vérités des théories à la mode pour définitives. Favoriser le point de vue épistémologique par rapport au métaphysique revient donc non seulement à privilégier les catégories idéalistes mais est aussi une source de scepticisme.

Voici quelques réactions. Il existe au moins un critère de vérité et de réalité partagé par tous les réalistes : l'identité ou invariabilité. Nous pouvons dire que nous avons saisi un élément de réalité quand la nature se montre identique, invariable, quoi qu'on fasse. Que l'homme soit mortel n'est pas une vérité faillible, et si un jour un homme se révèle immortel, il sera classé dans une autre catégorie. Même le passage d'une théorie à une autre meilleure laisse des énoncés inchangés, tout n'est pas modifié. Poincaré illustre cette affirmation par le passage de Fresnel à Maxwell qui laisse invariante la valeur des équations différentielles. Ce qui reste invariable dans le progrès des théories, est un élément de réalité. Il y a, en ce sens, des îlots de vérité, la découverte existe.

Voyons le troisième argument et quelques éléments de réponse. Nous avons dit que le réaliste fait confiance à la raison ; c'est pourquoi si des entités inobservables se révèlent nécessaires à l'explication, le réaliste est prêt à les inclure dans sa liste de choses qui existent. Mais cette nécessité est conçue à l'intérieur et grâce aux moyens d'une logique, d'un formalisme mathématique. Le big-bang, les quarks, les interactions fondamentales du monde physique, etc. échappent à notre intuition. Peut-on accorder le statut de connaissance, et par là, de vérité, à une série de propositions dont le contenu est inaccessible à notre perception sensible ou intellectuelle ? L'anti-réaliste répond par la négative puisque pour lui il est absurde de parler d'une réalité ou d'une vérité en dehors de notre capacité à les vérifier. Les entités inobservables, nous l'avons vu, résultent d'une nécessité explicative, l'inobservable est postulé pour expliquer l'observable : il faut que derrière l'observable, l'inobservable possède telle ou telle propriété pour que l'observable manifeste le comportement que nous percevons. Mais la nécessité dans notre raisonnement symbolique n'est pas admise par le non-réaliste comme un aperçu d'un domaine dont la connaissance directe nous échappera pour toujours. Les limites du monde seraient-elles les limites de nos catégories ou de notre langage ?

Le réaliste doit reconnaître que, d'un point de vue épistémologique, sans vérification, sans intuition, les énoncés contenant des références à des inobservables ne peuvent pas être dits « vrais » ; mais il peut rejeter, d'un point de vue philosophique, le double présupposé non-réaliste que (i) les conditions de la connaissance sont les conditions de la vérité et de la réalité, et que (ii) la pensée est séparable de la nature « externe » au point que la nécessité rationnellement trouvée ne corresponde à rien de réel. Autrement dit, le réaliste n'a pas à accepter les termes du problème non-réaliste : s'il y a, d'une part, la nature, et d'autre part notre représentation de la nature, et si de plus seule la représentation nous est donnée, comment pouvons-nous savoir que notre représentation correspond à la nature ? L'optimisme du réaliste est basé sur l'idée que l'homme est un être naturel, qu'il est fait des mêmes mécanismes qui ont réussi dans le monde extra-humain, que la pensée et ses catégories ont une origine naturelle, qu'elles sont le résultat des contraintes physiques et biologiques sous-jacentes à l'activité consciente. De ce point de vue, l'adéquation de l'intellect à la chose n'est pas surprenante ; c'est plutôt une situation à laquelle il fallait s'attendre. Or l'erreur existe, et la conception réaliste de la vérité ne sera complète qu'une fois qu'on aura rendu compte du fait qu'il arrive à l'esprit de s'égarer. Mais l'existence de l'erreur suffit-elle pour rejeter en bloc la recherche de vérité ?

Sur l'erreur, le réaliste n'est pas dépourvu d'idées cohérentes avec sa vision. Les sources de l'erreur et de la fausseté sont multiples. Selon les mots d'Aristote, l'organe sensoriel peut se tromper de sensible propre, mais cela arrive rarement. De façon analogue, l'intellect agent peut se tromper au moment d'abstraire, de séparer la forme, l'universel, l'objet éternel du particulier sensible. Mais cela non plus n'est pas courant. Habituellement, il n'y a pas d'erreur ou de fausseté dans la saisie d'un élément simple : le réaliste fait confiance à la sensation et à l'abstraction.

La possibilité d'erreur ou de fausseté apparaît typiquement au moment de combiner les éléments saisis par la sensation et par l'abstraction. Le sens commun peut se tromper en faisant la synthèse des éléments venant des organes sensoriels pour former l'objet, ou, pour nous exprimer avec le langage d'aujourd'hui, le système nerveux central peut se tromper au moment de faire la synthèse et former l'objet avec l'information chimique et électromagnétique venant des choses et transmise par les voies sensorielles. Ensuite, l'erreur et la fausseté peuvent s'introduire avec le langage au moment de former des énoncés où l'on attribue des propriétés et des relations aux objets, ou bien au moment de combiner les énoncés dans le raisonnement pour obtenir de nouvelles conclusions, d'où l'intérêt de bien maîtriser la logique, les règles de formation et de transformation d'énoncés.

La compréhension correcte n'est donc pas un processus spontané et créatif de l'entendement humain mais le fait d'avoir saisi, traduit, transmis et combiné correctement l'information, la forme, la structure des choses. Par rapport à la sensation et à la perception, la compréhension signifie une extension de la saisie de l'intelligibilité naturelle. Pour appréhender la richesse des choses, l'homme est capable d'aller au-delà de l'impression sensible grâce au langage. En faisant cela, nous pouvons nous égarer, mais en étant attentifs à la nature des choses nous pouvons nous corriger : c'est ce que l'on fait en science.

Les réalistes conçoivent la vérité comme une correspondance entre les énoncés et les faits, mais il faut reconnaître que ce sens du mot « vérité » est plutôt superficiel. Nous devons faire un effort pour arriver plus profondément à l'union physique ou ontologique de l'homme et de son environnement.

Voici l'ordre de la vérité selon la métaphysique réaliste :

1/Il y a d'abord l'être, condition de toute vérité ; sans lui l'intellect n'aurait pas d'objet auquel s'adapter.

2/Il y a ensuite l'accord physique, réel ou ontologique entre l'intellect et la chose. Il a lieu dans l'intellect. Notre comportement pré-verbal en témoigne.

3/Finalement, grâce au développement du cerveau et à notre langage, nous pouvons dire cet accord.

L'intérêt de cette liste de sens de « vrai » est de neutraliser l'objection typique adressée à la vérité-correspondance : on peut comparer des images aux images, des mots à des mots, des énoncés à des énoncés. Ce sont des systèmes clos ; rien de tout cela ne peut être comparé aux faits. Il est impossible de sortir de la représentation pour comparer nos idées aux choses. Or la conception de la vérité selon la métaphysique réaliste laisse l'objection sans pertinence car l'accord ontologique de la chose et de la pensée a déjà eu lieu avant de le représenter verbalement.

En somme, la vérité est avant tout celle de l'être, le mode d'être de la chose, et l'accord ontologique de l'intellect et de la chose. Si l'on veut faire appel à l'homme quand on parle de la vérité, on peut admettre que l'être de la chose est une vérité en puissance, et que sa présence ou manifestation dans notre organisme ou dans notre intellect est une vérité en acte ou consciente. L'idée est, une fois de plus, par un réflexe réaliste, de rétablir les liens entre l'homme et la nature extra-humaine pour nous accorder une chance de saisir la vérité. Si vous coupez ces liens, le sceptique vous confondra.

La théorie physique est-elle vraie ? Notre enquête montre que 1/ il est impossible de répondre par oui ou par non, que 2/ toute tentative visant à donner un sens à la question nous mène de la physique à la philosophie et, finalement, que 3/ seule une métaphysique réaliste peut servir de base à la recherche de la vérité.

Bibliographie

N. BOHR, *Atomic Physics and Human Knowledge*, New York, Ed. Wiley, 1958.
P. W. BRIDGMAN, *The Logic of Modern Physics*, New York, Ed. Macmillan Co., 1927.
M. BUNGE, *Philosophy of Physics*, Dordrecht, Ed. Reidel, 1973.
R. CARNAP, *Philosophical Foundations of Physics*, New York, Ed. Basic Books, Inc., 1966.
N. CARTWRIGHT, *How the Laws of Physics Lie*, Oxford University Press, 1983.
B. d'ESPAGNAT, *A la recherche du réel*, Paris, Ed. Gauthier-Villars, 1980.
P. DUHEM, *La Théorie physique, son objet, sa structure*, Paris, rééd., Ed. Vrin, 1981.
A. EINSTEIN, *Philosopher-Scientist*, éd. par P. A. Schilpp, Illinois, Ed. Evanston, 1949.
M. ESPINOZA, *Théorie de l'intelligibilité*, Toulouse, Ed. Universitaires du Sud, 1994.
P. FEYERABEND, *Against Method*, Londres, Ed. Verso Books, 1975.
I. HACKING, *The Emergence of Probability*, Cambridge University Press, 1975.
T. KUHN, *The Structure of Scientific Revolutions*, University of Chicago Press, Chicago, 1970.
J. LARGEAULT, *Principes classiques d'interprétation de la nature*, Lyon, Ed. I.I.E.E., 1988.
C. S. PEIRCE, *Selected Writings*, éd. par Philip Wiener, New York, Ed. Dover, 1958.
H. POINCARÉ, *La Science et l'hypothèse*, Paris, Ed. Flammarion, 1906.
K. POPPER, *Conjectures and Refutations*, New York, Ed. Harper & Row, 1963.
H. PUTNAM, *Mathematics, Matter, and Method*, Cambridge University Press, 1975.
B. RUSSELL, *An Inquiry into Meaning and Truth*, Londres, Ed. George Allen & Unwin, 1940.
R. THOM, *Apologie du logos*, Paris, Ed. Hachette, 1990.
R. TORRETTI, *Creative Understanding*, Philosophical reflections on physics, The University of Chicago Press, 1990.
H. WEYL, *Philosophy of Mathematics and Natural Science*, Princeton University Press, 1949.

La question de la vérité est-elle (encore) une question philosophique ?

Roger Pouivet

> Pilate lui demanda : « Qu'est-ce que la vérité ? »
> Evangile selon saint Jean

> Que signifie qu'une proposition « soit vraie » ?
> p est vrai = p. (Voilà la réponse.)
> Wittgenstein

> Il est paradoxal que le prédicat de vérité, en dépit de sa transparence, puisse se révéler utile au point d'être indispensable.
> Quine

Conception substantielle et conception fonctionnelle de la vérité[1]

Intuitivement, la vérité n'est pas une chose, mais une *relation* entre deux choses : ce qui est vrai et ce qui rend vrai ce qui l'est. En quoi consistent les éléments de cette relation ? En quoi consiste cette relation elle-même ?

La difficulté de répondre de façon convaincante à ces deux questions conduit à proposer une théorie *déflationniste*[2] de la vérité. Elle rejette une conception *substantielle* de la vérité, qui en fait une entité mystérieuse, la Vérité, sorte de nirvana aléthique auquel par vocation aspireraient les philosophes, et à un moindre degré le commun des mortels. Elle s'oppose aussi à une conception moins grandiose, celle du vrai comme propriété de certaines pensées ou de certains énoncés. Elle n'accepte pas plus l'idée que la vérité concerne une propriété de la relation entre le monde et la pensée (ou le langage).

Le déflationnisme fait de la vérité une simple *fonction* linguistique ou mentale. Au lieu de rechercher une propriété particulière qui puisse être mise à la place de P dans « X est vrai si et seulement si X possède la propriété P », correspondance, évidence, cohérence, on abandonne complètement l'idée de déterminer ce qu'*est* la vérité. Il s'agit plutôt d'insister sur le *fonctionnement sémantique* du prédicat *vrai*. Par exemple, on cherche à comprendre pourquoi « La neige est blanche » *est vrai* si et seulement si la neige est blanche. On cherche à savoir comment fonctionne « est vrai ». La question est moins « Qu'est-ce que la vérité ? » que « Quand

---

1. Il y a pléthore de travaux relevant de la philosophie analytique et concernant la question de la vérité. Pour une approche synthétique de la question on peut lire : Scruton (1994, chap. 9), Horwich (1995), et profiter de leurs bibliographies. Il serait important d'examiner Davidson (1984) et (1990), même s'il n'en sera pas question dans ce texte.
2. On entend par « déflationniste », une théorie qui tend à minimiser la portée métaphysique de ce sur quoi elle porte. Par exemple, on dira que la théorie humienne de la causalité est déflationniste parce qu'elle comprend la causalité en termes d'habitudes, et non pas en termes d'une nécessité causale (réelle ou transcendantale) indépendante de nos habitudes. « Déflationniste » n'a pas le côté péjoratif de « réductionniste ». Mais surtout un réductionnisme peut fort bien n'être pas déflationniste. Une théorie platonicienne de la vérité, qui ferait de la Vérité une Forme, serait réductionniste, mais métaphysiquement inflationniste.

y a-t-il vérité ? » La réponse tient au rapport qu'entretiennent un métalangage (ML) et un langage (L).

(ML) contient toutes les phrases de (L) plus le prédicat « être vrai ». Que (L) contienne ce prédicat conduirait inévitablement à des paradoxes logiques insurmontables, dont le suivant :

(A) LA PROPOSITION EXPRIMEE PAR LA PHRASE EN LETTRES CAPITALES N'EST PAS VRAIE.

(A) est vraie si et seulement si elle n'est pas vraie et ne l'est pas si et seulement si elle l'est. En considérant que (L) ne doit pas contenir le prédicat qui provoque le paradoxe, en ne l'introduisant que dans (ML), on obtient ainsi le résultat heureux d'un langage (L) sans contradiction logique. Mais, en lui donnant une solution *sémantique*, n'a-t-on pas simplement éliminé le problème *philosophique* de la vérité ? La vérité est définie par la satisfaction des phrases d'un langage dans un méta-langage. C'est la solution la plus expédiente au problème de la vérité, la solution qu'on peut attribuer à Tarski (1933[1]).

On remarque cependant qu'il est peu vraisemblable que notre notion quotidienne de vérité puisse jamais satisfaire à l'exigence de distinction entre (ML) et (L). Comment pourrions-nous exclure le prédicat « être vrai » de notre langage (et d'autres prédicats qui provoquent immanquablement des paradoxes logiques du type du paradoxe du menteur) ? Dès lors, la possibilité de construire une définition correcte (cohérente logiquement) de l'expression « proposition vraie » pour les langues naturelles (non formalisées), celles que nous employons effectivement, semble désespérée. Les espoirs des philosophes sur ce point reposeraient surtout sur une sous-estimation chronique des défauts logiques des langages qui contiennent le prédicat « être vrai », dont il faut montrer *dans ce même langage* comment il fonctionne. La conséquence est que le problème de la vérité, en ce sens, ne peut pas être résolu par des philosophes *en tant que tels*, car sa solution est impossible dans le langage ordinaire qu'ils utilisent, et n'est possible que dans le cadre de langages formels mathématiques.

Faut-il en conclure à l'éradication de la question métaphysique de la vérité, celle de dire ce qu'est la vérité ? La question de la vérité apparaissait comme l'horizon de l'activité philosophique et métaphysique — comme recherche de la vérité, voire de « l'être-vrai ». Elle semble devoir être résolue par une théorie sémantique et non par une thèse métaphysique. Faut-il aller jusqu'à la reconstruction d'une partie de notre langage ordinaire dans des langues formalisées, un ancien projet leibnizien qui a trouvé bien des échos pendant la première moitié du XXe siècle ? On pourrait y donner une fonction cohérente et adéquate au prédicat « être vrai ». La question de la vérité ne serait-elle pas alors un nouveau secteur échappant à la philosophie ? Depuis la naissance de la science moderne au XVIIe siècle, les sciences positives absorbent ce qui auparavant avait été laissé à l'initiative

---

1. Sur la théorie tarskienne de la vérité, voir Engel (1989, chap. V). Il ne faut surtout pas considérer cette théorie comme une simple affaire de logicien. Elle apparaît dans un contexte philosophique historique, celui de l'Ecole philosophique de Lvov-Varsovie, dans laquelle la problématique de la vérité dérive de Twardowski (de sa conception absolue de la vérité) et par lui de Brentano et Bolzano (*i.e.* de la philosophie autrichienne du XIXe siècle et du début du XXe).

des philosophes ; la vérité serait une nouvelle étape dans cette annexion. La vérité rélèverait maintenant de la sémantique logique et de la linguistique formelle. Elles se prononcent à son sujet de façon bien plus intéressante et significative que les philosophes. Dès lors, la question de la vérité ne serait *plus* une question philosophique.

Cependant, quand Aristote dit en Métaphysique, D, 7, 1011b : « Dire de ce qui est qu'il est, et de ce qui n'est pas dire qu'il n'est pas, voilà le vrai », n'avait-il pas déjà adopté une théorie quasi déflationniste de la vérité ? Ne défendait-il pas une théorie « tarskienne » avant la lettre[1] ? Y a-t-il finalement beaucoup d'autres choses à dire *philosophiquement* au sujet de la vérité que ce que l'on trouve dans la formule d'Aristote ? Ne s'agit-il pas justement d'un simple... truisme ? Rien n'est cependant moins sûr.

La théorie sémantique (ou tarskienne) de la vérité a largement modifié les espoirs qu'on pouvait mettre dans une réflexion philosophique au sujet de la vérité[2]. Mais elle n'a pas éliminé la manifeste importance pour nos croyances d'être vraies, ou plutôt vraies, que fausses. Elle n'a pas rendu insoutenable l'idée que toute connaissance suppose la possibilité de la vérité, et suppose même qu'on *veuille* la vérité. La question *épistémologique* de la vérité reste fondamentale. C'est ce que ce texte entend montrer.

Eléments de vérité

Le *Tractatus logico-philosophicus* de Wittgenstein (1922) est la tentative la plus aboutie pour défendre une théorie de la vérité comme correspondance. Les éléments de la vérité sont les propositions (comme configurations de signes) et les faits atomiques (comme configuration d'objets). Un fait atomique *correspond* à une proposition élémentaire. Il la rend vraie si leurs configurations sont identiques, et quand les termes dans la proposition réfèrent aux objets placés de façon similaire (isomorphe) dans le fait. La valeur de vérité des propositions complexes est fonction de la valeur de vérité des propositions élémentaires. La formule d'Aristote (dire vrai, c'est dire qu'est ce qui est et que n'est pas ce qui n'est pas) correspondrait alors à cette théorie de la vérité comme correspondance des propositions et des faits.

Qu'est-ce qu'un fait[3] ? Par exemple, en quoi consiste le fait que le livre est sur la table ? Une situation ? Un état de chose ? Mais ne s'agirait-il pas là d'autres noms de baptême pour semble-t-il la même entité mystérieuse ? Il paraît pourtant clair qu'un fait a toujours cette particularité d'être identifié par une *clause relative*, une formule commençant par « que ». Le fait *que* le livre est sur la table est identifié par la proposition que le livre est sur la table. Identifier un fait suppose une *proposition.* Autrement dit, p est vrai si et seulement si il correspond au fait que p. Cela ne constitue pas une

---

1. Voir à ce sujet ce que dit Davidson (1996).
2. L'idée selon laquelle la tentative pour parvenir à une théorie de la vérité serait naïve et illusoire, qu'elle ne résisterait pas à une déconstruction de la métaphysique occidentale, est une idée courante dans ce que les anglo-saxons appellent « la philosophie continentale » (une appellation non contrôlée). Elle se heurte au fait qu'il *existe* une telle théorie. C'est celle de Tarski.
3. On laisse de côté la question controversée de savoir ce qu'est une proposition.

découverte métaphysique bouleversante. Il est même assez décevant de remarquer que ce qui rend vrai une proposition c'est, en quelque sorte, cette *même* proposition.

Peut-on défendre la thèse de la vérité comme correspondance en disant qu'un des élements est linguistique (ou mental) et l'autre est un état de choses dans le monde ? Wittgenstein a insisté sur l'idée de la proposition comme *image* ou *tableau* (*Bild*). Mais la même difficulté subsiste : l'identification des éléments de la réalité est relative aux images, tableaux, propositions, pensées, croyances, etc., dont on suppose qu'ils sont ancrés dans la réalité par la relation qu'ils entretiennent avec ces éléments. C'est toujours le même soupçon, peut-être mal placé, mais néanmoins fort. La vérité ne peut en aucun cas être définie comme une relation de correspondance de la proposition ou de la pensée avec la réalité. Kant le disait dans son cours de logique :

Le seul moyen que j'ai de comparer l'objet avec ma connaissance, *c'est que je le connaisse*. Ainsi ma connaissance doit se confirmer elle-même ; mais c'est bien loin de suffire à la vérité. Car puisque l'objet est hors de moi et que la connaissance est en moi, tout ce que je puis apprécier c'est si ma connaissance de l'objet s'accorde avec ma connaissance de l'objet. (1800, p. 54)

Kant semble n'apercevoir en cela qu'une difficulté psychologique : on ne compare que des états mentaux entre eux. La réalité, *en tant que telle*, n'est jamais donnée de telle façon qu'une comparaison avec ce que l'on tient pour vrai serait possible. Kant pense que c'est un vieux reproche sceptique. C'est sans doute trop peu dire. C'est un trait sémantique fondamental[1].

Consistance

Kant insiste sur deux critères formels de la vérité : le principe de contradiction et le principe de raison suffisante (qui est en fait celui de conséquence logique). Laissons le second de côté, il nous entraînerait vers le problème de la justification des règles d'inférence logique. Le premier semble signifier qu'une condition minimale de la vérité (Kant parle même de condition *négative*) est la consistance logique (la non contradiction). Le critère fondamental de la vérité ne serait pas la correspondance avec la réalité, dont on a vu qu'il est supposé être désespéré, mais la compatibilité logique (ne pas générer de contradiction) avec les autres propositions (pensées) déjà tenues pour vraies. La vérité concerne une propriété d'une relation non pas entre des pensées (ou des propositions) et des faits, mais entre des pensées (ou entre des propositions) ; cette propriété est la consistance (logique). Cette conception aura séduit bien des philosophes contemporains. A leurs yeux, elle aurait le mérite d'évacuer la question du réalisme métaphysique, pour lequel la vérité suppose une certaine correspondance avec un monde constitué d'un ensemble d'objets indépendants de l'esprit et qui peuvent être décrits en tant que tels.

Le problème est que la consistance ne semble pouvoir être autre chose qu'une condition nécessaire de la vérité, non une condition suffisante.

---

1. Voir à ce sujet : Hintikka (1994), la notion d'ineffabilité de la sémantique.

Prenez l'ensemble des propositions contingentes vraies et niez les toutes. Le nouvel ensemble est tout aussi consistant. Il faut donc toujours chercher quelque chose *en plus* de la seule consistance. Mais quoi ? Putnam a soutenu que « la vérité est une *idéalisation* de l'acceptabilité rationnelle » (1984, p. 67[1]). Il ajoute « qu'en expliquant la vérité par la justification dans des conditions idéales on explique une notion claire par une notion vague » (*ibid.*).

Une autre solution reviendrait à dire (comme Spinoza ou Hegel ?) qu'il n'y a que des vérités *nécessaires*. Mais cela suppose d'accepter l'idée que rien de ce qui advient n'est contingent. On peut aussi se demander si l'on est bien avancé en disant que la vérité est une propriété interne que possède chaque proposition, celle de vérité nécessaire. Comment définirait-on la propriété d'« être une vérité *nécessaire* » quand on ne sait pas encore ce qu'est la vérité ?

Finalement, pour trancher le débat entre correspondance et consistance (cohérence), Quine fait ce jugement de Salomon :

> Tout bien considéré, la cohérence et la correspondance ne se présentent pas comme des théories rivales de la vérité, mais comme des aspects complémentaires ; l'une touche à la façon dont on parvient à la vérité en tirant le meilleur parti de ce que l'on sait, l'autre à la relation entre les vérités et ce dont elles parlent. (1992, p. 266)

Pour Quine, les énoncés d'observation « sont le lien entre le langage, scientifique ou non, et le monde réel qui concerne le langage » (1993, p. 26). Avec la conception de la vérité semble-t-il anodine que propose Quine passe toute une thèse épistémologique au sujet de la genèse de nos connaissances. C'est une genèse stimulatoire qui part des « impacts sur nos surfaces sensorielles » (*ibid*, p. 21). Quine considère dès lors que la philosophie doit devenir *naturelle*. La question de la genèse de nos connaissances est affaire de psychologie et de linguistique[2]. A nouveau, la théorie de la vérité échappe à la métaphysique. Ce n'est plus seulement de la sémantique logique qu'elle reçoit la leçon, mais aussi de la psycho-physiologie. Mais la leçon reste la même : la vérité n'est plus *tant que cela* une question philosophique.

Transparence et redondance

Quel est le rôle de la vérité ? On a déjà expliqué qu'un énoncé *p* est vrai si et seulement si *p*. Donc juger que *p* n'est finalement rien d'autre (ou de moins) que de juger qu'il est vrai que *p*. La propriété d'« être vrai » est *transparente*. Simon Blackburn dit ainsi :

> C'est comme si vous pouviez toujours voir à travers « il est vrai que » pour identifier le contenu jugé, l'examiner, etc., comme si la référence à la vérité n'était pas là. (1984, p. 227)

---

1. Voir aussi Putnam (1994, chap. XVI : « On Truth »).
2. Cette thèse est développée dans Quine (1977, chap. 3) : l'épistémologie devient psychologie et linguistique ; elle constitue une partie des sciences naturelles.

La transparence de la propriété « être vrai » la rend *vide* ou *redondante*. Le rôle de la notion de vérité n'est aucunement d'introduire une propriété que possèderaient certains énoncés, certaines croyances, certaines pensées. Mais quel est-il alors ? Pour le comprendre, on peut comparer le prédicat « est vrai » avec le prédicat « est rond ». Tout ce qui est rond satisfait une même condition, ou au moins tout ce à quoi s'applique ce terme possède une ressemblance de famille. Tel n'est pas le cas pour « est vrai ». Il est vrai que le livre est sur la table si et seulement le livre est sur la table. Il est vrai que les poissons ont des branchies si et seulement si les poissons ont des branchies. Mais le prédicat « est vrai » utilisé dans les deux cas ne suppose *rien de commun* entre les deux cas, pas même une ressemblance de famille. La vérité fonctionne ici par *décitation* : « *p* » est vrai si et seulement si *p*. La notion de vérité semble être dépourvue de tout contenu. Au moins, le fonctionnement de la notion de vérité ne requiert aucunement que nous comprenions autre chose que ce rôle décitationnel du prédicat « être vrai ». Croire qu'il y a quelque chose comme la vérité de ce qui est vrai, de même qu'il y a la rondeur des choses rondes et la possession de branchies des choses qui en possèdent, est une *illusion*. Il n'y a rien de commun à tout ce que nous disons vrai. La vérité s'applique au cas par cas.

Il faut cependant tenir compte d'une différence entre « Le livre est sur la table » et « Les poissons ont des branchies ». Le deuxième énoncé est général et pas le premier. Ce à quoi *sert* la notion de vérité dans le deuxième énoncé est alors différent de ce à quoi elle *sert* dans le premier. Dans le deuxième, la notion de vérité permet d'éviter une conjonction infinie d'énoncés singuliers : ce poisson a des branchies et ce poisson a des branchies et ce poisson a des branchies et... Dès lors, on peut considérer avec Quine que des énoncés comme « Les poissons ont des branchies » peuvent eux-même jouer le rôle de « véhicules de la vérité » (1993, p. 115). Mais cela ne change rien à la transparence et à la redondance de la notion de vérité, à sa vacuité métaphysique supposée.

Une solution pragmatique ?

Il y a cependant une théorie contemporaine qui ne limite pas la vérité au rôle purement fonctionnel de la décitation et de la généralisation. Pour un pragmatiste, la vérité est une propriété de certaines croyances ou de certains énoncés, celle d'être *utile*. Une telle conception de la vérité, exprimée de façon aussi nette, paraît particulièrement malheureuse : l'utilité est relative et contextuelle. Si l'on dit que l'utilité tient à ce que nos croyances vraies engendrent des prédications vraies, c'est un cercle vicieux. Il faut cependant distinguer sur ce point le pragmatisme (pragmaticisme !) de Peirce et celui de James. Peirce n'a jamais dit qu'une croyance serait vraie parce qu'elle est intellectuellement confortable. Il affirme même :

> L'opinion sur laquelle sont destinés à s'accorder finalement ceux qui cherchent, est ce que nous entendons par vérité, et l'objet représenté dans cette opinion est le réel. C'est ainsi que j'expliquerai la réalité. (1931-1935, 5. 407).

Les croyances vraies échappent au doute. Le vrai est « ce vers quoi tend l'enquête » (5.557). En ce sens, elle reste le guide de la recherche. Chez James, en revanche, on trouve des formules comme « le vrai » consiste simplement dans ce qui est avantageux pour notre pensée » (1907, p. 157). On se méfiera d'un rejet épidermique d'une telle thèse, supposée parfois infra-philosophique (ou indigne d'un philosophe). Elle veut simplement dire que la vérité n'est une propriété de la croyance que relativement à l'action.

> Il n'est que trop évident qu'il nous importe, dans la vie, d'avoir des croyances vraies en matière de faits. [...] Le pragmatisme rattache essentiellement sa notion générale de la vérité à la manière dont un certain moment de notre expérience peut nous conduire vers d'autres moments, auxquels nous reconnaîtrons qu'il valait la peine d'être conduits. (James, 1907, p. 145-146)

Des croyances qui ne peuvent pas être vérifiées ou falsifiées peuvent néanmoins être légitimées par leurs effets salutaires. Tel est le cas des croyances religieuses (James, 1918). James recherche ainsi une théorie de la vérité qui permette ainsi d'élargir le domaine de l'acceptabilité aléthique.

Le néo-pragmatisme de Rorty vise plutôt, *à la nietzschéenne*, la mise en question de la volonté de vérité[1]. Rorty part du rejet moderne de l'idée selon laquelle notre discours pourrait jamais représenter la réalité indépendante de nous. Le critère de la vérité est simplement l'accord d'une communauté ; la poursuite de la vérité ne serait rien d'autre que la plus large extension possible de l'accord communautaire. La vérité est le nom que nous donnons à ce à quoi nous tenons particulièrement dans nos pratiques cognitives. « Etre vrai » ne serait une propriété ni métaphysique (correspondance avec la réalité) ni épistémologique (justification objective de nos connaissances), mais sociale :

> Pour les pragmatistes [rortyens], le désir d'objectivité ne se confond pas avec le désir de se soustraire aux limitations de sa communauté ; il s'agit simplement du désir d'une entente intersubjective aussi étendue que possible, du désir d'étendre la référence du « nous » aussi loin que nous pouvons. La seule distinction que fassent les pragmatiques entre la connaissance et l'opinion est celle qui existe entre les sujets pour lesquels une telle entente est relativement facile à obtenir et ceux pour lesquels celle-ci est relativement difficile. (Rorty, 1993, p. 38)

Si l'objectivité se confond avec la solidarité (et la rationalité avec la civilité), toute prétention à la vérité objective semble simplement philosophiquement dérisoire et risque d'être socialement abusive. Rorty propose tout bonnement de renoncer à l'idée d'une justification rationnelle. A suivre Rorty, c'est le projet épistémologique (et philosophique ?) en général qui est à abandonner. De quel projet s'agit-il ? Celui qui, tout au long de l'histoire de la philosophie a pris la forme de ce que Susan Haack appelle le « projet de ratification » : la tentative de répondre à la question de savoir « quelle est la connexion entre le fait qu'une croyance soit bien supportée par une bonne évidence et la vraisemblance qu'elle soit vraie » (1993, p. 1).

---

1. Sur la théorie pragmatiste de la vérité, voir Cometti (1994, p. 396-417).

Cependant, c'est en vain qu'on cherche chez Rorty les raisons pour lesquelles il *faudrait* abandonner ce projet. Pourquoi serait-ce une *mauvaise* chose de le poursuivre ? Et même, ne serait-ce pas aussi en termes de bonnes raisons, de raisons *vraisemblables*, qu'on devrait l'abandonner ? Tenir à ce que nos croyances soient vraies (ou à ce qu'elles le soient selon toute vraisemblance), c'est rechercher les *raisons* qu'on a d'y croire. On exige des autres, mais surtout de soi, des raisons *contrôlables*. Comment pourrait-on jamais abandonner une telle exigence ?

La question est alors de savoir si on doit beaucoup espérer d'une révolution épistémique qui ferait s'effondrer le projet finalement innocent de croire ce qui est vrai, si tant est qu'un tel projet puisse jamais s'effondrer[1]. Supposons que quelqu'un, probablement un métaphysicien réaliste, appuie le canon d'un pistolet sur votre tempe de pragmatiste. Il vous demande si la proposition « Il y a de la bière dans le réfrigérateur » est vraie ou pas. Si vous dites que c'est vrai et qu'il y a de la bière dans le réfrigérateur, vous avez la vie sauve. Sinon, il appuie sur la détente. On se demande si le passage suivant de Rorty pourrait être vraiment pris au sérieux par le pragmatiste placé dans cette déplorable situation.

> Lorsque [le pragmatiste] se demande, à propos d'un énoncé, s'il sait « ce qui doit être le cas pour que cet énoncé soit vrai » ou s'il a simplement connaissance « des conditions dont nous reconnaissons qu'elles permettent d'établir la vérité ou la fausseté des énoncés de cette classe », il se sent aussi démuni que lorsqu'on lui demande : « Etes-vous réellement amoureux ou êtes-vous simplement sous l'emprise de la passion ? » [...] [Le pragmatiste] refuse de prendre position — de fournir une analyse de « s'est vrai », par exemple, ou encore d'affirmer ou de nier la bivalence. Il se refuse à effectuer le moindre mouvement dans les jeux auxquels il est invité à prendre part. (Rorty, 1993, p. 38-39)

En l'occurrence, on peut considérer que le pragmatiste est un homme mort.

La vérité est-elle surestimée ?

On aurait tort de penser que le pragmatisme jamesien ne pouvait conduire qu'à l'annonce rortyenne de *la fin de l'épistémologie*. Une autre lignée pragmatiste, celle de C.I. Lewis et de Nelson Goodman, développe des thèses fort différentes. Même si Goodman considère aussi que la vérité comme correspondance avec une réalité toute faite est parfaitement illusoire, l'idée que nos connaissances sont plutôt des fabrications que des descriptions n'entraîne pas alors le rejet de toute perspective épistémologique. Dans un article intitulé « Une conception pragmatique de l'*a priori* », Lewis défendait l'idée que l'*a priori* n'est pas fixé ; il correspond à « l'initiative de l'esprit » (1923, p. 24). Il est susceptible de modification sur la base d'un meilleur ajustement entre l'expérience et nos conceptions. L'*a priori* représente un ensemble d'instruments intellectuels que nous modelons en fonction de nos besoins et de nos finalités. Il ne résulte pas de l'expérience, mais constitue un cadre conceptuel. Pour Lewis, c'est l'*a*

---

1. Pour une autre attaque radicale de la notion de vérité, voir Stich (1990, chap. 5).

posteriori, le factuel, qui est indépendant de nous et limite notre initiative conceptuelle.

Amendée et développée, cette thèse est reprise par Goodman. L'amendement consiste à rejeter *complètement* l'idée d'un donné empirique indépendant. Le développement revient à montrer en quoi consiste cet *a priori* modifiable. Il est constitué de structures conceptuelles multiples qui servent notre volonté de savoir. Or, ces structures conceptuelles ne sont pas justifiables *uniquement* en termes de vérité.

[La portée de la vérité] se limite au verbal et, à l'intérieur du verbal, au seuls énoncés. Elle ne s'applique pas aux prédicats, aux membres des phrases ou aux énoncés comme les questions et les ordres. Et elle se rapporte uniquement à ce qu'un énoncé *dit*, en ne tenant aucun compte de ce à quoi il peut référer de manières différentes, sur le mode de l'exemplification, de l'expression ou de l'allusion, par exemple. (Goodman et Elgin, 1994, p. 164)

Si vous demandez si le livre est sur la table et qu'on vous répond que « 7+5 = 12 », ce qu'on vous répond est vrai. Même (voire surtout) une vérité éternelle peut manquer de pertinence.

Dans les sciences comme dans la vie quotidienne, on doit reconnaître que les approximations fausses l'emportent généralement sur les vérités, voire sur les approximations plus précises aisément disponibles. (*ibid.*)

Goodman accorde à la vérité « un rôle subordonné » (*ibid.*, p. 170). La *correction* (*rightness*) ne convient pas seulement aux énoncés déclaratifs mais aux demandes, questions, mots, catégories, images, diagrammes, exécutions musicales, symboles en tous genres qui composent notre instrumentation intellectuelle, celle grâce à laquelle nous connaissons, apprécions, comprenons, prévoyons, supposons[1], etc.

La vérité aurait été abusivement surestimée. L'obsession philosophique à son égard aurait conduit à rater ce qui fait l'essentiel de notre activité cognitive, le faire et refaire des systèmes symboliques qui répondent à nos besoins. La compréhension exige parfois la vérité, mais sa fonction n'est autre qu'instrumentale. La vérité participe d'une entreprise cognitive globale ; elle n'en est qu'un ingrédient.

Goodman ne dit pas que la question de la vérité se résout par une théorie sémantique (à la Tarski), que la vérité est transparente ou qu'elle n'est que l'autre nom que nous donnons à ce que notre communauté accepte. Il laisse en place notre concept commun de vérité. Il lui accorde simplement un rôle mineur, celui d'un instrument parfois pertinent, même dans l'activité scientifique. L'idée de vérité comme point de convergence des efforts cognitifs (Peirce) et celle d'un critère ultime de validité cognitive (*adequatio rei et intellectus*) sont délaissées. Décidemment, la question de la vérité manquerait d'intérêt philosophique.

L'amour de la vérité

La question de la vérité est-elle (encore) une question philosophique ? L'examen de ce que certains philosophes contemporains ont pu en dire

---

1. Voir Pouivet (1992).

pourrait conduire à répondre négativement. Que sa solution soit sémantique, qu'elle n'encourage rien d'autre que des platitudes, ou qu'elle soit finalement très secondaire, rien de cela n'est philosophiquement enthousiasmant.

On aurait pourtant bien tort de penser que les philosophes analytiques ont tous considéré que rien d'autre n'est possible au sujet de la question de la vérité que d'adopter une thèse déflationniste. A la suite du *Théétète* de Platon, les philosophes analytiques disent couramment que la connaissance est la *croyance vraie justifiée*. La question de la vérité est donc bien impliquée dans celle d'une *compréhension* de la connaissance. Il est clair que si S sait que *p*, alors il est vrai que *p* ? Comment sinon pourrions-nous faire la différence entre savoir que *p* et *croire* savoir que *p*. Cette différence n'est possible qu'en termes de vérité de *p*.

Cet argument encouragerait à considérer que la théorie tarskienne n'est certainement pas le dernier mot philosophique sur la vérité, même si elle constitue l'achèvement d'un vieux programme : savoir ce que l'on dit quand on dit qu'un énoncé est vrai (voir § 4). Une conception épistémologique de la vérité reste nécessaire. Mais une telle conception reviendrait alors à élaborer une *théorie de la vérité* dans le langage même auquel cette théorie est destinée. Comme on l'a montré (§ 1), c'est la source de paradoxes logiques. Ce qui est possible s'il s'agit d'élaborer un concept de la vérité pour un langage formel ne l'est sans doute pas pour l'épistémologie. Comme le dit Keith Lehrer :

> Tarski a remarqué que la tentative pour formuler une théorie complète de la vérité pour un langage à l'intérieur du langage lui-même conduirait au paradoxe. C'est un résultat technique d'importance majeure qui contient une thèse métaphysique tout aussi importante. La tentative pour donner une conception complète de la relation entre le langage et le monde à l'intérieur du langage est vouée à l'échec. Les paradoxes manifestent l'échec dans les cas où le langage est à la fois le sujet et le véhicule du discours. Que devons-nous en conclure au sujet de la vérité ? Que c'est une notion primitive. Nous ne pouvons donner une définition parfaitement générale de la vérité. Cela signifie-t-il que la vérité est mystérieuse ? C'est peut-être le cas pour ceux qui pensent que ce qui ne peut pas être défini est mystérieux. Remarquez cependant que pour toute phrase qui ne réfère pas à elle-même directement ou indirectement, la théorie minimale de la vérité s'applique. Pour la plupart des phrases d'un langage, même si ce n'est pas toutes ces phrases, le théorie minimale de la vérité fournit une condition de la vérité. (1990, p. 24)
>
> Frege dit la même chose dans ses *Recherches logiques* (« La pensée ») : « Le contenu du mot "vrai" est unique en son genre et indéfinissable » (1971, p. 173). Frege avait auparavant montré que toute tentative pour définir « l'être vrai » (*ibid.*) nous fait tourner dans des cercles vicieux[1].

Comme le dit Lehrer, l'indéfinissable n'est pas le mystérieux. Ce qui importe, c'est justement le rôle que joue la notion de vérité dans notre

---

1. On peut rapprocher cette thèse de ce que dit Descartes dans sa *Lettre à Mersenne du 16 octobre 1639*. Cependant, chez Frege ou chez Lehrer, la notion d'idée claire et distincte ne joue aucun rôle.

activité cognitive. La crainte de nous tromper et l'amour de la vérité doivent structurer notre activité de connaissance. La dichotomie (de Rorty) entre objectivité et solidarité (communauté) est fausse. L'enquête suppose la communauté, car l'objectivité n'est rien sans la publicité — c'est la maxime de la pensée *ouverte* du § 40 de la *Critique de la faculté de juger* de Kant. Mais comment la communauté pourrait-elle jamais se substituer à la vérité elle-même ? Cela reviendrait à fétichiser la vie sociale. L'accord n'est jamais une fin en soi ; c'est l'accord *sur* la vérité qui a un sens. On peut penser que Goodman a raison de considérer que, dans l'enquête cognitive, les seuls énoncés déclaratifs ne constituent qu'une partie limitée de l'appareillage intellectuel. Pour autant, ne sous estime-t-il pas l'importance que joue la possibilité de déterminer si une affirmation est vraie ou fausse, si elle constitue une base de départ fiable de l'enquête ou si elle suit bien de ce qui précède (en préservant la vérité d'étape en étape dans un argument) ? La pertinence ne constitue un critère d'acceptation d'une thèse qu'à la seule condition que cette thèse soit vraie. Que parfois l'approximatif aie plus de pertinence qu'une précision extrême, mais encombrante — qui veut savoir s'il a grossi d'un millième de grammes exagère beaucoup le soin qu'il prend de son poids —, cela ne change rien à l'affaire. La précision, la pertinence, le caractère éclairant, stimulant, inventif, d'une proposition, tout cela présuppose *la vérité*. Dans la vie quotidienne, la plupart de nos actions supposent des croyances vraies[1]. Si je veux cuire de pâtes, je dois avoir la croyance vraie que l'eau doit être chauffée. En quoi le faux pourrait-il jamais avoir une valeur cognitive, sauf à nous détromper (comme le suggère Popper) ?

Locke, dans l'*Essai concernant l'entendement humain*, insiste sur l'importance de l'amour de la vérité. Comment sait-on que quelqu'un aime la vérité ? Locke propose le critère suivant :

> Sur quoi il vaudrait la peine d'examiner comment un homme peut connaître qu'il aime sincèrement la vérité. Pour moi, je crois qu'en voici une preuve infaillible, c'est *de ne pas recevoir une proposition avec plus d'assurance, que les preuves sur lesquelles elle est fondée ne le permettent*. Il est visible que quiconque va au-delà de cette mesure, n'embrasse pas la vérité par l'amour qu'il a pour elle, qu'il n'aime pas la vérité pour l'amour d'elle-même, mais pour quelque autre fin indirecte. (*Essai*, IV, XIX, 1)

Il y a un principe de proportionalité entre l'évidence qu'on a d'une proposition et le degré d'assentiment dans lequel on doit être la concernant. L'amour de la vérité ne conduit pas Locke à développer une forme de platonisme aléthique dans laquelle la Vérité serait un absolu transcendant toute connaissance empirique. L'amour de la vérité consiste à avoir un niveau de confiance correspondant au degré d'évidence.

La théorie tarskienne de la vérité constitue certes la meilleure théorie *logico-sémantique* de la vérité quon puisse souhaiter. Mais du point de vue *épistémologique*, elle ne nous est d'aucun secours.

---

1. Voir Alston (1996, p. 237). Tout le livre d'Alston est très recommandable, et particulièrement le chapitre 8.

La vérité comme bien naturel

La question de la vérité conduit à la question générale de savoir ce qui peut constituer des *bonnes raisons* de croire quelque chose. Deux modèles s'opposent : un modèle internaliste fait de l'*évidence* la pierre de touche de la connaissance, et donc de la confiance qu'on peut avoir dans la vérité d'une proposition. Cela signifie que l'ensemble des principes épistémiques de justification de la connaissance concerne des états mentaux d'une personne qui connaît. On s'aperçoit alors aussi qu'il est possible qu'une croyance soit justifiée et pourtant fausse. L'ombre du scepticisme s'étend sur l'internalisme, comme Descartes n'avait pas manqué de le remarquer. L'autre modèle épistémologique est celui de l'externalisme. Il y a une connexion *logique* entre la justification épistémique et la vérité. Il existe des processus fiables — la façon correcte de connaître — grâce auxquels nous parvenons, au moins généralement, à des croyances vraies. Dans l'épistémologie contemporaine les deux meilleurs représentants de ces deux conceptions, internaliste et externaliste, auront été R. Chisholm (1989) et A. Goldman (1985[1]).

La question de la *nature* de la vérité ne doit peut-être pas nous arrêter. Elle semble susceptible d'une solution aussi expéditive et efficace que celle proposée par Aristote et Tarski (dire qu'est ce qui est et que n'est pas ce qui n'est pas). La question de savoir s'il existe réellement des processus *fiables* d'acquisition de croyances vraies est plus importante. Si en effet de tels processus existent, l'idée d'une justification interne de nos croyances par un effort d'ascèse (ou de thérapie) épistémique, devient douteuse. Et avec elle, c'est toute l'épistémologie issue du cartésianisme qui l'est dans la mesure où elle aura proposé de penser la théorie de la connaissance en termes d'examen de la valeur représentative de contenus mentaux[2]. Le respect d'un devoir de clarté et de distinction de tels contenus n'est peut-être pas ce qui nous garantit des croyances vraies. En revanche, le fonctionnement correct de nos facultés cognitives constituerait une telle garantie, comme l'explique A. Plantinga (1993b). Dès lors, les facultés cognitives doivent non seulement être *intentionnellement* dirigées vers la vérité, mais aussi avoir été conçues dans cette fin. Ce qui explique que nous puissions, au moins parfois, au moins suffisamment pour nous maintenir en vie, savoir ce qui est vrai, c'est que nous *aimons* la vérité, et que nous sommes faits pour la connaître. C'est ce que veut dire la formule d'Aristote par laquelle commence la *Métaphysique* : « Tous les hommes désirent naturellement connaître ». Saint Thomas explique qu'un tel désir naturel ne peut apparaître en vain (*Sententia super Metaphysicam*, I, I, 4). Les facultés cognitives doivent être organisées de telle façon qu'un tel désir puisse être satisfait. Le désir naturel d'une chose est le bien naturel de cette chose. C'est pourquoi Thomas cite souvent la remarque aristotélicienne selon laquelle la vérité est le bien naturel de l'intellect[3]. C'est ce à quoi un Dieu parfaitement bon garantit l'accès. Ainsi, certains philosophes analytiques contemporains, comme A. Plantinga, n'hésitent pas à expliquer la fiabilité de nos processus

---

1. Pour une présentation très complète de cette problématique, voir Plantinga (1993a).
2. Voir Pouivet (1997), pour un développement de cette critique.
3. Par exemple, *Somme théologique*, Ia, 94, 4.

cognitifs, et le lien qu'ils entretiennent avec la vérité, par un argument non seulement *téléologique* en bonne et due forme, mais même par un argument *théologique*.

Bibliographie

W. P. ALSTON, *A Realist Conception of Truth*, Ithaca, Cornell University Press, 1996.
S. BLACKBURN, *Spreading the Word*, Oxford, Clarendon Press, 1984.
R. M. CHISHOLM, *Theory of Knowledge*, Prentice Hall, Englewood Cliffs, NJ, 3rd ed., 1989.
J.-P. COMETTI, « Le pragmatisme », in M. Meyer (dir.), *La Philosophie anglo-saxonne*, Paris, Ed. Presses Universitaires de France, 1994.
D. DAVIDSON, *Enquêtes sur la vérité et sur l'interprétation*, [1984], tr. franç. P. Engel, Nîmes, Ed. J. Chambon, 1993.
 « The Structure and Content of Truth », *Journal of Philosophy* 87, 6, 1990.
 « The Folly of Trying to Define Truth », *Journal of Philosophy* 95, 6, 1996.
P. ENGEL, *La Norme du vrai*, Paris, Ed. Gallimard, 1989.
G. FREGE, *Ecrits logiques et philosophiques*, tr. franç. C. Imbert, Paris, Ed. du Seuil, 1971.
A. GOLDMAN, *Epistemology and Cognition*, Cambridge, Harvard University Press, MA, 1985.
N. GOODMAN & C. Z. ELGIN, *Reconceptions en philosophie*, tr. franç. J.-P. Cometti et R. Pouivet, Presses Universitaires de France, 1994.
S. HAACK, *Evidence and Inquiry*, London, Ed. Blackwell, 1993.
J. HINTIKKA, *La vérité est-elle ineffable ?*, tr. franç. A. Soulez et F Schmitz, Combas, Ed. de l'éclat, 1994.
P. HORWICH, « Theories of Truth », in J. Kim & E. Sosa eds., *A Companion to Metaphysics*, London, Ed. Blackwell, 1995.
W. JAMES, *La Volonté de croire*, tr. franç. L. Moulin, Paris, Ed. Flammarion, 1918.
 Le Pragmatisme, [1907] tr. franç. E. Le Brun, Paris, Ed. Flammarion, 1968.
E. KANT, *Logique*, [1800] tr. franç. L. Guillermit, Paris, Ed. Vrin, 1970.
K. LEHRER, *Theory of Knowledge*, London, Ed. Routledge, 1990.
C. I. LEWIS, « A Pragmatic Conception of the A Priori », in P. K. Moser ed., *A Priori Knowledge*, [1923], Oxford, Oxford University Press, 1987.
C. S. PEIRCE, *The Collected Papers of C. S. Peirce*, Cambridge, Harvard University Press, MA, 1931-1958.
A. PLANTINGA, *Warrant : The Current Debate*, Oxford, Oxford University Press, 1993a.
 Warrant and Proper Function, Oxford, Oxford University Press, 1993b.
R. POUIVET, (dir.), *Lire Goodman*, Combas, Ed. de l'éclat, 1992.
 Après Wittgenstein, saint Thomas, Paris, Presses Universitaires de France, 1997.
H. PUTNAM, *Raison, vérité et histoire*, Paris, Les Editions de Minuit, 1984.
 Words and Life, Cambridge, Harvard University Press, MA, 1994.
W. V. QUINE, *Relativité de l'ontologie et autres essais*, tr. franç. J. Largeault, Paris, Ed. Aubier-Montaigne, 1977.
 Quiddités, tr. franç. D. Goy-Blanquet et T. Marchaisse, Paris, Ed. du Seuil, 1992.
 La Poursuite de la vérité, tr. franç. M. Clavelin, Paris, Ed. du Seuil, 1993.
R. RORTY, *Conséquences du pragmatisme*, tr. franç. J.-P. Cometti, Paris, Ed. du Seuil, 1993.
R. SCRUTON, *Modern Philosophy*, London, Ed. Mandarin, 1994.
S. P. STICH, *The Fragmentation of Reason*, Cambridge, The MIT Press, MA, 1990.
P. F. STRAWSON, *Etudes de logique et de linguistique*, Paris, Ed. du Seuil, 1977.
A. TARSKI, « Le concept de vérité dans les langages formalisés », *Logique, sémantique et métamathématique*, [1933] t. 1, tr. sous la dir. de G. Granger, Paris, Ed. Colin, 1972.
L. WITTGENSTEIN, *Tractatus logico-philosophicus*, [1922] tr. franç. G.-G. Granger, Paris, Ed. Gallimard, 1993.

« Cohérence et correspondance, deux théories de la vérité »

Joseph Vidal-Rosset

Le nom même de théorie de la vérité-cohérence prête à confusion car ce terme de cohérence a pour sens premier l'absence de contradiction, or la simple absence de contradiction dans une pensée ne peut être le signe de sa vérité : ce que l'on imagine, sans être contradictoire, n'est pas nécessairement vrai ou réel. On voit mal pourquoi et comment soutenir le contraire. Mais remarquons qu'en rejetant de cette façon la non-contradiction comme critère de vérité, on fait usage de l'idée même de vérité sans pourtant la définir. Cela suggère à la fois qu'il est possible de considérer la non-contradiction comme une notion complexe subordonnée à l'idée plus simple de vérité, et que nous faisons aussi usage d'une intuition naturelle de la vérité qui est précisément celle de correspondance.

La définition logique de la consistance rend compte de cette double « suggestion ». En calcul propositionnel, la *consistance* logique d'un schéma se définit par le fait que celui-ci se révèle vrai pour une certaine *assignation* de valeur de vérité sur ses lettres ; en revanche, si quelle que soit l'assignation des valeurs de vérité faite sur les lettres du schéma, celui-ci se révèle vrai, alors on le dit *valide* (ou tautologique), et *inconsistant* (ou contradictoire) s'il se révèle faux[1]. (Par exemple '$p \wedge \neg q$' est consistant, '$p \vee \neg p$' est valide, '$\neg p \wedge p$' est inconsistant[2]). On dit encore qu'une formule simplement consistante est une formule *neutre* ou *satisfiable* car il existe au moins un modèle qui la vérifie, tout comme il existe au moins un modèle qui satisfait sa négation. Dans le cas de '$p \wedge \neg q$', on devine qu'il existe une infinité d'interprétations qui vérifient ou bien falsifient la formule, puisque p et $\neg q$ sont les symboles d'énoncés quelconques et que la valeur de vérité du schéma moléculaire '$p \wedge \neg q$' est fonction de la valeur de vérité de ces composants atomiques ainsi que du connecteur vérifonctionnel[3] '$\wedge$'. Mais, d'une part, on voit qu'il faut distinguer l'*assignation* de valeur de vérité de l'*interprétation* des formules et que, d'autre part, on définit la consistance par la *vérité* de la formule pour une *assignation* ou une certaine *distribution* de valeurs de vérité sur les lettres de la formule. Une remarque logique par conséquent s'impose : la vérité apparaît comme une notion première, qu'il

---

1. Quine, 1950, trad. fr. 1973, p. 45.
2. Dans l'ordre ces formules se lisent : « p et non q », « p ou non p », « non p et p ». Les lettres p et q symbolisent des énoncés quelconques.
3. Les connecteurs propositionnels utilisés couramment sont « non », « et », « ou », « si..., alors... », « si et seulement si », symbolisés respectivement par $\neg$, $\wedge$, $\vee$, $\rightarrow$, $\leftrightarrow$ (dans la notation standard actuelle).

n'est pas nécessaire de définir, mais dont on a en revanche absolument besoin pour définir la consistance. Cela pourrait donner raison à tous les philosophes, aussi différents soient-ils, qui ont considéré la vérité comme une notion « transcendantalement claire[1] », primitive, absolue, ou « pré-analytique[2] ».

Mais cela ne peut pas cependant nous dispenser d'une théorie de la vérité, c'est-à-dire d'une théorie qui s'efforce de mettre à jour les critères dont nous faisons usage pour décider de la vérité de nos pensées. Autrement dit, lorsque je juge qu'une pensée ou qu'une théorie est vraie, sur quoi se fonde mon jugement ? Car il y a une différence entre le caractère logiquement premier de l'idée de vérité et les idées auxquelles on attribue le prédicat « vrai » : quand bien même on reconnaîtrait avec Descartes que certaines sont si simples qu'il y aurait autant de difficulté à les définir que la vérité elle-même, certaines ne jouissent pas de ce privilège et sont dites néanmoins vraies, mais au nom de quoi le sont-elles, ou, plus simplement encore, comment les considère-t-on lorsqu'on les pense comme vraies ?

La consistance logique est-elle donc une marque de vérité ? Si l'on confond cohérence et consistance, on ne peut sérieusement soutenir que la cohérence est *le* critère de vérité d'une théorie. Dans ce cas, la cohérence est la condition *nécessaire mais non suffisante* de la vérité d'un énoncé contingent ou d'une théorie physique ; elle est simplement le signe formel d'un énoncé ou d'une théorie qui est possible, rien de plus[3]. En langage leibnizien, la simple absence de contradiction est la marque de tous les mondes possibles ; le monde réel n'est pas plus logiquement consistant que n'importe quel autre monde concevable. En revanche, l'inconsistance est le signe *a priori* de la fausseté d'un énoncé ou d'une théorie. Tautologie et contradiction sont les deux côtés d'une même pièce et à leur sujet Wittgenstein dit l'essentiel :

> La proposition montre ce qu'elle dit, la tautologie et la contradiction montrent qu'elles ne disent rien.
> La tautologie n'a pas de conditions de vérité, car elle est inconditionnellement vraie ; et la contradiction n'est vraie sous aucune condition.
> La tautologie et la contradiction sont vides de sens.
> (Comme le point, duquel partent deux flèches en direction opposées.)
> (Je ne sais rien du temps qu'il fait, par exemple, lorsque je sais : il pleut ou il ne pleut pas.)
> La tautologie et la contradiction ne sont pas des images de la réalité. Elles ne figurent aucune situation possible. Car celle-là permet *toute* situation possible, celle-ci *aucune*[4].

Un énoncé qui fait référence à un état de choses ne peut donc être qu'un énoncé simplement consistant, mais la simple consistance elle-même ne fait qu'indiquer la *possibilité* de l'état de choses, non la vérité. Cette remarque suffit ou bien à ruiner la doctrine de la vérité-cohérence, ou bien conduit à

---

1. Descartes à Mersenne, 16 octobre 1639.
2. Davidson, 1984, trad. fr. 1993, p. 10.
3. Wittgenstein, 1922, trad. fr. 1993, prop. 4. 46 à 4. 464.
4. *Ibid.*, prop. 4. 461 et 4. 462, p. 68.

penser que les partisans de cette doctrine entendent par cohérence autre chose que la simple consistance logique.

Mais avant de s'interroger sur la véritable signification de la position « cohérentiste », poursuivons l'analyse et demandons-nous ce que peut donc bien signifier pour un énoncé atomique[1] que d'être vrai ? On affirme que '$p \wedge \neg q$' est consistant parce que '$p \wedge \neg q$' est vrai uniquement dans le cas où p est vrai et q est faux ; cependant p et q ne sont pas des énoncés, mais des variables propositionnelles symbolisant des énoncés quelconques. Si l'on choisit de substituer à p l'énoncé « Platon est l'auteur du *Gorgias* » et à q « deux plus deux font cinq », on peut interpéter la formule '$p \wedge \neg q$' par l'énoncé moléculaire suivant qui est vrai :

(1) « Platon est l'auteur du *Gorgias* et deux plus deux ne font pas cinq. »

Puisque l'on adopte les règles de la logique classique, on ne discutera pas de celles dont on fait usage pour établir la vérité de (1). Le seul problème qui subsiste est de savoir ce que l'on dit lorsque l'on affirme qu'il est vrai que Platon est l'auteur du *Gorgias* et qu'il est faux que la somme de deux plus deux fasse cinq. C'est ici qu'intervient la théorie de la correspondance *via* le compte rendu décitationnel de la vérité. Tarski a apporté une clarification logique de l'attribution de la vérité à un énoncé atomique comme « la neige est blanche » ; on va voir pourquoi, selon toute vraisemblance, cette théorie sémantique de la vérité peut toujours, pour un réaliste[2], s'accorder avec sa position philosophique. Dans une analyse à la Tarski, la vérité de chaque énoncé atomique qui compose (1) peut être exprimée ainsi :

(2) « Platon est l'auteur du *Gorgias* » est vrai si et seulement si Platon est l'auteur du *Gorgias*.

(3) « Deux plus deux ne font pas cinq » est vrai si et seulement si deux plus deux ne font pas cinq.

Pour montrer l'insuffisance de la consistance logique comme critère de vérité, remarquons que nous avons dû recourir à ce que Quine appelle « la montée sémantique » : il a été nécessaire de *mentionner* un énoncé, ou plus exactement un schéma d'énoncés, et cela est inévitable dès lors que l'on

---

1. Par « énoncé atomique » il faut entendre un énoncé prédicatif ne contenant aucun connecteur propositionnel. Dans le langage ordinaire « ceci est rouge » est un énoncé atomique, symbolisé dans le calcul propositionnel par p (ou n'importe quelle autre variable propositionnelle), et par Px dans le langage du calcul des prédicats. (Il est plus habituel de parler de formules atomiques lorsque l'on décrit le langage du calcul des prédicats plutôt que celui du calcul propositionnel. Mais il n'est pas illégitime de présenter l'énoncé atomique ou élémentaire comme je viens de le faire, voir par exemple sur ce sujet le *Tractatus* de Wittgenstein, proposition 4.24). Sur la question la théorie de la proposition atomique et les problèmes philosophiques qu'elle soulève, voir Bouveresse *in* Vuillemin éd., 1986, p. 79-119.
2. J'emploie ici le terme « réaliste » en un sens large et peut-être trop flou. Pour être plus précis, on peut le remplacer par le terme « dogmatique » au sens où l'entend Vuillemin (1986, p. 125) : les systèmes philosophiques dogmatiques ne tiennent pas compte de la subjectivité du locuteur dans la définition de l'ontologie. Le réalisme est un système dogmatique dont l'ontologie s'oppose aux autres systèmes dogmatiques que sont le conceptualisme et le nominalisme. Il est indifférent, pour saisir ce que j'avance ici, de comprendre le terme de réalisme au sens du dogmatisme, ou en un sens plus précis, tel que Vuillemin le définit. J'ai donc choisi d'employer le terme de réalisme, puisque c'est ce terme dont fait usage la littérature anglo-saxonne à laquelle je fais référence.

entend définir consistance, inconsistance et validité, donc dès lors qu'il est question *dans le discours* de la vérité. Quine observe que cette escalade sémantique, à laquelle nous procédons lorsque nous faisons référence au langage et introduisons dans cette même référence le prédicat de vérité, « n'est qu'une sortie provisoire hors du monde, car le prédicat de vérité a précisément pour fin l'annulation de la référence au langage[1]. » Tel est le sens de la thèse tarskienne de la vérité comme décitation : « Le prédicat de vérité est un dispositif pour annuler les guillemets[2]. » En suivant Quine, on peut affirmer que (2) indique qu'il est équivalent de dire que « Platon est l'auteur du *Gorgias* » est un énoncé vrai, et de déclarer que « Platon » et « l'auteur du Gorgias » sont des noms que l'on peut substituer l'un à l'autre tout en préservant la valeur de vérité des énoncés où l'on opère cette substitution. En appelant vrai l'énoncé au sujet de Platon, nous appelons Platon « l'auteur du *Gorgias* ». Quant à (3), il indique qu'il est équivalent d'affirmer la vérité de l'énoncé « deux plus deux ne font pas cinq » et de soutenir que l'on ne peut jamais substituer, dans les énoncés de l'arithmétique, cinq au double de deux. Un tel compte rendu de la vérité nous engage dans une ontologie : elle n'est pas celle des faits, qui sont redondants[3], elle est, selon Quine, celle des objets concrets *et abstraits* nommés dans le lexique. La théorie de Tarski contraint celui qui l'adopte à reconnaître que '2', '$\sqrt{2}$', '$\emptyset$' sont des noms qui désignent respectivement les objets suivants : 2, $\sqrt{2}$, $\emptyset$.

Pour Quine, la substitution des termes équivalents impose une contrainte sur la grammaire du langage utilisé : « Platon » et « l'auteur du *Gorgias* » ne sont pas substituables dans des contextes qu'il appelle « référentiellement opaques », c'est-à-dire lorsque ces termes figurent par exemple dans des propositions qui sont subordonnées à des énoncés d'attitudes propositionnelles. (S'il est vrai que Jean se demande si Platon est l'auteur du *Gorgias*, en revanche il est faux que Jean se demande si Platon est Platon.) On est de de la même façon contraint d'évacuer les contextes modaux où l'on fait usage de modalités *de re* : s'il est vrai que cinq est nécessairement supérieur à quatre, il n'est pas vrai que les doigts d'une main soient nécessairement supérieurs à quatre.

Ces deux contraintes sont par ailleurs liées car admettre dans son ontologie des objets possibles et d'autres nécessaires revient à admettre que des prédicats coextensifs peuvent désigner des objets distinctifs : si l'on accepte la quantification dans les contextes modaux, tout individu à la fois mathématicien et cycliste a, comme mathématicien, la qualité nécessaire d'être rationnel et la qualité contingente d'être bipède ; il est en revanche, comme cycliste, rationnel de façon contingente et bipède nécessairement[4]. Cette situation compliquée ne peut se produire si l'on « fuit les intensions » et que l'on adopte résolument la grammaire canonique d'un langage purement extensionnel car « tout langage qui a une grammaire canonique est *extensionnel, i.e.* les prédicats coextensifs y sont interchangeables *salva*

---

1. Quine, 1970, trad. fr. 1975, p. 24.
2. Quine, *op. cit.*, p. 25.
3. Quine, 1987, trad. fr., 1992, p. 264-265 ; Quine, 1990, trad. fr. 1993, p. 116 ; Davidson, 1984, trad. fr. 1993, p. 69-104.
4. Quine, 1960, trad. fr. 1978, p. 279.

veritate. Il n'y a pas dans ce langage d'énoncé qui puisse devenir faux quand une occurence d'un prédicat y est remplacée par un prédicat coextensif[1]. » En théorie des ensembles, deux ensembles sont identiques lorsqu'ils ont exactement les mêmes éléments, c'est-à-dire la même *extension* ; ils sont alors substituables *salva veritate* à chacune de leurs occurences dans les énoncés. C'est ce langage purement référentiel de la théorie des ensembles qui est pour Quine la norme suprême du jugement philosophique. Enfin, loi d'extensionnalité et principe de substituabilité des termes s'impliquent réciproquement : dans la grammaire canonique, il est nécessaire que deux termes coextensifs soient substituables, et que deux termes substituables soient coextensifs. La conséquence d'ordre ontologique est que l'on peut considérer l'essentialisme[2] comme une doctrine qui enveloppe, du point de vue de la science et en l'occurence de la logique, des difficultés inextricables.

Tarski a donné une définition récursive de la vérité à l'intérieur d'un langage formel comparable à la théorie des ensembles ; il a exprimé ses doutes sur la possibilité de construire une théorie sémantique du langage ordinaire qui puisse à la fois produire un usage non contradictoire du prédicat de vérité et respecter le caractère naturel de ce même langage[3]. A cette croyance en l'existence d'un rigoureux cloisonnement entre deux langages, l'un naturel, l'autre formel, Davidson a répondu par le caractère programmatique de sa théorie de la signification : il s'agit de comprendre et de décrire progressivement les différentes tournures du langage naturel par la caractérisation formelle du prédicat de vérité pour une langue naturelle, et il n'a pas manqué de relever les progrès qui ont été accomplis dans la compréhension des noms propres, des performatifs, ou de la citation[4]. De son côté, Føllesdal s'est attaché à défendre à la fois la quantification dans les contextes modaux et un essentialisme plus modéré que celui d'Aristote[5]. Ces débats contemporains montrent suffisamment que l'on aurait donc tort de considérer que l'analyse logique des conditions de vérité est épistémologiquement et ontologiquement neutre ; entre les partisans du réalisme, cette analyse engendre des divergences philosophiques, mais, comme on va le voir, le simple fait d'accepter une théorie de la vérité à la Tarski nous engage résolument dans le réalisme. Il est temps de montrer pourquoi.

La théorie tarskienne de la vérité pour un langage quantificationnel est fondée sur la notion de *satisfaction* d'un prédicat par un objet ; cette notion utilisée pour les énoncés ouverts (c'est-à-dire avec variables libres) est l'analogue de celle de vérité dont on fait usage pour les énoncés clos[6]. On ne retiendra que trois points fondamentaux au sujet de cette théorie : le premier est que les clauses qui définissent les conditions de vérité pour chaque expression primitive du langage, satisfont à ce que Tarski appelle la

---

1. Quine, 1970, trad. fr. 1975, p. 110.
2. L'essentialisme est « la doctrine qui considère certains attributs d'une chose (*tout à fait indépendamment du langage dans lequel on fait référence aux choses, si tant est que l'on y fasse référence*) comme essentiels à la chose, d'autres comme accidentels. » (Quine, 1966, p. 175-176.)
3. Tarski cité par Davidson, 1984, trad. fr. 1993, p. 56-57.
4. Davidson, 1984, trad. fr. 1993, p. 197.
5. Føllesdal, *in* Vuillemin éd., 1986, p. 169-192 (voir aussi la bibliographie de l'article).
6. On n'entrera pas ici dans le détail de la construction de Tarski. Voir Tarski, 1956, trad. fr. 1972 (2 vol.) ; Quine, 1990, trad. fr. 1993, p. 113-129 ; Engel, 1989, p. 78-83.

« condition d'adéquation matérielle » : elles correspondent toutes au modèle de la décitation qui impose la distinction d'un langage-objet (dont la phrase située à gauche du biconditionnel est un élément[1]) et d'un métalangage où les phrases du langage-objet sont ou bien utilisées sans être mentionnées, ou bien traduites. Le second point est que l'objectif visé par Tarski n'était pas de définir le sens du mot « vrai », mais de montrer comment l'on pouvait faire usage d'une définition récursive de la vérité dans un langage formalisé sans introduire de paradoxes. Le troisième point est la conclusion générale que Quine tire de la théorie de Tarski :

> Quoique le prédicat de satisfaction soit bien expliqué à l'intérieur même du langage formel par la récursion, il n'est pas réduit pour autant à la notation antérieure de ce langage. La satisfaction, et la vérité avec elle, conservent le statut dont la vérité jouissait déjà dans le compte rendu décitationnel : une claire intelligibilité sans une totale éliminabilité[2].

Tarski soutient que la définition sémantique de la vérité qu'il propose est philosophiquement neutre[3]. Cependant il clair que la notion de satisfaction fait de la théorie sémantique de Tarski une théorie correspondantiste sur laquelle pourrait s'appuyer, d'une façon générale, tous les systèmes dogmatiques qui ne réduisent pas la vérité à la croyance justifiée. On le montrera mieux en rejetant une objection de Putnam.

Putnam critique la croyance des philosophes « décitationalistes » qui, à l'instar de Quine, semblent considérer que le problème de la vérité a trouvé une solution grâce à la théorie de Tarski. A la lecture des ouvrages et articles sur cette théorie, on peut en effet se demander si la question de la vérité est encore une question philosophique[4]. Pour tenter de montrer le caractère non fondé de la croyance décitationaliste, Putnam soutient qu'il est aisé d'imaginer des situations contrefactuelles dans lesquelles un énoncé qui n'est pas vrai aurait la propriété d'être « vrai-dans-L » (dans le langage L[5]). Par exemple, le fameux énoncé « la neige est blanche » pourrait, selon Putnam, avoir la propriété d'être « vrai-dans-L » dans tous les mondes où la neige est blanche, « y compris dans ceux-où cela *signifie que* la neige est verte[6] ». Ce qui veut dire — si je comprends bien Putnam, car je ne suis pas certain de bien le comprendre — que l'énoncé du langage-objet « la neige est blanche » est « vrai-dans-L » si et seulement si *il signifie que* la neige est

---

1. La condition d'adéquation matérielle est ce que Tarski appelle la «Convention T», c'est-à-dire la condition selon laquelle la théorie doit avoir pour conséquences toutes les instances du schéma suivant :
   (T) «S» est vrai si et seulement si *p*
   où «S» est une phrase ou une description d'une phrase et *p* une traduction de cette phrase. » (Engel, 1989, p. 126) «S» est le symbole de toute phrase du langage-objet, à gauche du biconditionnel (« si et seulement si ») elle est, en tant que phrase, citée ou mentionnée, *p* est une phrase du métalangage (qui peut être la décitation de «S» c'est-à-dire S) dont on fait *usage* pour définir la vérité de «S» et supprimer du même coup le prédicat de vérité au profit de la notion de satisfaction.
2. Quine, 1990, trad. fr. 1993, p. 126.
3. Sur la neutralité philosophique de la théorie de Tarski et sur les interprétations de celle-ci, voir Tarski, 1944, p. 71 et Engel, 1989, p. 124-138.
4. Voir dans ce volume l'article de Pouivet qui porte sur cette question.
5. Putnam, 1994, p. 318.
6. Putnam, 1985, cité par Gochet & Gribomont, 1990, t. 1, p. 307, c'est moi qui souligne.

verte, en dépit du fait que, dans le monde où la neige est blanche, l'énoncé « la neige est blanche » qui est « vrai-dans-L » n'est pas vrai, puisque la neige n'est pas verte. L'argument de Putnam consiste à supposer qu'un énoncé peut être vrai dans un langage sans pour autant être vrai effectivement ; ainsi les décitationalistes soutiendraient en réalité une conception purement verbale de la vérité.

Malheureusement, il me semble que Putnam commet une faute dans la lecture qu'il fait de la décitation ; car le prédicat de vérité n'est pas attribué à l'énoncé « la neige est blanche » pour indiquer ce qu'il *exprime*, ou son contenu de pensée, sa signification[1], mais il signifie que l'on peut ôter les guillemets et dire qu'il est vrai que la neige est blanche parce que la neige est blanche ; on ne peut pas être plus clair. Que l'on écrive « Schnee ist weiss » ou « snow is white » ne change rien finalement rien à l'affaire : on peut traduire en français ce qu'*expriment* ces énoncés mais leur valeur de vérité ne dépend que de l'existence de ce qu'ils *indiquent*. Le fait que Tarski ait défini la vérité dans un langage formalisé, de manière inductive et comme cas limite de la satisfaction, ne peut pas non plus être un argument qui puisse sauver la lecture de Putnam du contresens : les clauses par lesquelles on assigne aux constantes d'individus des objets ('a' désigne a) et aux variables d'individus des séquences ou des suites d'objets qui satisfont les prédicats (« x est célèbre » sera satisfait par la séquence σ = {Marylin Monroe, Cary Grant, Jules Dupond, Einstein, de Gaulle[2] [...]}) montre que la théorie sémantique de la vérité n'a de sens que si l'on fixe un domaine de définition (absolu ou relatif, peu importe pour mon propos) composé par des *objets* auxquels correspondent les termes du langage dit *langage-objet*. Comme le souligne pertinemment Gochet,

> ce que la définition récursive de la vérité dans un modèle nous permet de faire, c'est de calculer la valeur de vérité dans un modèle donné, *pour autant que l'on sache quels individus dans le domaine du modèle satisfont les fonctions propositionnelles*. Elle ne s'arroge nullement le pouvoir exorbitant de trancher *a priori* des questions touchant la réalité. [...]
>
> La définition de Tarski ne nous permet pas de calculer la valeur de vérité de la proposition « Quelques philosophes sont ingénieurs » sans plus. Elle nous permet seulement de calculer la valeur de vérité de cette proposition dans un modèle dans lequel l'extension du prédicat « philosophe » et celle du prédicat ingénieur ont été fixées au départ[3].

Gochet poursuit en remarquant que celui qui saurait que « philosophe » et « ingénieur » sont deux classes qui contiennent chacune parmi leurs membres Thalès et Wittgenstein, mais avouerait ne pas connaître la valeur de vérité de l'énoncé précité, montrerait qu'il n'en connaît pas le sens. Si l'on tient compte de cet argument, c'est sans doute avec raison que Davidson

---

1. Au sens non davidsonien, mais quinien de ce mot : « Les choses avaient des essences pour Aristote, mais seules les formes linguistiques ont des significations. La signification est ce que l'essence devient lorsqu'elle divorce de l'objet de la référence et se marie au mot. » (Quine, 1953, p. 22).
2. Voir Engel, 1989, p. 79, à qui j'emprunte l'exemple.
3. Gochet, 1990, t. 1, p. 308.

entend éclairer la signification à l'aide de la vérité[1] ; comme l'écrit Engel au sujet du programme de Davidson, « une théorie-T [c'est-à-dire une théorie de la vérité *à la Tarski*] nous décrit ce que comprennent les locuteurs quand ils comprennent leur langue[2]. »

On a vu l'insuffisance d'une théorie de la cohérence si l'on entend par cohérence la simple consistance logique. Il s'agit maintenant d'examiner les arguments qui peuvent fonder une théorie de la cohérence dès lors que l'on donne au mot de cohérence un sens « plus vague mais plus riche que la simple consistance logique[3] ». Une théorie cohérente (et non pas simplement consistante) est un ensemble d'énoncés où certains sont vrais en vertu d'une relation de *conséquence sémantique* avec d'autres énoncés vrais. Le type même d'une théorie systématique de la réalité, c'est-à-dire cohérente au sens où on l'entend désormais, est la description du monde qu'offre l'*Ethique* de Spinoza : les propositions qui font référence à Dieu ou la Nature sont vraies en vertu de la *déduction* qui est faite à partir des Définitions et des Axiomes du livre I. La version la moins forte d'une théorie cohérentiste de la vérité soutient qu'« un jugement ou une proposition est vrai si et seulement si il fait partie d'un ensemble cohérent de jugements ou de propositions[4]. » Reconnaître cela revient au moins à accepter un holisme modéré, au plus une théorie moniste si l'on soutient de surcroît qu'il n'existe qu'un seul ensemble cohérent de propositions.

Je n'entends pas discuter des fondements du holisme ni de ceux du monisme, mais simplement tenter de montrer que la cohérence présuppose l'idée même de correspondance. Il me semble possible de le faire à partir de la définition même de la conséquence logique telle que Tarski la définit :

> *L'énoncé X suit logiquement des énoncés de la classe K si et seulement si tout modèle de la classe K est aussi un modèle de l'énoncé X*[5].

En calcul des prédicats, la définition même de ce qu'est le modèle d'une formule implique l'interprétation des variables par des constantes[6]. Pour le dire brutalement, il n'y a pas de théorie des modèles sans théorie récursive de la vérité, et donc sans une version décitationnelle de la vérité. Si une théorie est cohérente en vertu du lien de conséquence sémantique de *certains énoncés avec d'autres*, alors le critère de cohérence ne peut être le critère ultime de la vérité puisqu'il présuppose celui de correspondance exprimé par la décitation, comme le montre la définition tarskienne de la conséquence sémantique. Dans la perspective d'une philosophie qui n'est ni sceptique ni intuitionniste, c'est donc toujours l'idée de correspondance qui est le fondement ultime de la vérité. Il faut bien évidemment préciser que la

---

1. Davidson, 1984, trad. fr. 1993, p. 41-68.
2. Engel, 1989, p. 152.
3. Quine, 1987, trad. fr. 1992, p. 265.
4. Engel, 1989, p. 116.
5. Tarski, 1936, trad. angl. 1956, p. 417. Cori & Lascar donnent une définition un peu plus complexe de la conséquence sémantique, mais finalement équivalente : « Etant données une théorie T et une formule close F du langage L, F est conséquence sémantique de T, si et seulement si toute L-structure qui est modèle de T est aussi modèle de F. » (Cori & Lascar, 1993, t. 1, p. 178).
6. Cori & Lascar, 1993, t. 1, p. 178.

cohérence présuppose l'idée de correspondance (c'est-à-dire la satisfaction telle que la définit Tarski), mais que celle-ci n'est pas la correspondance effective : de l'astronomie antique à la mécanique newtonienne et au-delà, l'histoire des sciences de la nature est faite de théories cohérentes qui se sont accordées provisoirement avec certaines observations et que l'on a totalement abandonnées ou partiellement conservées parce que des observations nouvelles restaient totalement inexplicables dans les anciens systèmes. Un modèle explicatif exprime souvent une vérité provisoire. Je ne discuterai donc pas ici l'étrange thèse de Davidson[1] selon laquelle de la cohérence résulte la correspondance (*coherence yields correspondence*) car elle mérite à elle seule une longue analyse. C'est un idée stimulante mais formulée d'une façon qui me paraît logiquement contestable. Si l'on s'impose la prudence, il me semble préférable d'affirmer que, dans la logique de la position réaliste, une théorie cohérente au sens fort n'est pas nécessairement vraie, mais présuppose le prédicat de vérité tel que Tarski l'a défini et tel qu'on a pu l'interpréter à partir de sa théorie.

La façon dont, par exemple, Einstein analyse le rapport de la mécanique newtonienne à la relativité générale illustre correctement cette subordination de la cohérence à la correspondance. Einstein affirme que la théorie de la relativité générale devrait être préférée à la mécanique newtonienne, même si on ne pouvait donner en faveur de celle-là aucune observation nouvelle, mais ce n'est pas uniquement parce qu'elle est fondée sur des principes fondamentaux plus simples que la théorie newtonienne, mais parce qu'elle fait apparaître l'ancienne théorie comme « un cas limite spécial » de ce qu'elle décrit[2]. Mais il ne faut pas voir dans le rapport de ces deux théories une confirmation de la thèse cohérentiste, car même dans l'hypothèse (inexacte) où la relativité générale n'expliquerait rien de plus, la mécanique newtonienne qu'elle englobe ferait fonction de pierre de touche par sa correspondance avec la réalité.

J'achèverai mon propos par une dernière remarque sur le rapport de ces deux critères de la vérité que sont la correspondance et la cohérence. Ce n'est pas sans raison que Quine a récemment souligné que l'opposition de la vérité-cohérence et de la vérité-correspondance relève plus de la simplification propre à certains manuels de philosophie que de la manière dont on fait effectivement usage de ces deux critères dans l'élaboration des théories :

> Tout bien considéré, la cohérence et la correspondance ne se présentent donc pas comme des théories rivales de la vérité, mais comme des aspects complémentaires ; l'une touche à la façon dont on parvient à la vérité en tirant le meilleur parti de ce que l'on sait, l'autre à la relation entre la vérité et ce dont elles parlent[3].

Quel que soit le traitement philosophique que l'on réserve à l'empirisme, il est incontestable que nous acceptons naturellement de reconnaître que certains énoncés sont vrais parce qu'ils correspondent avec ce que nous observons, parce qu'ils sont en relation avec quelque chose de non verbal. Il

---

1. Davidson, 1986 *in* LePore 1986.
2. Einstein & Infeld, trad. fr. 1983, p. 222-227.
3. Quine, 1987, trad. fr. 1992, p. 266.

n'est pas vraiment nécessaire de décider si ce « quelque chose » est un fait ou une stimulation sensorielle pour comprendre ce que l'on entend par la « correspondance ». Les énoncés qui sont ensuite considérés comme vrais « par le seul fait de leurs connexions systématiques avec les énoncés d'observation[1] » appartiennent à des théories que l'on s'efforce d'unifier, de simplifier, de rendre plus élégantes. Cela résume très grossièrement la théorie adoptée par Quine qui néglige dans *Quiddités* de souligner le privilège de la correspondance sur la cohérence. Il ne dit pas non plus que l'empirisme est un dogme auquel un philosophe n'est pas contraint de croire lorsqu'il admet la version décitationnelle de la vérité : certes, les noms des objets abstraits font partie du lexique mais savoir s'il est possible de naturaliser ces objets abstraits reste une question totalement ouverte. Autrement dit, si l'on peut concevoir que Platon aurait probablement admis la théorie sémantique de Tarski, il est certain qu'il aurait cependant rejeté l'empirisme de Quine.

Le lien de conséquence sémantique fait partie des connexions systématiques qui rendent vrais les énoncés en vertu du critère de cohérence entendu au sens large. En soutenant que la conséquence sémantique présuppose une version décitationnelle de la vérité et donc le critère de la correspondance, je rejoins l'idée de Vuillemin selon laquelle un système philosophique privilégie nécessairement un principe sur un autre. Tous les systèmes qu'il appelle dogmatiques[2] fondent très probablement leur théorie de la vérité sur une idée dont peut rendre compte la théorie de Tarski ; ils se divisent sur la question du lexique, du parcours des valeurs ou de l'ontologie. Du point de vue de l'histoire des systèmes philosophiques, Russell a eu lui aussi raison d'opposer les théories qui définissent la vérité par la cohérence et celles qui la définissent par la correspondance. Comme il le suggère dans la définition du système correspondantiste qu'il dit adopter fermement[3], les systèmes réalistes ne rejettent pas le critère de cohérence mais le subordonnent à celui de la correspondance : la vérité d'un énoncé peut se définir par sa référence à l'état de choses correspondant, et cela indépendamment de la méthode de vérification adoptée par le locuteur. Si l'on considère au contraire, avec les intuitionnistes, qu'un énoncé n'est vrai que pour autant que l'on dispose d'une méthode de vérification pour s'assurer de sa vérité, alors certains énoncés n'auront pas de valeur de vérité et la thèse d'équivalence sur laquelle repose la convention de Tarski cesse de valoir dès lors que l'on admet que la partie droite du biconditionnel peut apparaître comme ni vraie ni fausse[4]. L'abandon du réalisme entraîne par conséquent des complications logiques dans l'élaboration d'une théorie de la vérité.

---

1. Quine, 1987, trad. fr. 1992, p. 265.
2. Voir la note 1, p. 183.
3. Russell, 1940, trad. fr. 1969, p. 314-331. Russell adopte fermement une théorie de la correspondance qui, si on laisse de côté la question des universaux et celle des intensions, est proche de celle que soutiendra Quine : pour Russell « la vérité des propositions de base dépend de leur rapport avec quelque occurence et la vérité des autres propositions dépend de leurs rapports syntaxiques avec les propositions de base. » (*op. cit.*, p. 314.) Je passe sous silence la difficile question de la distinction entre syntaxe et sémantique. Sur Russell, Tarski et la question de la vérité, voir Rivenc, 1990.
4. Engel, 1989, p. 135-136.

Bibliographie

J. BOUVERESSE, « La théorie de la proposition atomique et l'assymétrie du sujet et du prédicat : deux dogmes de la logique contemporaine ? » *in* Vuillemin Ed. 1986, p. 79-119.

R. CORI & D. LASCAR, *Logique mathématique*, Paris, Ed. Masson, Collection « Axiomes », 2 vol., 1993.

D. DAVIDSON, *Inquiries into Truth and Interpretation*, [1984] New York, Oxford University Press. (*Enquêtes sur la vérité et l'interprétation*, traduction Engel, Nîmes, Editions Jacqueline Chambon, 1993).
« A Coherence Theory of Truth and Knowledge » in LePore 1986, p. 307-319, 1986.

R. DESCARTES, Lettre à Mersenne du 16 octobre, [1639] in *Œuvres*, Lettres, Paris, Ed. Gallimard, Coll. Pléiade, 1953, p. 1058-1061.

A. EINSTEIN & L. INFELD, (trad. fr.) *L'Evolution des idées en physique*, traduction Solovine, Paris, Ed. Flammarion, Collection « Champs », 1983.

P. ENGEL, *La Norme du Vrai, Philosophie de la Logique*, Paris, Ed. Gallimard, 1989.

D. FØLLESDAL, 1986 « Quantified Modal Logic and Essentialism », *in* Vuillemin Ed., 1986, p. 169-192.

P. GOCHET & G. GRIBOMONT, *Logique*, Paris, Ed. Hermès, 2 vol., 1990, 1991.

E. LePORE, *Truth and Interpretation, Perspectives on the Philosophy of D. Davidson*, Oxford, Ed. Basil Blackwell, 1986.

H. PUTNAM, *Words and Life*, Cambridge Mass., Harvard University Press, 1994.

W.V.O. QUINE, *Méthods of Logic*, [1950] Holt, Rinehart and Winston, Inc. (*Méthode de Logique*, traduction Clavelin, Paris, Ed. A. Colin, 1973).
From a Logical Point of View, Nine Logico-Philosophical Essays, Cambridge Mass., Harvard University Press, 1953.
Word & Object, [1960] Cambridge Mass., The M.I.T. Press. (*Le Mot et la Chose*, traduction Gochet, Paris, Ed. Flammarion, 1978).
The Ways of Paradox and Other Essays, [1966] Cambridge Mass., Haravard University Press. Revised and enlarged edition, 1976.
Philosophy of Logic, [1970] Prentice Hall. (*Philosophie de la Logique*, traduction Largeault, Paris, Ed. Aubier Montaigne, 1975).
Quiddities, An Intermintently Philosophical Dictionary, [1987] Cambridge Mass., The Belknap Press of Harvard University Press. (*Quiddités, Dictionnaire philosophique par intermittence*, traduction Goy-Blanquet et Marchaisse, Paris, Ed. Seuil, 1992).
Pursuit of Truth, [1990] Cambridge Mass. Harvard University Press. (*La poursuite de la vérité*, traduction Clavelin, Paris, Ed. Seuil, 1993).

B. RUSSELL, *An Inquiry into Meaning and Truth*, [1940] London, Allen & Unwin. (*Signification et Vérité*, traduction Devaux, Paris, Ed. Flammarion, Collection « Science de l'homme », 1969).

F. RIVENC, « Russell, Tarski, et le concept de vérité », *Philosophie*, Paris, Les Editions de Minuit, N° 25, p. 21-38, 1990.

A. TARSKI, « The Semantic Conception of Truth and the Foundations of Semantics », Philosophy and Phenomenological Research, vol. IV, 1944, 1944.
Logic, Semantics, Metamathematics : Papers from 1923 to 1938, [1956] translated from J.H. Woodger, Oxford, Clarendon Press. (*Logique, Sémantique, Métamathématique*, traduction française Granger & alii, Paris, Paris, Ed. A. Colin, 1976, 2 vol.).

J. VUILLEMIN, *What are philosophical systems ?*, Cambridge, Cambridge University Press, 1986.
Mérites et limites des méthodes logiques en philosophie, Vuillemin Ed., Paris, Ed. Vrin, 1986.

L. WITTGENSTEIN, *Tractatus Logico-Philosophicus*, [1922] London, Ed. Routledge & Keagan Paul Ltd. (*Tractatus Logico-Philosophicus*, traduction Granger, Paris, Ed. Gallimard, 1993).

Les auteurs

Christian Berner, maître de conférences de philosophie à l'Université de Dijon. Traducteur de nombreux ouvrages et auteur d'une thèse sur *La Philosophie de Schleiermacher : herméneutique, didactique, éthique* (Cerf).

Renée Bouveresse-Quilliot, maître de conférences de philosophie à l'Université de Dijon. Traductrice de Popper et de Hume. A publié : *Popper* (Vrin), *L'Idée d'animisme universel chez Spinoza et Leibniz* (Vrin), *Esthétique, psychologie et musique* (Vrin), *Les Critiques de la psychanalyse, Leibniz, l'empirisme anglais* (PUF, Que sais-je).

Pascal David, professeur de philosophie à l'Université de Brest. Thèse sur *Les Ages du monde* de Schelling, traducteur de Schelling, Nietzsche et Heidegger.

Jean Frère, professeur honoraire d'histoire de philosophie grecque à l'Université Strasbourg II. A publié notamment : *Les Grecs et le désir de l'être*, et *Temps, désir et vouloir en Grèce ancienne*.

Miguel Espinoza, maître de conférences d'épistémologie à l'Université Strasbourg II. Auteur de *Essai sur l'intelligibilité de la nature* (Eus), *Théorie de l'intelligibilité* (Eus), *La Science* (Ellipses).

Pierre Guenancia, professeur de première supérieure au lycée Carnot (Dijon). Auteur de : *Du vide à Dieu. Essai sur la physique de Pascal. Descartes et l'ordre politique* (PUF). *Descartes* (Bordas).

François Guéry, professeur de philosophie à l'Université Jean Moulin (Lyon III). Auteur de *Lou Salomé génie de la vie, La société industrielle et ses ennemis* (éd. Orban), *Heidegger revisité* (éd. Descartes et compagnie).

Gilles-Gaston Granger, professeur honoraire au Collège de France, professeur émérite à l'Université de Provence, auteur de nombreux articles et ouvrages, parmi lesquels *Pensée formelle et sciences de l'homme* (Aubier), *Essai d'une philosophie du style* (Odile Jacob), *La vérification* (Odile Jacob), *Introduction à la lecture de Wittgenstein* (Alinea), *La science et les sciences* (PUF).

Roger Pouivet, maître de conférences de philosophie à l'Université de Rennes. Traducteur et spécialiste de Goodman, sur lequel il a dirigé un ouvrage collectif *Lire Goodman* (éd. de l'éclat). Auteur de : *Après Wittgenstein, Saint Thomas* (PUF).

Roland Quilliot, professeur à l'Université de Dijon. Auteur d'ouvrages sur *Koestler* (Vrin), *Borges et l'étrangeté du monde* (Presses universitaires de Strasbourg), *Les Métaphores de l'inquiétude : Giraudoux, Hesse, Buzzati* (PUF), *Les Critiques de la psychanalyse, La Liberté, L'Illusion* (PUF, Que sais-je ?)

Colette Soler, agrégée de philosophie et psychanalyste, membre de l'Ecole freudienne de Paris, chargée de cours à l'Université Paris VIII.

Denise Souche-Dagues, professeur (à la retraite) à l'Université Paul Valéry de Montpellier. Nombreux ouvrages parmi lesquels *Logique et politique hégéliennes* (Vrin), *Hégélianisme et Dualisme* (Vrin), *Le Cercle hégélien* (PUF), *Nihilismes* (PUF).

Joseph Vidal-Rosset, maître de conférences à l'Université de Dijon. Thèse sur : *Philosophie des mathématiques et systèmes philosophiques*.